古典文獻研究輯刊

十一編

潘美月・杜潔祥 主編

第 10 冊

《文子》研究

鄭 國 瑞 著

國家圖書館出版品預行編目資料

《文子》研究／鄭國瑞 著 — 初版 — 台北縣永和市：花木蘭文
化出版社，2010〔民99〕

目 4+188 面；19×26 公分

（古典文獻研究輯刊 十一編；第10冊）

ISBN：978-986-254-293-4（精裝）

1. 文子　2. 研究考訂

121.367　　　　　　　　　　　　　　　　　　99016383

ISBN - 978-986-2542-93-4

9 789862 542934

古典文獻研究輯刊
十一編 第 十 冊　　　　　　ISBN：978-986-254-293-4

《文子》研究

作　　者	鄭國瑞
主　　編	潘美月　杜潔祥
總 編 輯	杜潔祥
企劃出版	北京大學文化資源研究中心
出　　版	花木蘭文化出版社
發 行 所	花木蘭文化出版社
發 行 人	高小娟
聯絡地址	台北縣永和市中正路五九五號七樓之三
	電話：02-2923-1455／傳眞：02-2923-1452
網　　址	http://www.huamulan.tw 信箱 sut81518@ms59.hinet.net
印　　刷	普羅文化出版廣告事業
初　　版	2010 年 9 月
定　　價	十一編 20 冊（精裝）新台幣 31,000 元

《文子》研究

鄭國瑞　著

作者簡介

鄭國瑞，一九六七年生，臺灣臺南人，中山大學中文學士、碩士，政治大學中文博士。目前任職於文藻外語學院應用華語文系，副教授。致力於書法研究，專書編有《臺灣書法家小傳（1662～1945)》，著有《郭尚先——清代臺灣書法個案研究》，以及〈明鄭時期臺灣的書法〉、〈楊賓之書學觀〉、〈華語教學之書法教學經驗談〉等單篇論文

提　　要

　　《文子》是道家典籍之一，與《老子》;《莊子》、《列子》並稱「四玄」。但前人對於此書，常以「偽書」視之，故鮮有研究者。一九七三年河北定州出土竹簡《文子》，因而引起學術界之關注。本論文主要針對傳世本《文子》與竹簡《文子》彼此間之關係，作全面性探索，以期瞭解二者之成書時代、作者及其思想性質等相關問題。

　　本論文計分四章：第一章以竹簡《文子》為基礎，考察傳世本《文子》之性質，進而論其成書過程。認為傳世本《文子》多數內容襲自它書，尤以《淮南子》為甚，其書早在東漢之季即已出現。

　　第二章考察竹簡《文子》之作者及成書時代。認為史載文子所作，其說難信，應屬依託之作，其書成於戰國末期。

　　第三章乃據第一章研究所得之結果，對於較為可信之內容，逐一分析。認為其思想主要著重於闡述天道與政治，其中又以政治問題為重心。其論天道不出《老子》學說之範圍，論政治亦以之為依歸，然而又有吸收它家學說者。

　　第四章在於為《文子》思想定位。透過與道家黃老學說之比較，認為應置於黃老系統。

緒　言

第一節　問題之提出

　　《文子》是繼《老子》、《莊子》後之另一部道家著作。《漢書‧藝文志》及隋唐《經籍志》皆有著錄。從東晉至元，先後有張湛、李暹、朱玄、徐靈府、朱弁、杜道堅等為之作注。〔註1〕唐敕封《文子》為《通玄真經》，與《老子》、《莊子》、《列子》並稱「四玄」，並定為取士之本。〔註2〕此說明《文子》

〔註 1〕　張注公私目錄未嘗著錄，然李善《文選注》援引之。李暹生平不詳，《舊唐書‧經籍藝文志‧丙部子錄‧道家類》置李暹訓注《文子》十二卷於徐靈府注《文子》十二卷之後，後人遂疑其亦唐人之作。晁公武《郡齋讀書志》云「李暹事師僧般若流支，蓋元魏人也」（臺北：商務印書館，卷 3 上，頁 210，1978 年 1月），王應麟《玉海》亦云「今本（《文子》）十二卷，元魏李暹注」，後之志錄皆從晁、王之說。今考敦煌卷子鈔文有「千字文：鍾繇撰，李暹注，周興嗣次韻。」一條（此文見王三慶：《敦煌類書》錄文篇，臺北：麗文股份有限公司，1993 年 6 月，頁 553，351-18～22 條），察其體例當以時代先後為序。考鍾繇三國時人，周興嗣梁時人，則李暹應與周興嗣同時或稍前，故晁氏以為元魏人，所言不虛，李注今已無可考。朱玄，唐人，曾注《文子》十二卷，然新舊《唐書》未見著錄，宋趙希弁《郡齋讀書志後志》於《文子》條下云：「唐朱玄注，闕〈符言〉一篇，或取默希子注補焉。」朱注今亦已無可考。除以上諸家為《文子》作注可知外，鄭樵《通志‧藝文五》錄有《文子釋音》一卷、《文子統略》一卷、《文子家語要言》一卷，則不知何人所作，今已無傳。

〔註 2〕　《舊唐書‧本紀第九‧玄宗下》：「（開元）二十九年春正月己丑，制兩京、諸州各置玄元皇帝廟並崇玄學，置生徒，令習《老子》、《莊子》、《列子》、《文子》，每年准明經例考試。」《舊唐書‧禮儀志四》：「開元二十年正月己丑（按：二十年誤，當作二十九年），詔兩京及諸州各置玄元皇帝廟一所，並置崇玄學。其生徒令習《道德經》及《莊子》、《列子》、《文子》等，每年准明經例舉送。

在歷史上曾有一定地位。

　　然而歷來其書研究情形與其他子書相較，顯然相當冷清。從班固開始，即疑其依託，《漢書·藝文志·道家類》有《文子》九篇，自注云：

　　老子弟子，與孔子並時，而稱周平王問，似依托者也。

至唐柳宗元作〈辨文子〉，認定爲駁雜之書，云：

　　《文子》書十二篇，其傳曰：「老子弟子」。其辭時有若可取，其指意皆本《老子》；然考其書，蓋駁書也。其渾而類者少，竊取它書以合之者多；凡管、孟輩數家皆見勦竊，嶢然而出其類；其意緒文辭，又牙相抵而不合。不知人之增益之歟？或者衆爲聚斂以成其書歟？

　　之後，如宋陳振孫、黃震、清陶方琦、顧觀光、民國章太炎、梁啓超、王重民、張心澂、黃雲眉、蔣伯潛、王叔岷、于大成等，皆直指其僞。〔註3〕

<hr>

至閏四月，玄宗夢京師城南山趾有天尊之像，求得之於盩厔樓觀之側。至天寶元年正月癸丑，陳王府參軍田同秀稱於京永昌街空中見玄元皇帝，以『天太平，聖壽無疆』之言傳於玄宗，仍云桃林縣故關令尹喜宅旁有靈寶符。發使求之，十七日，獻於含元殿。於是置玄元廟於太寧坊，東都於積善坊舊邸。二月丁亥，御含元殿，加尊號爲開元天寶聖文神武皇帝。辛卯，親祔玄元廟。丙申，詔：《古今人表》，玄元皇帝升入上聖。莊子號南華眞人，文子號通玄眞人，列子號沖虛眞人，庚桑子號洞虛眞人。改《莊子》爲《南華眞經》，《文子》爲《通玄眞經》，《列子》爲《沖虛眞經》，《庚桑子》爲《洞虛眞經》。亳州眞源縣先天后及玄元廟各置令一人。兩京崇玄學各置博士、助教，又置學生一百員。」

〔註3〕 陳振孫之說見《直齋書錄解題》（臺北：商務印書館，1978年5月，卷9，頁280）、黃震之說見《黃氏日鈔》（臺北：商務印書館，收錄於四庫全書珍本2集第160種《黃氏日鈔》第11冊）、陶方琦之說見《漢孳室文鈔·文子非古書說》（收錄於《叢書集成續編》第15冊，臺北：新文豐出版社，1989年7月，頁108～109）、顧觀光之說見《文子校勘記》（收錄於守山閣本《文子》後，臺北：中華書局，四部備要本，1978年3月，頁1～17）、章太炎之說見《菿漢微言》（收錄於《章氏叢書》，臺北：世界書局，1982年4月，頁951）、梁啓超之說見《漢書藝文志諸子略考釋》（收錄於《飲冰室專集》之八十四，北京：中華書局，1989年3月，頁21），又見於《古書眞僞及其年代》（收錄於《飲冰室專集》之一百四，北京：中華書局，1989年3月，頁41、48，）、王重民之說見《敦煌古籍敘錄·文子》（收錄於嚴靈峰編輯之《書目類編》第82冊，臺北：成文出版社，1978年7月，頁36832～36833）、張心澂之說見《僞書通考》（臺北：宏業書局，1979年10月，頁694～699）、黃雲眉之說見《古今僞書考補證》（臺北：文海出版社，1972年1月，頁243～248）、蔣伯潛之說見《諸子通考》（臺北：正中書局，1987年10月，頁425～427），又見《諸子學纂要》（臺北：正中書局，1974年3月，頁204～205）、王叔岷之說見《文子斠證》（《歷史語言研究所集刊》1965年4月第27期，頁1～2）、于大成之說見〈文子集釋自序〉（《文史季刊》1971年4月第1卷第3期）。以上陳振孫、

認爲《文子》一書非但不是作於與孔子同時之文子，亦非班固時所見之舊，《文子》乃雜鈔它書而成，故其價值不高。

　　與此不同看法，如宋王應麟、葉大慶、明宋濂、清孫星衍、江瑔則認爲文子一書非僞。〔註4〕

　　折衷論者則有明胡應麟、清姚際恒，以爲《文子》乃眞僞攙雜。〔註5〕

　　概括而言，自班固之後，研究《文子》者主要集中於論辨其眞僞問題，此實即其作者及成書時代之問題。學者聚訟紛紛，莫衷一是，二千餘年來，尚未取得較爲一致之看法。

　　一九七三年河北定縣四十號漢墓竹簡《文子》出土，一夕間改變了世人態度，相對地帶動研究熱潮。據定縣四十號漢墓發掘報告指出，墓主乃西漢中山靖王後懷王劉修，墓中陪葬大量竹簡古籍，《文子》屬其中之一。〔註6〕竹簡整理小組亦云，竹簡《文子》與傳世本《文子》相同之文字六章，又由幾個與傳世本相同之章節證明，凡簡文中之文子，今本已改成老子，並從問答之臣子變成提問之學生。平王被取消，新添了一個老子。如簡文「平王曰：王者幾道乎？文子曰：王者一道而已。文子曰：古有以道王者……。」傳世本改爲「文子問曰：王道有幾？老子曰：一而已矣。文子曰：古有以道王者……。」又如「平王曰：何謂聖智？文子曰：聞而知……。」傳世本改作「文子問聖智。老子曰：聞而知……。」兩相比較，竄改痕跡，一目瞭然。此則使《文子》得以部分恢復其本來面目，證明《文子》本非僞本，傳世本《文子》實經後人竄亂。〔註7〕

　　　　黃震、陶方琦、章太炎、梁啓超之說，亦見錄於張心澂之《僞書通考》。

〔註4〕　王應麟之說見《困學紀聞》（臺北：商務印書館，1978年4月，卷10，頁868～871）、葉大慶之說見《考古質疑》（聚珍版叢書第41涵，卷2，頁9～11）、宋濂之說見《諸子辨》（收於《僞書考五種、清代禁書知見錄》，臺北：世界書局，1965年3月，頁5～6）、清孫星衍之說見《問字堂集・文子序》（岱南閣叢書，臺北：藝文印書館，卷4，雜文4，頁1～3）、江瑔之說見《讀子巵言》（臺北：廣文書局，1982年8月，卷2，頁115～127）。王說，亦見錄於張心澂之《僞書通考》。

〔註5〕　胡應麟之說見《四部正訛》（收錄於《僞書考五種、清代禁書知見錄》，臺北：世界書局，1965年3月，頁21）、姚際恒之說見《古今僞書考》（收錄於《僞書考五種、清代禁書知見錄》，臺北：世界書局，1965年3月，頁31～32）。胡、姚之說亦收錄於張心澂《僞書通考》。

〔註6〕　〈河北定縣四十號漢墓發掘簡報〉，《文物》1981年第8期，頁10。

〔註7〕　〈定縣四十號漢墓出土竹簡簡介〉，《文物》1981年第8期，頁12。

　　此項發現，引導了許多研究者紛紛撰文討論傳世本《文子》。先後有艾力農、江世榮、熊鐵基、吳光、李定生、盧仁龍、黃釗、吳顯慶、丁原明、張岱年〔註8〕諸人在定縣四十號漢墓出土竹簡簡介基礎上，爲《文子》翻案，証明傳世本《文子》不僞，或以此爲依據，探討其思想，重新替《文子》定其思想史之地位。

　　一九九五年十二月竹簡《文子》全文公布，經研究發現，竹簡《文子》與今傳本《文子》能相對應僅〈道德〉中之九章，更多簡文卻與今本《文子》大相逕庭。〔註9〕此重要結果，甚關乎《文子》諸多謎題之解答。

〔註8〕 定縣竹簡《文子》簡介未公布前，唐蘭於〈馬王堆出土《老子》乙本卷前古佚書的研究——兼論其與漢初儒法鬥爭的關係〉（《考古學報》1975年第1期，頁7～36）一文，附錄一：《老子》乙本卷前古佚書引文表末附記云：「《文子》與《淮南子》很多辭句相同的。究竟誰抄誰，舊無定說。今以篇名襲黃帝之言來看，《文子》當在前。先秦古書見於《漢書・藝文志》的，如《六韜》之類，過去都認爲後世僞作，近西漢墓所出古籍，証明很多是西漢初已有的古籍。《文子》中很多內容爲《淮南子》所無，也應當是先秦古籍之一。」稍後，龍晦〈馬王堆出土《老子》乙本前古佚書探原〉（《考古學報》，1975年第2期，頁23～31）也認爲《文子》抄自古佚書四篇，《淮南子》又抄自《文子》。唐、龍二氏倡導於前，報告公布則推波瀾於後。艾力農之說見〈《文子》其書〉（光明日報，1982年5月22日第3版。或《中國哲學史》，1982年第9期，頁42～44）、江世榮之說見〈先秦道家言論集、《老子》古注之一——《文子》述略——兼論《淮南子》與《文子》的關係〉（《文史》第18輯，1982年，頁247～259）、熊鐵基之說見〈對《文子》的初步探討〉（收錄於《秦漢新道家略論稿》，頁53～68，上海人民出版社，1984年3月）、吳光之說見〈《文子》新考——兼與諸說商兌〉（收錄於《古書考辨集》，臺北：允晨文化公司，1989年12月，頁69～87。原載《河北師院學報》1984年第2期）、李定生之說見〈論《文子》〉（收錄於《文子要詮》，上海：復旦大學出版社，1988年7月，頁1～28）、盧仁龍之說見〈《文子》其書〉（《文史知識》，1989年第2期，頁26～29）、黃釗之說見《道家思想史綱》第八章第一節〈《文子》成書時代及其黃老道家特色〉（湖南：湖南師範大學出版社，1991年4月，頁149～168）、吳顯慶之說見〈《文子》政治辯証法思想初探〉（《北京大學學報》：哲社版，1992年第3期，頁69～74。或《中國哲學史》1992年第6期，頁64～69）、張岱年早年主張《文子》襲自《淮南子》，成書晚於《淮南子》（見《中國哲學史史料學》，臺北：嵩山書社，1985年6月，頁121），近年則認爲《文子》成書於《淮南子》之前，其說見〈試談《文子》的年代與思想〉（收錄於陳鼓應主編之《道家文化》第5輯，上海：上海古籍出版社，1994年11月，頁133～141）、丁原明之說見〈《文子》與《淮南子》思想之異同〉（《文史哲》〔濟南〕，1994年第6期，頁20～25。或《中國哲學史》1995年第5期，頁69～74）。

〔註9〕 見〈定州西漢中山懷王墓竹簡《文子》釋文〉（《文物》1995年12期，頁27～34）；及〈定州西漢中山懷王墓竹簡《文子》校勘記〉（《文物》1995年12

余研讀《文子》已多日，雖未能云得，但頗有會心，簡文未公布前，每讀先輩們之論斷，揣測歧出，屢有未安，蓋文獻不足徵驗，而致如此。今簡文已公布，其中或容有多數簡文無法連綴之困境，大體而言，已有助於進一步深入釐清往昔不得其解之處。

本文試圖闡述者，包含《文子》之外圍及內部之問題。外者在於考證作者與成書時代，內者在於論述其思想，此是研究《文子》最緊要之課題，也是學者留意之處。然而由於竹簡《文子》全文公布未久，目前尚未有專門而深入之作，僅於一九九六年六月輔仁大學曾為此召開「《文子》與道家思想發展」兩岸學術研討會，會中發表十一篇相關之文章，為數儘管不少，大抵一鱗半爪，未見全龍，許多疑團仍未得冰釋。故不揣翦陋，奮筆自屬，抒以所見。誠然，這些問題，乃先輩們所共見，且對於其中真象之探討，亦多睿知高見，不可移易者。惟所幸生於今日，得睹往昔未能一睹之新材料，故得以發其所未發。苟有些許領會，非敢妄言越度前賢，實以立於既有成果之上，與緣於機運而然者。

第二節　各章大義

本文計分四章處理內外相關之問題：

第一章為全書立論之基礎，首先分析傳世本《文子》之性質，考其文字來源，一一辨其與《淮南子》等各書之關係，及成書過程，區隔開原本不屬於《文子》之內容，使探究《文子》原始面目有較可靠之依據，而不致於往後各章之論述失於無根。

第二章考論竹簡《文子》作者與成書時代，認為班孟堅稱文子為老子弟子，與孔子並時，而稱周平王問，並無實據。然彼稱似依托之作，則可信。其書屬先秦，但為晚出之作，由何人依託，已不可考。

第三章闡釋《文子》之思想，依據之文字，不若先輩們將傳世本悉數逕歸為可從，而主要取自於簡文，以及第一章考辨所得，雖文字所剩不多，尚能一窺其思想特點。

第四章探討《文子》思想應如何定位，本文認為應置於道家黃老學說系統之中。而此主要為通過其思想本身，取與目前最受公認之黃老學說代表著

作比較得來。

　　以上四章是本文考論之大要，各章議題皆各自獨立，但彼此間卻又相互關連，不可分離。論其思想之文字依據，在於考證所得之結果，而考證之過程常需借助內部思想之瞭解。

　　至於附錄部分，除作爲論證外，自忖尚便利研究《文子》者之用，故不煩細瑣，具附於後。

　　本文論述過程中，必多疏失與不周，可議之處亦斷不能免。自知學殖未深，尚在牙步，幸蒙諸師友之督教，得以成篇，博雅之士不吝誨正，是所感幸。

第一章　傳世本《文子》成書考

　　傳世本《文子》計有〈道原〉、〈精誠〉、〈九守〉、〈符言〉、〈道德〉、〈上德〉、〈微明〉、〈自然〉、〈下德〉、〈上仁〉、〈上義〉、〈上禮〉十二篇。〔註1〕其內容繁富多端，博賅兼綜，先秦各家思想在此皆有所反映。令人感興趣者，是書中大部分文句可與西漢前之典籍相互對照，而且彼此差異甚小，以此引發本書內容之來源問題。個人即認爲傳世本《文子》多數鈔錄自他書，來源不一。其成書時代略可考見，由何人所作則不得而知。

第一節　傳世本《文子》之來源

一、襲自《淮南子》

　　有清以來，學者們逐漸注意到《文子》與《淮南子》二者關係密切，而且認爲是解決《文子》成書問題相當重要之關鍵。但彼此間之鈔襲問題，長期以來仍未能解決，今欲明傳世本《文子》如何成書，必先研究與《淮南子》之關係。

　　二者之關係不外乎三：一是《文子》襲《淮南子》，二是《淮南子》襲《文子》，三則是《文子》與《淮南子》皆本於同一種古籍。可能雖三，僅前二項爲多數學者注意，至於《文子》與《淮南子》皆本於同一種古籍，儘管不無

〔註1〕 本文所指傳世本，乃相對於出土之竹簡本言。重要之版本有道藏本唐默希子（徐靈府）《通玄眞經注》、元杜道堅《通玄眞經纘義》，四庫全書本《文子纘義》。本論文所引原文悉據道藏本。

可能，卻於史無徵。今透過對簡本之研究，認為傳世本《文子》與《淮南子》相同者，實《文子》鈔自《淮南子》，而非《淮南子》襲《文子》，其主要理由，可得數端：

（一）傳世本《文子》凡文句見於《淮南子》者，皆不見於竹簡《文子》，且竹簡《文子》成句者亦無一與《淮南子》同

竹簡《文子》與傳世本《文子》確能相對應者，主要集中於〈道德〉篇，今本〈道德〉篇計二十章，其形式依序為「文子問，老子曰」，「老子曰」，「文子問，老子曰」，「老子曰」，「文子問，老子曰」，「老子曰」，「文子問曰，老子曰」，「老子曰」，「文子問曰，老子曰」，「老子曰」，「文子問曰，老子曰」，「老子曰」，「文子問，老子曰」，「老子曰」，「文子問曰，老子曰」，「老子曰」，「老子曰」，「老子曰」，「老子曰」，「平王問，文子曰，文子曰」。從中明顯看出，〈道德〉篇可分為，一是有問有答之「文子問，老子曰」，或「平王問，文子曰」之形式，計九章；一是不作問答，僅作「老子曰」之形式，計十一章。今簡本與〈道德〉相合者皆見於有問有答之九章（唯傳世本「文子問，老子曰」，簡文作「平王問，文子曰」），此九章不見於《淮南子》，而另外不見於簡文之十一章「老子曰」，卻皆見於《淮南子》。

其分見於《淮南子》者：

（1）老子曰：夫行道者，雖使人勇，刺之不入，雖巧，擊之不中；夫刺之不入，擊之不中，而猶辱也，未若使人雖勇不敢刺，雖巧不敢擊。夫不敢者，非無其意也，未若使人無其意，夫無其意者，未有愛利害之心也，不若使天下丈夫女子莫不歡然皆欲愛利之。若然者，無地而為君，無官而為長，天下莫不願安樂之，故勇於敢則殺，勇於不敢則活。

此章見《淮南子·道應》，與孟惠之語同：

> 惠孟見宋康王，蹀足謦欬疾言曰：「寡人所說者勇有功也，不說為仁義者也，客將何以教寡人？」惠孟對曰：「臣有道於此，人雖勇，刺之不入；雖巧有力，擊之不中，大王獨無意邪？」宋王曰：「善，此寡人之所欲聞也。」惠孟曰：「夫刺之而不入，擊之而不中，此猶辱也。臣有道於此，使人雖有勇弗敢刺，雖有力不敢擊。夫不敢刺，不敢擊，非無其意也。臣有道於此，使人本無其意也。夫無其意，未有愛利之心也。臣有道於此，使天下丈夫女子莫不歡然皆欲愛利之心。此其賢於勇有力也，四累之上也。大王獨無意邪？」宋王曰：

「此寡人所欲得也。」惠盂對曰：「孔、墨是已。孔丘、墨翟<u>無地而爲君，無官而爲長</u>。天下丈夫女子莫不延頸舉踵而願安利之者。今大王萬乘之主也，誠有其志，則四境之內皆得其利矣。此賢於孔、墨也遠矣。」宋王無以應。惠盂出，宋王謂左右曰：「辯矣，客之以說勝寡人也。」故《老子》曰：「<u>勇於不敢則活</u>。」由此觀之，大勇反爲不勇也。

（2）老子曰：至德之世，賈便其市，農樂其野，大夫安其職，處士修其道，人民樂其業；是以風雨不毀折，草木不夭死，河出圖，洛出書。及世之衰也，賦斂無度，殺戮無止，刑諫者，殺賢士，是以山崩川涸，蠕動不息，墊無百蔬。故世治則愚者不得獨亂，世亂則賢者不得獨治。聖人和愉寧靜，生也，至德道行，命也，故生遭命而後能行，命得時而後能明，必有其世而後有其人。

此章見《淮南子・俶眞》，僅有論說之語，無人物史事：

古者至德之世，賈便其肆，農樂其業，大夫安其職，而處士修其道。當此之時，風雨不毀折，草木不夭，九鼎重味，珠玉潤澤，<u>洛出丹書，河出綠圖</u>。故許由、方回、善卷、披衣得達其道。何則？世之主有利欲之心，是以人得自樂其間。四子之才，非能盡善，蓋今之世也，然莫能與之同光者，遇唐、虞之時。逮至夏桀、殷紂，<u>燔生人，辜諫者，爲炮烙，鑄金柱，剖賢人之心，析才士之脛</u>，醢鬼侯之女，菹梅伯之骸。當此之時，<u>嶢山崩，三川涸，飛鳥鎩翼，走獸擠腳</u>。當此之時，豈獨無聖人哉？然而不能通其道者，不遇其世。夫飛鳥千仞之上，獸走叢薄之中，禍猶及之，又況編戶齊民乎！由此觀之，體道者不專在於我，亦有繫於世矣。夫歷陽之都，一夕反而爲湖，勇力聖知與罷怯不肖者同命。巫山之上，順風縱火，膏夏、紫芝與蕭艾俱死。故河魚不得明目，稚稼不得育時，其所生者然也。故世治則愚者不能獨亂，世亂則智者不能獨治。身蹈於濁世之中，而責道之不行也，是猶兩絆騏驥，而求其致千里也。置猿檻中，則與豚同。非不巧捷也，無所肆其能也。舜之耕陶也，不能利其里，南面王，則德施乎四海。仁非能益也，處便而勢利也。<u>古之聖人，其和愉寧靜，性也，其志得道行，命也。是故性遭命而後能行，命得性而後能明</u>。烏號之弓、谿子之弩，不能無弦而射；越舲蜀艇，

不能無水而浮。今繒繳機而在上，網罟張而在下，雖欲翱翔，其勢得焉？故詩云：「采采卷耳，不盈頃筐，嗟我懷人，寘彼周行」。以言慕遠世也。

（3）老子曰：君好智則信時而任己，棄數而用惠，物博智淺，以淺瞻博，未之有也，獨任其智，失多必矣。好智，窮術也，好勇，危亡之道也。好與則無定分，上之分不定，則下之望無止，若多斂則與民為仇，少取而多與，其數無有，故好與，來怨之道。由是觀之，財不足任，道術可因，明矣。

此章見《淮南子‧詮言》，全文大同小異：

> 君好智則倍時而任己，棄數而用慮。天下之物博而智淺，以淺澹博，未有能者也。獨任其智，失多必矣。故好智，窮術也，好勇則輕敵而簡備，自負而辭助，一人之力以御強敵，不仗眾多而專用身才，必不堪也。故好勇，危術也。好與則無定分，上之分不定，則下之望無止，若多斂賦，實府庫，則與民為讎。少取多與，數未之有也。故好與，來怨之道也。仁智勇力，人之美才也，而莫足以治天下。由是觀之，賢能之不足任也，而道術可修，明矣。

（4）老子曰：民有道所同行，有法所同守，義不能相固，威不能相必，故立君以一之。君執一即治，無常即亂。君道者，非所以有為也，所以無為也，智者不以德為事，勇者不以力為暴，仁者不以位為惠，可謂一矣。一也者，無適之道也，萬物之本也。君數易法，人以其位達其好憎，下之任懼不可勝理，故君失一，甚於無君也，君必執一而後能群矣。

此章見《淮南子‧詮言》，省無為之問及詩曰之句：

> 民有道所同道，有法所同守，為義之不能相固，威之不能相必也，故立君以一民。君執一即治，無常則亂。君道者，非所以為也，所以無為也。何謂無為？智者不以位為事，勇者不以位為暴，仁者不以位為惠，可謂無為矣。夫無為則得於一也，一也者，萬物之本也，無敵之道也。凡人之性，少則猖狂，壯則暴強，老則好利。一人之身既數變矣，又況君數易法，國數易君！人以其位通其好憎，下之徑衢，不可勝理。故君失一則亂，甚於無君之時，故詩曰：「不愆不忘，率由舊章」。此之謂也。

（5）老子曰：釋道而任智者危，棄數而用才者困，故守分循理，失之不憂，得之不喜。成者非所為，得者非所求，入者有所受而無取，出者有授而

無與，因春而生，因秋而殺，所生不德，所殺不怨，則幾於道矣。

此章見《淮南子‧詮言》，省「有以欲多而亡者」至「愚不足以至於失寧」句：

> 釋道而任智者必危，棄數而用才者必困。有以欲多而亡者，未有以無欲而危者也。有以欲治而亂者，未有以守常而失者也。故智不足免患，愚不足以至於失寧。守其分，循其理，失之不憂，得之不喜。故成者非所爲也，得者非所求也，入者有受而無取，出者有授而無予。因春而生，因秋而殺，所生者弗德，所殺者非怨，則幾於道也。

（6）老子曰：執一世之法籍，以非傳代之俗，譬猶膠柱調瑟。聖人者，應時權變，見形施宜，世異則事變，時移則俗易，論世立法，隨時舉事。上古之王，法度不同，非古相反也，時務異也，是故其已成之法，而法其所以爲法者，與化推移。聖人法之可觀也，其所以作法不可原也，其言可聽也，其所以言不可形也。三皇五帝輕天下，細萬物，齊死生，同變化，抱道推誠，以鏡萬物之情，上與道爲友，下與化爲人。今欲學其道，不得其清明，玄聖守其法籍，行其憲令，必不能以爲治也。

此章見《淮南子‧齊俗》，僅論說之語，而無人物事例：

> 今握一君之法籍，以非傳代之俗，譬猶膠柱而調瑟也。故明主制禮義而爲衣，分節行而爲帶，從典、墳，虛循撓，衣足以覆形，便身體，適行步，不務於奇麗之容，隅眥之削。………夫以一世之變欲以偶化應時，譬猶冬披葛而夏披裘。夫一儀不可以百廢，一衣不可以百歲。儀必應乎高下，衣必適乎寒暑。是故世異則事變，時移則俗易，故聖人論事而立法，隨時而舉事。尚古之王封於泰山，禪於梁父，七十餘聖，法度不同，非務相反也，時世異也。是故不法其已成之法，而法其所以爲法，所以爲法者，與化推移者也。夫能與化推移爲人者，至貴在焉爾。故梁狐之歌可隨也，所以歌者不可爲也。聖人法之可觀也，其所以作法不可原也，辯士言可聽也，其所以言不可形也。淳均之劍不可愛也，而歐冶之巧可貴也。今夫王喬、赤誦子吹嘔呼吸，吐故內新，遺形去智，抱素反眞，以游玄眇，上通雲天。今欲學其道，不得其養氣處神，而放其一吐一吸，時詘時伸，其不能乘雲升假，亦明矣。五帝三皇輕天下，細萬物，齊死生，同變化，抱大聖之心，以鏡萬物之情，上與神明爲友，下與造化爲

人。今欲學其道，不得其清明玄聖，而守其法籍憲令，不能為治亦
明矣。

（7）老子曰：上言者下用也，下言者上用也，上言者常用也，下言者權
用也，唯聖人為能知權。言而必信，期而必當，天下之高行，直而證父，信
而死女，孰能貴之。故聖人論事之區曲直，與之屈伸，無常儀表，祝則名君，
溺則捽父，勢使然也。夫權者，聖人所以獨見，夫先逆而後和者之謂權，先
合而後逆者不知權，不知權者，善反醜矣。

此章見《淮南子·氾論》，亦僅有論說之文，而無人物事例：

昔者周書有言曰：「上言者下用也，下言者上用也。」上言者常也，
下言者權也，此存亡之術也，唯聖人為能知權。言而必信，期而必當，
天下之高行也。直躬其父攘羊而子證之，尾生與婦人期而死之。直而
證父，信而溺死，雖有直信，孰能貴之！夫三軍矯命，過之大者也。
秦穆公興兵襲鄭，過周而東。鄭賈人弦高將西販牛，道遇秦師於周、
鄭之間，乃矯鄭伯之命，犒以十二牛，賓秦師而退之，以存鄭國。故
事有所至信反為過，誕反為功。何謂失禮而有大功？昔楚恭王戰於陰
陵，潘尪、養由基、黃衰微、公孫丙相與篡之。恭王懼而失體，黃衰
微舉足蹴其體，恭王乃覺，怒其失禮，奮體起，四大夫載而行。昔蒼
吾繞娶妻而美，以讓兄，此所謂忠愛而不可行者也。是故聖人論事之
局，曲直與之屈伸偃仰，無常儀表。時屈時伸，卑弱柔如蒲葦，非攝
奪也；剛強猛毅，志勵青雲，非本矜也，以乘時應變也。夫君臣之接，
屈膝卑拜，以相尊禮也，至其迫於患也，則舉足蹴其體，天下莫能非
也。故忠之所在，禮不足以難之也。孝子之事親，和顏卑體，奉帶運
履，至其溺也，則捽其髮而拯。非敢驕侮。以救其死也。故溺則捽父，
祝則名君，勢不得不然也。此權之所設也。故孔子曰：「可以共學矣，
而未可以適道也。可與適道，未可以立也。可以立，未可與權也。」
權者，聖人之所獨見也。故忤而後合者謂之知權，合而後忤者謂之不
知權。不知權者，善反醜矣。

（8）老子曰：法繁刑峻即民生詐，上多事則下多態，求多即得寡，禁多
即勝少。以事生事，又以事止事，譬猶揚火而使無焚也；以智生患，又以智
備之，譬猶撓水而欲求其清也。

此章與《淮南子·主術》「是以上多故則下多詐，上多事則下多態，上煩擾

則下不定，上多求則下交爭。」之意同，然多「以事生事，又以事止事，譬猶揚火而使無焚也；以智生患，又以智備之，譬猶撓水而欲求其清也」之句。

（9）老子曰：人主好仁，則無功者賞，有罪者釋；好刑，即有功者廢，無罪者及。無好憎者，誅而無怨，施而不德，放準循繩，身無與事，若天若地，何無不載。合而和之，君也，別而誅之，法也，民以受誅無所怨憾，謂之道德。

此章見《淮南子‧詮言》，全文無異：

> 人主好仁，即無功者賞，有罪者釋；好刑則有功者廢，無罪者誅。
> 及無好者，誅而無怨，施而不德，放準循繩，身無與事，若天若地，
> 何不覆載。故合而舍之者君也，制而誅之者法也，民已受誅怨無所
> 滅，謂之道。

（10）老子曰：天下是非無所定，世各是其所善，而非其所惡。夫求是者，非求道理也，求合於己者也，非去邪也，去逆於心者，今吾欲擇是而居之，擇非而去之，不知世所謂是非也。故治大國若烹小鮮，勿撓而矣。夫趣合者，即言中而益親，身疏而謀當，即見疑。今吾欲正身而待物，何知世之所從規我者乎，吾若與俗遽走，猶逃雨無之而不濡。欲在於虛，則不能虛，若夫不為虛，而自虛者，此所欲而無不致也。故通於道者如車軸，不運於己，而與轂致於千里，轉於無窮之原也。故聖人體道反至，不化而待化，動而無為。

此章見《淮南子‧齊俗》，僅見論說之文，而無人物事例：

> 天下是非無所定，世各是其所是，而非其所非。所謂是與非各異，
> 皆自是而非人，由此觀之，事有合於己者，而未始有是也。故求是
> 者非求道理也，求合於己者也，去非者非批邪施也，去忤於心者也。
> 有忤於而未始有，忤於我，未必不合於人也，合於我，未必不非於
> 俗也。至是之是無非，至非之非無是，此真是非也。若夫是於此而
> 非於彼者，非於此而是於彼，此之謂一是一非也。此一是非隅曲也，
> 夫一是非宇宙也。今吾欲擇是而居之，擇非而去之，不知世所謂是
> 非者孰是孰非。老子曰：「治大國若烹小鮮。」為寬裕者曰：勿數撓。
> 為刻削者曰：致其咸酸而已矣。晉平公出言而不當，師曠舉琴而撞
> 之，跌衽宮壁，左右欲涂之，平公曰：「舍之！以此為寡人失。」孔
> 子聞之，曰：「平公非不痛其體也，欲來諫者也。」韓子聞之曰：「群
> 臣失禮而弗誅，是縱過也。有以也，夫平公之不霸也。」故賓有見

人於宓子者，賓出，宓子曰：「子之賓獨有三過：望我而笑，是擾也；談吾而不稱師，是返也；交淺而言深，是亂也。」賓曰：「望君而笑，是公也；談語而不稱師，是通也；交淺而言深，是忠也。」故賓之容一體也，或以為君子，或以為小人，所自視之異也。故趣合即言忠而益親，身疏即謀當而見疑。親母為其子治扢禿，而血流至耳，見者以為其愛之至也。使在於繼母，則過者以為嫉也。事之情一也，所以觀者異也。從城上視牛如羊，視羊如豕，所居高也，窺面於盤水則圓，於杯則隋。面形不變其故，有所圓，有所隋者，所自窺之異也。今吾雖欲正身而待物，庸遽知世之所自窺我者乎？若轉化而與世競走，譬猶逃雨也，無之而不濡。常欲在於虛，則有不能為虛矣。若夫不為虛而自虛者，此所慕而不能致也。故通於道者如車軸，不運於己，而與轂致千里，轉無窮之原也。不通於道者，若迷惑，告以東西南北，所居聆聆，一曲而辟，然忽不得，復迷惑也。故終身隸於人，譬若倀之見風也，無須臾之間定矣。故聖人體道反性，不化以待化，則幾於免矣。

（11）老子曰：夫極戰而數勝者，則國必亡，極戰則民疲，數勝則主驕，以驕主使疲民，則國不亡者寡矣。主驕則恣，恣則極物，民疲則怨，怨則極慮，上下俱極而不亡者，未之有也。故功遂身退，天之道也。

此章見《淮南子‧道應》，乃魏武侯與李克對答之語：

魏武侯問於李克曰：「吳之所亡者何也？」李克對曰：「數戰而數勝。」武侯曰：「數戰數勝，國之福，其獨以亡，何故也？」對曰：「數戰則民罷，數勝則主驕。以驕主使罷民，而國不亡者天下鮮矣。驕則恣，恣則極物，罷則怨，怨則極慮，上下俱極，吳之亡猶晚矣！夫差之所以自剄於干遂也。」故老子曰：「功成名遂身退，天之道也。」

上述〈道德〉篇十一章「老子曰」之文與《淮南子》對比，知此十一章文句幾與《淮南子》同，相異僅在於傳世本《文子》只見議論而不見人物事例，彼此一簡一繁而已。因此，經由竹簡《文子》與傳世本《文子‧道德》及《淮南子》相較，傳世本《文子‧道德》如真為西漢前流傳之篇章，而竹簡《文子》其斷爛無可考者恰此十一章「老子曰」之文，且《淮南子》亦僅錄此十一章之文，其餘九章卻未採擷。如此湊巧之事，幾無可能。陳麗指出，此十一章與出土簡文不相應，極有可能後人據《淮南子》之文竄增入於傳世

本《文子》，〔註2〕其說應屬可能。

　　此外，尚有部分簡文與傳世本《文子》稍可對應，簡文0899：「下，先始於後，大始於小，多始於少。」疑即〈精誠〉：「老子曰：大道無爲，無爲即無有，無有者不居也，不居者即處無形，無形者不動，不動者無言也，無言者即靜而無聲無形，無聲無形者，視之不見，聽之不聞，是謂微妙，是謂至神，綿綿若存，是謂天地根。道無形無聲，故聖人強爲之形，以一字爲名。天地之道，大以小爲本，多以少爲始，天子以天地爲品，以萬物爲資，功德至大，勢名至貴，二德之美與天地配，故不可不軌大道以爲天下。」簡文0916：「江海以此道爲百谷王，故能久長功。」疑即〈自然〉：「古之善爲君者法江海，江海無爲以成其大，窪下以成其廣，故能長久，爲天下谿谷，其德乃足，無爲故能取百川，不求故能得，不行故能至，是以取天下而無事。不自貴故富，不自見故明，不自矜故長，處不有之地，故爲天下王，不爭故莫能與之爭，終不爲大故能成其大，江海近於道，故能長久，與天地相保。」簡文2219：「〔道。平〕王曰：請問天道？文子曰：天之」、1184：「＝□，天之道何如？文子曰：難言於天□」、0585：「胡象於天道？老子曰：天之道，高」、0926：「大者，損有損之；持高者，下有下之」、0813：「□曰：何謂損有損之，下有下之？文」、0887：「＝道。平王曰：此天道也。」疑即〈九守〉：「夫道，大以小而成，多以少爲主，故聖人以道蒞天下，柔弱微妙者見小也，儉嗇損缺見少也，見小故能成其大，見少故能成其美。天之道，抑高而舉下，損有餘補不足，江海處地之不足，故天下歸之奉之。聖人卑謙，清靜辭讓者見下也，虛心無有者見不足也，見下故能致其高，見不足故能成其賢。矜者不立，奢也不長，強梁者死，滿日則亡，飄風暴雨不能終日，小谷不能須臾盈，飄風暴雨行強之氣，故不能久而滅，小谷處強梁之地，故不得不奪。是以聖人執雌牝，去奢驕，不敢行強梁之氣，執雌牝，故能立其雄牝，不敢奢驕，故能長久。」

　　以上簡文與傳世本稍可相應者皆不見於《淮南子》，其現象絕非偶然，極可能傳世本之文字原屬於竹簡《文子》之內容，因簡文斷亂太甚，而無法作

〔註2〕陳麗桂之說見〈從出土竹簡《文子》看古、今本《文子》與《淮南子》之間先後關係及幾個思想論題〉（收錄於「《文子》與道家思想發展」兩岸學術研討會論文，輔仁大學哲學系，1996年6月，頁21～33。或《哲學與文化》，1996年8月第23卷第8期，頁1871～1884）。李學勤〈試論八角廊《文子》〉（見《文物》1996年第1期，頁36～40）也已提出〈道德〉篇非問答體之諸章不見於竹簡《文子》，當爲後人攙入，但文中並未提及與《淮南子》之關係。

更多對應；或是傳世本保留著簡文文意，但文字已經後人增改，故有此情況。至此，吾人似乎已體會出，竹簡《文子》與傳世本《文子》能相應者，卻無一能與《淮南子》相應，假如《淮南子》鈔自《文子》，何以如此。且更耐人尋味者，則是不見於傳世本《文子》之簡文，亦不見於《淮南子》。故當是傳世本《文子》襲自《淮南子》，而非《淮南子》鈔自《文子》。

（二）《淮南子》乃眾賓客共論所知之作，其來源大致可從文中得其線索，唯《文子》則莫能察

考《淮南子》乃劉安共賓客集體之作，〔註3〕先秦各家學說，皆有涉獵，〈要略〉述其書「觀天地之象，通古今之事，權事而立制，度形而施宜，原道之心，合三王之風，以儲與扈冶，玄眇之中，精搖靡覽。棄其畛挈，斟其淑靜，統天下，理萬物，應變化，通殊類，非循一跡之路，守一隅之指」，是知乃匯粹眾說，以成是編。

《淮南子》書中取擇諸書，〔註4〕其確指出處者：《老子》（或「老聃之言」）計五十八則（〈原道〉一則、〈齊俗〉二則、〈道應〉五十三則、〈詮言〉一則、〈人間〉一則），遍引八十一章中之四十一章。《莊子》一則（〈道應〉）。《易》計十二則（〈繆稱〉六則、〈齊俗〉一則、〈氾論〉一則、〈詮言〉一則、〈人間〉一則、〈泰族〉兩則），所引包括〈序卦〉及乾、坤、屯、同人、小過、中孚、豐諸卦辭。《詩》計二十則（〈俶真〉一則、〈本經〉一則、〈主術〉一則、〈繆稱〉四則、〈氾論〉一則、〈詮言〉兩則、〈人間〉一則、〈修務〉三則、〈泰族〉六則），泛及風、大雅、小雅、頌。另有《周書》兩則（〈覽冥〉、〈氾論〉）。《書》兩則（〈主術〉、〈泰族〉）。《慎子》一則（〈道應〉）。《管子》一則（〈道應〉）。

〔註3〕　《漢書·淮南衡山濟北王傳》：「淮南王安爲人好書，鼓琴，不喜弋獵狗馬馳騁，亦欲以行陰德拊循百姓，流名譽。招致賓客方術之士數千人，作内書二十一篇。」高誘〈淮南子敘〉：「初，安爲辨達，善屬文，皇帝爲從父，數上書召見，孝文皇帝甚愛重之。詔使爲離騷賦，自旦受詔，日早食已，上愛而祕之。天下方術之士，多往歸焉。於是遂與蘇飛、李尚、左吳、田由、雷被、伍被、毛被、晉昌等八人，及諸儒大山、小山之徒，共講論道德，總統仁義，而著此書。」

〔註4〕　〈要略〉述先秦諸子皆起於救時之弊，乃與世推移之論，若劉氏之書則吸取諸家之長，乃通治之書。觀其所言，則知所述者皆其所本，其中有《老子》、《莊子》、《易》、太公之謀、儒者之學、墨子之學、管子之書、晏子之諫、縱橫修短、刑名之書、商鞅之法。〈泰族〉又云：「五帝三王之道，天下之綱紀，治之儀表也。今商鞅之啟塞，申子之三符，韓非之孤憤，張儀、蘇秦之從橫，皆掇取之權，一切之術也，非治之大本。」則亦知商鞅、申子、韓非、張儀、蘇秦之說雖非治之本，然《淮南子》亦有所擷取。

《廣成子》一則（〈詮言〉）。《春秋》一則（〈說林〉）。《堯戒》一則（〈人間〉）。
其它尚有「神農之法」、「黃帝曰」、「周公曰」、「太公曰」、「孔子曰」、「詹何
曰」、「君子曰」、「傳曰」、「諺曰」、「語曰」等多則。〔註5〕《文子》全書近四
萬言，與《淮南子》文句相應卻有三萬兩千字（見附錄一），佔《淮南子》全
書四分之一強，所錄富於各書。使《淮南子》襲自《文子》，何以《淮南子》
書中未有隻字片語提及，按常理推之，此事幾無可能。清陶方琦云：

> 淮南王書雖採引群籍，其中出老、莊、韓非、呂氏春秋灼然可數，
> 斷不至盡出於文子，無論淮南王媲足過人，不屑為此，即賓客如八
> 公輩，何至勦襲古書，譁訑欺主。況西漢時文子之書具在，而子政、
> 孟堅諸人絕不言淮南出此，可知今道藏中之文子已非舊本。〔註6〕

此說可謂一語道破。假使西漢流傳之《文子》與今本同，時人當已注意，或當
可從《淮南子》書中抽繹出線索，此亦適足以明孟堅所見九篇本非今日之本。

　　其次，《淮南子》雖「非循一跡之路，守一隅之指」，然總其要，仍有貫
串之主體思想，即在老、莊思想基礎上，融冶儒、法、陰陽、墨各家學說而
傾向於道家。高誘〈淮南子敘〉云：

> 其指近老子，淡泊無為，蹈虛守靜，出入經道。言其大也則燾天載
> 地，其說細也則淪於無垠，及古今治亂，存亡禍福，世間詭異瑰奇
> 之事。其義也著，其文也富，物事之類，無所不載，然其大較，歸
> 之於道。

《淮南子》全書明云引《老子》，或是老聃之語雖只五十八次，但以《老子》之
意入文者則不勝枚舉。〈原道〉全發揮《老子》之旨，其論道之原則，以自然無
為基礎，萬物之生，百事之成，近至個人修養，遠至治國平天下，莫不要以恬
然無思，澹然無慮態度處之，而不以智故害其成。其論柔勝剛，弱勝強，後制
先，以水為喻，皆出於《老子》，整篇可說全面性闡述《老子》之道。〈本經〉

〔註5〕《呂氏春秋》採擷甚富，《淮南子》卻隻字不提。如〈天文〉中關於星宿分野、
　　　　節氣與律呂對應，採自《呂氏春秋‧有始覽》及〈音律〉；〈時則〉全襲十二
　　　　紀；〈道應〉引《呂氏春秋》史事二十餘處；〈兵略〉將《呂氏春秋》孟、仲
　　　　秋二紀論兵之文章，結合孫子兵法寫成，此較顯著者，其它引用《呂氏春秋》
　　　　者，亦散於各篇。此乃劉漢代嬴秦而起，秦政無道，初歷荼毒之漢人心中，
　　　　秦之人與事，皆是時人批評之對象，故劉安等人雖大量採取《呂氏春秋》之
　　　　論，在此風氣影響下，故無隻語提及呂不韋與《呂氏春秋》。
〔註6〕見《漢孳室文鈔‧文子非古書說》（收錄於《叢書集成續編》第15冊，臺北：
　　　　新文豐出版社，1989年7月，頁109）。

則以推闡《老子》十八章「大道廢，有仁義」之旨。〈道應〉一篇主要以史實證《老子》之說，相當於用史事替《老子》作注。《莊子》一書，雖只徵引一條，然而《淮南子》對於《莊子》內外雜篇皆見吸收，份量之多，僅次於《老子》。〈俶眞〉一篇全衍《莊子》之旨，〈齊物論〉、〈大宗師〉、〈庚桑楚〉、〈讓王〉、〈德充符〉、〈山木〉、〈逍遙遊〉、〈天地〉、〈人間世〉、〈則陽〉、〈外物〉、〈列禦寇〉、〈田子方〉等篇觀點在此鎔爲一鑪。〈齊俗〉則發揮〈齊物論〉與〈秋水〉之同異觀，其中之和愉寧靜，順性因俗，以達乎性命之情之思想，則來自於〈天道〉、〈天運〉、〈天地〉、〈駢拇〉諸篇。而關於至人、神人、得道之人之神仙觀念，亦得自於《莊子》，全書處處可見。傳世本《文子》以老、莊學說爲主要內容，尤其以《老子》思想爲最，絕大多數見於《淮南子》。班孟堅稱文子師老子，祖述老子之說，假使傳世本《文子》眞屬文子之作，其說不僅深得《老子》之意，《莊子》之說亦俱見其中，如果《淮南子》襲自《文子》，《淮南子》舉老、莊爲標的，如此重要之典籍，焉爲有故意不言之理。

（三）從徵引之史事及典籍言

就徵引史事言，上文曾將〈道德〉篇中見於《淮南子》之諸章進行比對，知《文子》與《淮南子》之差異，在於《淮南子》說理而兼人物史事，《文子》則常刪去人物史事而只作泛論之語。不獨〈道德〉篇如此，全書皆此類。值得注意者則是：《文子》未刪除《淮南子》之人物史事者，大抵在孔子前，且《文子》文中添加之人物，亦早於孔子。此乃僞造者爲應合文子與孔子同時之語，有意如此。

不過仍有未暇檢飾者，〔註7〕〈自然〉言「神農形悴，堯瘦臞，舜黧黑，禹騈胝，伊尹負鼎而干湯，呂望鼓刀而入周，百里奚傳賣，管仲束縛，孔子無黔突，墨子無暖席」，此語亦見《淮南子・修務》。墨子戰國時人，文子何由論及此？《精誠》云「秦楚燕魏之歌，異聲而皆樂也」，此語亦見《淮南子・修務》。秦楚燕魏六國名，文子如何論及此？〈微明〉有「相坐之法立，則百姓怨；減爵之令張，則功臣叛」，此明明指商鞅、吳起事，《淮南子・泰族》正作「商鞅爲秦立相坐之法，而百姓怨矣；吳起爲楚減爵祿之令，而功臣畔

〔註7〕 此觀點，清章學誠、陶方琦早已指出。章說見《文史通義・與孫淵如觀察論學十規》（收錄於倉良修編《文史通義新編》，上海：上海古籍出版社，1993年7月，頁289）。陶說見《漢孳室文鈔・文子非古書說》（收錄於《叢書集成續編》第15冊，臺北：新文豐出版社，1989年7月，頁109）。

矣」，商鞅、吳起皆戰國時人，今文子何從知之？〈上禮〉云「伏尸數十萬」，此至戰國時方有之事，春秋時尚未有如此大規模征戰場面，《淮南子・覽冥》所述正是戰國時事：「晚世之時，七國異族，諸侯制法，各殊習俗。縱橫間之，舉兵而相角。攻城濫殺，覆高危安，掘墳墓，揚人骸。……所謂兼國有地者，伏尸數十萬，破車以千百數，傷弓弩矛戟矢石之創者，扶舉於路。」凡此種種，皆非文子所能預見，是知襲《淮南子》時未留意之處。

就徵引典籍言，《淮南子》每每於闡揚道家學說時，間引儒家稱道之《易》、《詩》或孔子之語以證之，《文子》則刪除或融入文中，未言出處，尤其《易》、《詩》則悉數刪除。此乃僞造者為合於文子為老子弟子，以為文子傳老子之業，老子為道家宗師，其說與儒家不同，故有此舉。今舉二例以明之。

《淮南子・本經》：

> 今至人生亂世之中，含德懷道，拘無窮之智，鉗口寢說，遂不言而死者眾矣。然天下莫知貴其不言也。故「道可道，非常道；名可名，非常名。」著於竹帛，鏤於金石，可傳於人者，其粗也。五帝三王，殊事而同指，異路而同歸。晚世學者，不知道之所一體，德之所總要，取成之跡，相與危坐而說之，鼓歌而舞之。故博學多聞不免於惑。《詩》云：「不敢暴虎，不敢馮河。人知其一，莫知其他。」此之謂也。

此段文字又見於《文子・精誠》：

> 老子曰：……故至人之治，含德抱道，推誠樂施，無窮之智寢說而不言，天下莫知貴其不言者，故「道可道，非常道也，名可名，非常名也。」著於竹帛，鏤於金石，可傳於人者，皆其麤也。三皇五帝三王，殊事而同心，異路而同歸，末世之學者，不知道之所體一，德之所總要，取成事之跡，跪坐而言之，雖博學多聞，不免於亂。

兩段文字差異甚少，僅「今至人生亂世之中」易為「故至人之治」，及省「遂不言而死者眾矣」之句而已。然《文子》卻刪除《詩》云：「不敢暴虎，不敢馮河。人知其一，莫知其他」之語，而保留《老子》「道可道，非常道也，名可名，非常名也」之言，亦可見出彼此之關係。

《淮南子・泰族》：

> 治大者道不可以小，地廣者制不可以狹，位高者事不可以煩，民眾者教不可以苛。夫事碎難治也，法煩難行也，求多難贍也。寸而度之，至丈必差，銖而稱之，至石必過，石稱丈量，徑而寡失，簡絲

數米，煩而不察。故大較易為智，曲辯難為慧。故無益於治，有益於亂者，聖人不為；無益於用而有益於費者，智者弗行也。故功不厭約，事不厭省，求不厭寡，功約易成也，事省易治也，求寡易贍也。眾易之，於以任人易矣。孔子曰：「小辯破言，小利破義，小藝破道，小見不達，必簡。」河以逶蛇故能遠，山以陵遲故能高，陰陽無為故能和，道以優游故能化。夫轍於一事，察於一辭，審於一技，可以曲說，而未可廣應也。………黃帝曰：「芒芒昧昧，因天之威，與元同氣。故同氣者帝，同義者王，同力者霸，無一焉者亡。

此段亦見於《文子・上仁》：

老子曰：治大者，道不可以小，地廣者，制不可以狹，位高者，事不可以煩，民眾者，教不可以苛。事煩難治，法苛難行，求多難贍，寸而度之，至丈必差，銖而稱之，至石必過，石稱丈量，徑而寡失，大較易為智，曲辯難為慧。故無益於治，有益於亂者，聖人不為也，無益於用者，有益於費者，智者不行也。故功不厭約，事不厭省，求不厭寡，功約易成，事省易治，求寡易贍，任於眾人則易。故小辯害義，小義破道，道小必不通，通必簡。河以逶迤故能遠，山以陵遲故能高，道以優游故能化。夫通於一伎，審於一事，察於一能，可以曲說，不可以廣應也。夫調音者，小弦急，大弦緩，立事者，賤者勞，貴者佚。道之言曰：「芒芒昧昧，因天之威，與天同氣，同氣者帝，同義者王，同功者霸，無一焉者亡。」

《淮南子》中孔子之語，《文子》並未刪除，此乃確知明言是儒家之言而唯一保留者，但「孔子曰」已不見，文句又曾改動，再細察之，此為論道之語，正合道家中心議題，故予存之。《大戴禮記・小辨》云魯哀公欲學小辨，以觀於政，而請事於孔子。孔子曰：「夫小辨破言，小言破義，小義破道，道小不通，通道必簡。」此亦同《淮南子》所記，而未言《文子》之言。「黃帝曰」，《文子》則變為「道之言曰」，雖然由「黃帝之言」改為「道之言」，仍說明此為徵引之言，〔註8〕此猶如《淮南子・齊俗》有「神農之法曰」，《文子・上義》亦予保留，皆因其非儒家所稱言者之故。

不獨此，〈道德〉中有「平王問文子曰：吾聞子得道於老聃，今賢人雖有道，而遭淫亂之世，以一人之極，而欲化久亂之民，其庸能乎？」相對應於簡文：

〔註8〕《淮南子》「黃帝」之言，亦見於《呂氏春秋・應同》。

0880：「王曰：人主唯（雖）賢，而曹（遭）淫暴之世，以一」

0837：「〔之權〕，欲化久亂之民，其庸能」

卻無「吾聞子得道於老聃」一語，此非偶然，亦是作僞者，牽合於孟堅之說而從中雜入，以取信後人，正說明傳世本《文子》已經後人大動手腳。與西漢傳本可對應之處已如是，其它不見於簡本者，來源更值得懷疑。

除上述之外，尚有《淮南子》援用典籍未作說明，《文子》襲用而不自知者。《淮南子・繆稱》：「聲自召也，類自求也，名自命也，文自官也。」《文子・上德》亦有之。此語徐幹《中論・貴驗》明言出自《子思子》。又《淮南子・繆稱》：「故同言而信，信在言前，同令而行，誠在令外也。」《文子・精誠》亦有之。此語徐幹《中論・貴驗》也明言出自《子思子》，《後漢書・宣秉傳》亦錄之，李賢注謂出於《子思子・累德》之辭，馬總《意林》卷一，《太平御覽》卷一百三十亦有之。如《子思子》之語，係襲於《文子》，何以諸家未曾言之？似不當如此。可能則是《文子》鈔自《淮南子》，其因在於《淮南子・繆稱》中同《子思子》之文甚多，〔註9〕如云此二語由《淮南子》鈔自《文子》，餘則來自《子思子》，似亦不可能，故當是《文子》鈔自《淮南子》，而《淮南子》則引自《子思子》。

（四）《淮南子》全書有其思想體系，傳世本《文子》則拼湊之跡顯然

顧觀光《文子校勘記》云：

> 《淮南子》雖亦雜采諸書，然首尾條貫，自成機杼。今（《文子》）取（《淮南子》）一篇之文離爲數段，或割取他篇以附益之，不論旨意之合於老氏與否，而並以爲《老子》之言，何《老子》之多言若是也。且以佝儻不羈之文句，節而字省之，遂至一節之中，文氣斷續，一行之內，語意背馳。」

顧氏之語，良爲諦論。〔註10〕

〔註9〕可參考楊樹達《淮南子證聞》考證之文（收錄於《楊樹達文集》之11，上海：上海古籍出版社，1985年8月，卷4〈繆稱訓〉第10，頁92～102）。

〔註10〕此《校勘記》附於錢熙祚守山閣本《文子》之末，或說錢熙祚撰，非是。嚴靈峰《周秦漢魏諸子知見書目》云：「《書目綜目》題：『《校勘記》一卷，錢熙祚撰。』但王重民〈文子校記〉稱『顧觀光《札記》，疑此記乃顧觀光代錢氏爲之。』」（臺北：正中書局，1975年12月，卷2，頁414）嚴氏此論甚確。王重民《敦煌古籍敘錄・文子》：「守山閣翻刻本，附有顧觀光所撰《札記》，

《淮南子‧要略》云：

> 凡屬書者，所以窺道開塞，庶後世使知舉錯取舍之宜適，外與物接而
> 不眩，內有以處神養氣，宴煬至和，而已自樂所受乎天地者也。故言
> 道而不明終始，則不知所依仿；言終始而不明天地四時，則不知所避
> 諱；言天地四時而不引譬援類，則不知精微；言至精而不原人之神氣，
> 則不知養生之機；原人情而不言大聖之德，則不知五行之差；言帝道
> 而不言君事，則不知小大之衰；言君事而不為稱喻，則不知動靜之宜；
> 言稱喻而不言俗變，則不知合同大指；已言俗變而不言往事，則不知
> 道德之應；知道德而不知世曲，則無以耦萬方；知氾論而不知詮言，
> 則無以從容；通書文而不知兵指，則無以應卒；已知大略而不知譬喻，
> 則無以推明事；知公道而不知人間，則無以應禍福；知人間而不知修
> 務，則無以使學者勸力。欲強省其辭，覽總其要，弗曲行屈入，則不
> 足以窮道德之意。故著書二十篇，則天地之理究矣，人間之事接矣，
> 帝王之道備矣。其言有小有巨，有微有粗，指奏卷異，各有為語。

可知鴻烈二十一篇，實經縝密構思，融匯前人心血之作，乃首尾相應，自成
一體，而決非零散之大雜燴。

　　大體言之，《淮南子》內容可分為三，一道論，實全書之總綱，計包括卷
一〈道原〉、卷十二〈道應〉、卷十六〈說山〉、卷十七〈說林〉，前者全力闡
釋道之理，後三者則舉事例以明之；二宇宙論（含人性論），有卷二〈俶真〉
至卷七〈精神〉諸篇；三政治論，包括卷八〈本經〉至卷十五〈兵略〉（卷十
二〈道應〉除外）之君主之道、統治之術，及卷十八〈人間〉、卷十九〈修務〉
之臣子論，而卷二十〈泰族〉則泛論政治思想。全書各篇旨趣瞭然，且皆能

是正頗多。」（收錄於嚴靈峰編輯之《書目類編》第 82 冊，臺北：成文出版
社，1978 年 7 月，頁 36832～36833）又孫詒讓《札迻》引顧觀光《校勘記》
六條：「聖人不降席而匡天下，情甚於謣呼：纘義本謣作槖，顧校依文瀾閣本
作謻」、「故匠人智為，不以能以時，閉不知闔也，故必杜而後開：顧云誤謬
至不可句。道應訓引慎子曰：『匠人知為門能以門，所以不知門也，故必杜然
後能門。』亦似有誤字」、「天有四時五行九解：纘義本解作曜。顧云御覽三
百六十曜作解，與精神訓合」、「腎為雨，肝為雷：顧云御覽十三又三百六十
三並引腎為電」、「老子學於常樅，見舌而守柔：注云見古道皆守雌柔，古字
亦作舌字，亦柔也。顧云而下脫知字，當依繆稱訓補」、「天有五方，地有五
行：顧云御覽三百六十，方行互易」（臺北：藝文印書館，1960 年 6 月，卷 4，
頁 194～201），與守山閣《文子校勘記》不異，知乃顧氏所撰。

緊扣篇題發揮，決無割裂、或首尾不相應者。

　　反觀傳世本《文子》則不然。以〈道德〉篇爲例，全篇以「文子問，老子曰」爲體例者有九章，依序於問道、問德、問聖智、問以道蒞天下、王道有幾、王者得其歡心、問政、非道德無以治天下、得道於老聃諸章，每章文意完具，且章與章亦相互聯繫，渾然而成一體。而「老子曰」各章文意則與「文子問，老子曰」諸章不相貫，如「夫行道者，雖使人勇，刺之不入」章，此章置於「文子問道」章後，問道章論道之生成與道之作用，此章雖亦論道之作用，然旨意在釋「勇於敢則殺，勇於不敢則活」句，二者頗不相應，顯然原非〈道德〉篇之文。「至德之世，賈便其市，農樂其野，大夫安其職，處士修其道，人民樂其業」章，此章置於「文子問德」章後。問德章論德、仁、義、禮四經，此章則述至德之世與衰世之別，以及治亂與賢愚、命與時之關係，同問德章了不相涉。「釋道而任智者危，棄數而用才者困」章，置於「文子問王道有幾」章後，問王道章主要論用兵，此章則論任智與用才之失，皆不同於用兵之論。「執一世之法籍，以非傳代之俗，譬猶膠柱調瑟」章，置於「王者得其歡心」章後，論聖人應時權變，隨時舉事，勿守傳世之法籍，與得其歡心章言如何得民心大亦不相同。

　　綜上四項理由，傳世本《文子》與《淮南子》文句相合者，皆是傳世本《文子》鈔自《淮南子》，非如孫星衍昌言「(《淮南子》)多引《文子》，增損其語，謬誤迭出」。〔註11〕尤其經竹簡《文子》、傳世本《文子》、《淮南子》三者比對之結果，更確鑿可信。傳世本《文子》已非班固所見之舊，乃後人竄增而成，至於爲何多數襲自《淮南子》？實因《文子》學說，以「道」爲中心，而《淮南子》亦以論「道」爲旨歸，二者相彷，僞作者尚見部分《文子》舊文，知《文子》之說，故掇拾類似之作以實之；又其僞作時，據班固之言，以文子爲老子弟子，與孔子並時，故增老子之言，及刪削孔子後之人物史事，多數以純議論之言出現，致使眞象撲朔迷離，不易確指。

二、其　他

　　傳世本《文子》多數襲自《淮南子》，然尚有數千言不見於《淮南子》者，此數千言，〈道德〉篇中「文子問，老子曰」或「平王問，文子曰」形式之九

〔註11〕見《問字堂集・文子序》(收錄於岱南閣叢書，臺北：藝文印書館，卷4，雜文4，頁1～3)。

章，可與竹簡《文子》相應，知其爲西漢時流傳之《文子》舊文。但兩者仍
些許差異，如《文子・道德》問道章：

> 文子問道，老子曰：學問不精，聽道不深。凡聽者，將以達智也，
> 將以成行也，將以致功名也，不精不明，不深不達。故上學以神聽，
> 中學以心聽，下學以耳聽；以耳聽者，學在皮膚，以心聽者，其學
> 在肌肉，以神聽者，其學在骨髓。故聽之不深，即知之不明，知之
> 不明，即不能盡其精，不能盡其精，即行之不成。凡聽之理，虛心
> 清靜，損氣無盛，無思無慮，目無妄視，耳無苟聽。專精積蓄，內
> 意盈并，既以得之，必固守之，必長久之。夫道者，原產有始，始
> 於柔弱，成於剛強，始於短寡，成於眾長，十圍之木，始於把，百
> 仞之臺，始於下，此天之道也。聖人法之，卑者所以自下也，退者
> 所以自後，儉者所以自小也，損者所以自少也，卑則尊，退則先，
> 儉則廣，損則大，此天道所成也。

簡文則作：

> 2482：〔脩德非一〕聽，故以耳聽〔者，學在〕皮膚；以心聽
>
> 0756：學在肌月（肉）；以□聽者，
>
> 2500：〔不深者知不遠，而不能盡其功，不能〕
>
> 0581：產於有，始於弱而成於強，始於柔而
>
> 2331：於短而成於長，始於寡而成於眾，始
>
> 1178：之高始於足下，千〔方之群始於寓強〕
>
> 0871：聖人法於天道，〔民者以自下〕
>
> 0912：卑、退、斂、損，所以法天也。平王曰：

可以見出二者內容繁省之別，如 2482 號簡文「〔脩德非一〕聽」傳世本未見，
卻易以「學問不精，聽道不深。凡聽者，將以達智也，將以成行也，將以致
功名也，不精不明，不深不達。故上學以神聽，中學以心聽，下學以耳聽」，
顯然後人攙入不少字句，可能爲訓釋「〔脩德非一〕聽」之文。又如 0912 號
簡文「卑、退、斂、損，所以法天也。」傳世本作「卑則尊，退則先，儉則
廣，損則大，此天道所成也。」皆經後人增改，或亦可能爲訓釋之文。〔註12〕

〔註12〕此參考河北省文物研究所定州漢簡整理小組：〈定州西漢中山懷王墓竹簡《文
子》的整理意義〉之說（《文物》，1995 年第 12 期，頁 39）。

關於傳世本《文子》可與竹簡《文子》相應者，可參考竹簡《文子》整理小組之研究，本文不再贅言。本節乃針對非屬上述兩種情況之章節，一一分析其來源。

（一）〈道原〉第十章，「所謂大寇伏尸不言節」至「無名以為用」一節

本節全發揮《老子》旨意。

「民多智能，奇物滋起，法令滋章，盜賊多有。」錄自《老子》第五十七章。

「故以智治國，國之賊，不以智治國，國之德。」錄自《老子》第六十五章。

「夫無形大」至「無名以爲用」句則爲《老子》第四十章「反者道之動，弱者道之用。天下萬物生於有，有生於無」之說，以形、聲、名爲喻，與《老子》第六十三章「圖大於其易，爲大其細；天下難事，必作於易；天下大事，必作於細」觀念相合。此與簡文0899：「下，先始於後，大始於小，多始於少」，0581：「產於有，始於弱而成於強，始於柔而」，2331：「于短而成於長，始於寡而成於眾，始」，1178：「之高始於足下，千〔方之強始於寓強〕」之文意合。

（二）〈精誠〉第十三章，「大道無為」章。

此章論道之特性，皆衍《老子》之意，其用語見諸於《老子》第六章、十四章、十五章、六十三章。此章與簡文0899：「下，先始於後，大始於小，多始於少」文句似是且文意同，亦與〈道德〉問道章：「道者，原產於始，始於柔弱，成於剛強，始於短寡，成於眾長，十圍之木，始於把，百仞之臺始於下，此天之道也。」及〈道德〉古之王者，以道蒞天下章：「無爲者，守靜也」文意相合。

（三）〈精誠〉第二十一章，「名可強立」章

「名可強立」至「後世無名」句襲自《淮南子・修務》，因文中有「南見老子」，故改云「文子曰」之語。

「至人潛行」至「無所不通」句襲自《淮南子・氾論》。

「夫至人精誠內形，德流四方」至「不處不可久，不行不可復」句見於《孟子》及《管子》二書。「夫憂民之憂者」至「然而不王者，未之有也」句與《孟子・梁惠王下》孟子之語大同小異：「齊宣王見孟子於雪宮，王曰：『賢

者亦有此樂乎？』孟子對曰：『有人不得則非其上矣，不得而非其上者非也，為民上而不與民同樂者亦非也。樂民之樂者，民亦樂其樂；憂民之憂者，民亦憂其憂。樂以天下，憂以天下，然而不王者，未之有也。』」僅敘述「憂民」與「樂民」次序不一。「處於不傾之地」至「不行不可復」句則亦見於《管子‧牧民》：「錯國於不傾之地，積於不涸之倉，藏於不竭之府，下令於流水之源，使民於不爭之官，明必死之路，開必得之門，不為不可成，不求不可得，不處不可久，不行不可復。」《管子》「錯國於」傳世本《文子》作「處於」，「不涸」作「不盡」，「藏於」作「載於」，「下令於」作「出令如」，二者文句容有小異，意義則相同。

　　「大人行可說之政」至「冬政不失國家寧康」句，論政令與時令之關係，政令合於時令則風調雨順，政令不合時令則引起災害，故大人行政須配合四時寒暑，十二月之法常，即命順而事成，否則即命逆而敗。此為陰陽家思想，與《呂氏春秋》十二紀、《淮南子‧時則》、《禮記‧月令》之論點同。

（四）〈九守〉守弱章，「天下公侯以天下一國為家」至「與人同情而異道，故能長久」一節

　　此章論聖人執一無為，行雌牝辭讓之德，故能長久。主要依據《老子》第二十三、三十七、四十二、四十八、五十二、五十九、七十七諸章立說。文中論點與簡文 2219：「〔道。平〕王曰：請問天道？文子曰：天之」、1184：「＝□，天之道何如？文子曰：難言於天□」、0585：「胡象於天道？文子曰：天之道，高」、0926：「大者，損有損之；持高者，下有下之」、0813：「□曰：何謂損有損之，下有下之？文」、0581：「產於有，始於弱而成于強」、2331：「于短而成于長，始寡而成于眾，始」、1178：「之高始于足下，千〔方之強始于寓強〕」、0871：「聖人法于天，民者以自下」、0899：「下，先始於後，大始於小，多始於少」、0916：「江海以此道為百谷王，故能久長功。」文句似是且文意相合。

（五）〈符言〉第三章，「無為名尸」章

　　「無為名尸」至「失其所治即亂」句，見《淮南子‧詮言》。

　　「不欲碌碌如玉，落落如石」出自《老子》第三十九章。

　　以下之文則見於《藝文類聚》卷二十三引《晏子春秋》逸文：「其文好者身必剝，其角美者身見煞，甘泉必竭，直木必伐。」又見於《逸周書‧周祝》：

「故日文之美也而以身剝，自謂智也者故不足，角之美殺其牛，榮華之言後有茅。凡彼濟者必不怠，觀彼聖人必趣時。石有玉而傷其山，萬民之患故在言。時之行也動以徙，不知道者福爲禍，時之從也動以行，不知道者以福亡。故日肥豕必烹，甘泉必竭，直木必伐。」傳世本《文子》前四句與《晏子春秋》幾乎相同，而與《逸周書》有繁簡及字句之差異。末三句「華榮之言後爲愆」，《逸周書》作「榮華之言後有茅」；「黔首之患固在言前」，《逸周書》作「萬民之患故在言」。

（六）〈符言〉第四章，「時之行」章

此章亦見《逸周書·周祝》：「時之行也順無逆，爲天下者用大略，火之輝也固定上，爲天下者用牧，水之流也固走下，不善故有桴。故福之起也惡別之，禍之起也惡別之，故平國若之何？頃國、覆國、事國、孤國、屠國、皆若之何？故日之中也，仄月之望也，食威之失也，陰食陽。善爲國者使之有行，是彼萬物必有常，國君而無道以微亡。故天爲蓋，地爲軫，善用道者終無盡。地爲軫，天爲蓋，善用道者終無害，天地之間有滄熱，善用道者終不竭。陳彼五行必有勝，天之所覆盡可稱。」二者差異在於傳世本《文子》增「動以從，不知道者福爲禍」爲《逸周書》所無，然《逸周書》「時之行也順無逆」後至「國君而無道以微亡」一段文字，《文子》則闕，相較之下，有繁簡之別。

「故知不知，上，不知知，病也」則錄自《老子》七十一章。

（七）〈符言〉第六章，「一言不可窮也」章

此章言貞信、道德、舉賢德、惡少愛眾，言道德與簡文同，舉賢德則有異，0707：「之以德，勿視以賢，勿加以力，□以□□」，2234：「□□以賢則民自足，毋加以力則民自」，0826：「則民倍（背）反（叛），視之賢，則民疾諍，加之以＝」。〈道德〉問政章：「文子問政，老子日：御之以道，養之以德，無示以賢，無加以力；損而執一，無處可利，無見可欲，方而不割，廉而不劌，無矜無伐。御之以道則民附，養之以德則民服，無示以賢則民足，無加以力則民朴。無示以賢者，儉也；不加以力，不敢也。下以聚之，賂以取之，儉以自全，不敢自安。不下則離散，弗養則背叛，示以賢則民爭，加以力則民怨。離散則國勢衰，民背叛則上無威，人爭則輕爲非，下怨其上則位危，四者誠修，正道幾矣。」亦不標榜賢人之治，明顯與簡文不同。

（八）〈符言〉第七章，「人有三死」章

此章論三種非壽終而亡者，與《孟子‧盡心》言「非正命」意同。此言數見於典籍，馬王堆帛書《稱》：「天下有參死：忿不量力死，耆欲無窮死，寡不敵眾死。」《韓詩外傳》卷一：「哀公問孔子曰：『有智壽乎？』孔子曰：『然。人有三死而非命也者，自取之也：居處不理，飲食不節，勞過者，病共殺之。居下而好干上，嗜欲不厭，求索不止者，刑共殺之。少以敵眾，弱以侮強，忿不量力者，兵共殺之。故有三死而非命者，自取之也。』詩云：『人而無儀，不死何為！』」《說苑‧雜言》：「魯哀公問於孔子曰：『有智者壽乎？』孔子曰：『然。人有三死而非命也者，人自取之：夫寢處不時，飲食不節，佚勞過度者，病共殺之。居下位而上干其君，嗜欲無厭而求不止者，刑共殺之。少以犯眾，弱以侮強，忿怒不量力者，兵共殺之。此三死者非命也，人自取之。』詩曰：『人而無儀，不死何為！』此之謂也。」與上述記載相較，此章與馬王堆帛書《稱》差異較大，《韓詩外傳》、《說苑》引詩，而此章則無，且《韓詩外傳》、《說苑》皆云孔子之語，未有稱《文子》者，其襲用之問題，實難判斷。

（九）〈符言〉第二十三章，「人之情心服於德」章

此章論聖人與道德之關係。聖人當取法卑弱取後之道，而後乃能致其功，據《老子》第三十六、六十六章論說。合於簡文0912：「卑、退、斂、損所以法天也。」或〈道德〉問道章：「夫道者，原產有始，始於柔弱，成於剛強，始於短寡，成於眾長，十圍之木，始於把，百仞之臺，始於下，此天之道也。聖人法之，卑者所以自下也，退者所以自後，儉者所以自小也，損者所以自少也，卑則尊，退則先，儉則廣，損則大，此天道所成也」之意。

（十）〈符言〉第二十七章，「人有順逆之氣於心」章

本章論「心之治亂在於道德」，言道德與修養之關係。與〈道德〉問道章：「夫道，無為無形，內以修身，外以治人」之意可相互闡發。唯「宦敗於官茂」至「則無敗事也」六句與此章文意不相涉，此六句亦見於《鄧析子‧轉辭》：「忠怠於宦成，病始於少瘳，禍生於懈慢，孝衰於妻子，此四者，慎終如始。」及《說苑‧敬慎》：「曾子有疾，曾元抱首，曾華抱足。曾子曰：『吾無顏氏之才，何以告汝？雖無能，君子務益。夫華多實少者，天也；言多行少者，人也。夫飛鳥以山為卑而層巢其巔，魚鱉以淵為淺而穿穴其中，然所

以得者，餌也。君子苟能無以義害身，則辱安從至乎？官怠於宦成，病加於少愈，禍生於懈惰，孝衰於妻子。察此四者，愼終如始。』詩曰：『靡不有初，鮮克有終。』」末二句又見於《老子》六十四章。此章與《鄧析子》、《說苑》相較，順序及文字皆有異，似當以《鄧析子》爲是。

（十一）〈符言〉第三十章，「得萬人之兵」章

「得萬人之兵」至「不如得事之所適」句，襲自《淮南子・說山》。

「天下雖大，好用兵者亡，國雖安，好戰者危。」則見於《司馬法・仁本》：「故國雖大，好戰必亡；天下雖安，忘戰必危。」

「故小國寡民，雖有什伯之器而勿用。」乃節自《老子》八十章。此章爲雜湊舊籍而成。

（十二）〈上德〉第五章，「鼓不藏聲故能有聲」章

此章「鼓不藏聲故能有聲」至「物至而應」句襲自《淮南子・詮言》。

餘則與《易傳》關係密切，衍述了十六個易卦，即泰、否、離、坎、乾、坤、謙豫、晉、明夷、家人、睽、損、咸、履、解，尤其文字與《彖傳》、《象傳》十分接近。〔註13〕其共通點在於同尚陽剛，不主卑弱，此與目前簡文所見尚卑弱，持下不爭不同。

（十三）〈微明〉第十六章，「以不義而得之」章

「以不義而得之」至「不可長保」句襲自《淮南子・道應》，乃節錄石乙誡白公勝之語。

「福至祥存」至「孰知其極」句乃出於《淮南子・人間》，唯論福禍之來稍有差異，又合《老子》五十八章之語而成。

「人之將疾也」至「不可爲忠謀」句與《越絕書・德序外傳記第十八》所記同：「傳曰：『人之將死，惡聞酒肉之味；邦之將亡，惡聞忠臣之氣。身死不爲醫，邦亡不爲謀。』」然《文子》「人之將疾也，必先甘魚肉之味」，《越絕書》作「人之將死，惡聞酒肉之味」，兩者文意相反，察全文之意，知《文子》誤而《越絕書》不誤。《劉子・貴言》正作：「夫人之將疾者必不甘魚肉

〔註13〕參見陳鼓應〈先秦道家易學發微〉（《哲學研究》，1996 年第 8 期，頁 60），又見於〈論《文子・上德》的易傳特色〉（收錄於「《文子》與道家思想發展」兩岸學術研討會論文，輔仁大學哲學系，1996 年 6 月，頁 64～73。或《哲學與文化》，1996 年 8 月第 23 卷第 8 期，頁 1898～1908）。

之味，身之將敗者必不納忠諫之言，故臨死者謂無良醫之蔽，將敗者謂無直諫之臣。」王應麟《困學紀聞・卷十・諸子》亦引之：「人之將疾，必先厭魚肉之味，國之將亡，必先惡忠臣之語。」此文《越絕書》明云得之「傳」言，其所謂「傳」言，可能是《晏子春秋》之文，《藝文類聚》卷二十三引《晏子春秋》逸文云：「人之將疾，必先不甘梁肉之味，國之將亡，必先惡忠臣之語。」

「修之身」至「上無爲而民自化」句，乃錄《老子》五十四章及五十七章之語而稍作闡釋。

「起師十萬」至「奈何其爲不善也」句，「師旅之後，必有凶年」見《老子》三十章，「故兵者不祥之器也，非君子之寶也。」見《老子》三十一章，「和大怨必有餘怨，奈何其爲不善也。」見《老子》七十九章。「起師十萬，日費千金」當出《尉繚子・將理》：「十萬之師出，日費千金。」〔註14〕或《孫子・作戰》：「凡用兵之法，馳車千駟，革車千乘，帶甲十萬，千里饋糧，則內外之費，賓客之用，膠漆之材，車甲之奉，日費千金，然後十萬之師舉矣。」此證諸《漢書・嚴朱吾丘主父徐嚴終王賈傳》卷六十四上曰：「主父偃云：故兵法曰：『興師十萬，日費千金。』」之言，云出於兵法，不云出自《文子》可知。

「古者親近不以言」至「得民譽者顯」句，論爲上者與人民之關係，得民者強。此段文意未見於簡文或〈道德〉篇。

「行有召寇」至「駟馬不追」句，乃與《論語・顏淵》：「子貢曰：惜乎！夫子之說君子也，駟不及舌。」《鄧析子・轉辭》：「一言而非，駟馬不能追；一言而急，駟馬不能及。」《易・繫辭上》：「言行，君子之樞機，樞機之發，榮辱之主也。言行，君子之所以動天地也，可不慎乎？」《說苑・談叢》（第六十三）：「一言而非，四馬不能追；一言而忽，四馬不能及。」《說苑・談叢》（第一百六十七）：「口者關也，舌者機也，出言不當，四馬不能追也。口者關也，舌者兵也，出言不當，反自傷。言出於己，不可止於人，行發於邇，不可行于遠。夫言行者，君子之樞機。樞機之發，榮辱之本也，可不慎乎！故蒯子羽曰：『言猶射也，栝既離弦，雖有所悔焉，不可從而追已。』詩曰：『白珪之玷，尚可磨也，斯言之玷，不可爲也。』」之意同。

「昔者中黃子曰：天有五方」至「不行而從，不言而公」句，言人分五等，計二十五種，其說不知何據。

〔註14〕此句，銀雀山簡本作「十萬之師出，費日千金。」，見〈銀雀山簡本《尉繚子》釋文〉（《文物》，1977 年，第 3 期，頁 30）。

「故聖人所以動天下者」至「聖人未嘗觀焉」句，襲自《淮南子·俶眞》。
「所謂道者」至「無是無非」句，襲自《淮南子·原道》。

本章文意紛雜，所論多端，多數文句同時見於其他典籍，其中容或有數節未能明白其源，然就整體觀之，以一人所作之文，不當在一章之中文意如此紛亂且多不相關連，應出於後人掇拾舊語而成，乃致如此。

（十四）〈自然〉第一章「清虛者」章，第三章「天地之道」章，第七章「帝者有名」章

此三章皆論「道」爲政治之最高原則。聖人行道則仁義慈愛，聖智賢能皆可廢。《文子》一方面強調「四經」皆治國之具，但又以爲失道而僅行仁義則禍患將生。簡文2212：「〔朝〕請不恭，而不從令，不集。平王」，0567：「□者奈何之？文子曰：仁絕，義取者，」，2321：「諸侯倍（背）反（叛），衆〔人□正，強〕乘弱，大陵小，以」，〈道德〉：「夫無道而無禍害者，仁未絕，義未滅也；仁雖未絕，義雖未滅，諸侯以輕其上矣，諸侯輕上，則朝廷不恭，縱令不順。」即言「道」之地位，但同時也未否定仁義之作用。而此三章論爲政之要在於秉道而行，以仁義非治國根本，與簡文意思不悖，不過，此三章又云失道而行仁義，是「入大而迷」，「行遠而惑」，要「舍聖智，外賢能，廢仁義」始能得治，則有否定仁義聖智之意，此又與簡文稍有不同。

（十五）〈自然〉第六章，「古之善為君者法江海」至「往而復反」一節

本節論道之作用。與簡文0590：「子有道，則天下皆服，長有」，0629：「□社稷。公侯」，2218：「道，則人民和睦，長有其國，士〔庶有□〕」，0619：「身，葆其親，必強大，道則不戰」或〈道德〉問道章：「夫道者，德之元，天之根，福之門，萬物待之而生，待之而成，待之而寧。夫道，無爲無形，內以修身，外以治人，功成事立，與天爲鄰，無爲而無不爲，莫知其情，莫知其眞，其中有信。天子有道則天下服，長有社稷，公侯有道則人民和睦，不失其國，士庶有道則全其身，保其親；強大有道，不戰而克，小弱有道，不爭而得，舉事有道，功成得福，君臣有道則忠惠，父子有道則慈孝，士庶有道則相愛；故有道則和，無道則苛。由是觀之，道之於人，無所不宜也。」其旨相同。

（十六）〈自然〉第十一章，「所謂天子者」章

此章論天子執一無爲，以立天下。與簡文2262：「王曰：吾聞古聖立天下，

以道立天下」，0564：「□何？文子曰：執一無為。平王曰」及與〈道德〉古
之王者章意同。

（十七）〈上仁〉第十一章，「古之為君者」至「不重用兵也」一節

本節強調道、德、仁、義、禮、智，所謂之「六維」，其作用雖有大有小，
而六者皆是治國之具，僅在於深行、淺行、薄行之別。此與《老子》第十九
章「絕聖棄智，民利百倍；絕仁棄義，民復孝慈；絕巧棄利，盜賊無有。」
或六十五章「以智治國，國之賊；不以智治國，國之福」不同。倒與簡本《文
子》及今本《文子・道德》合。簡文1179：「之，道之于人也」，0937：「□□，
小行之小得福，大行之〔大得福〕」，2259：「之所畏也，禮者民之所□也。此
四」，0895：「則下淨，無義則下暴，無禮則下亂。四」，0925：「盡行之，帝
王之道也。」〈道德〉篇云：「文子問道，老子曰：……夫道者，小行之小得
福，大行之大得福，盡行之天下服，服則懷之。」又云：「文子問德，老子曰：……
故德者，民之所貴也，仁者民之所懷也，義者民之所畏也，禮者民之所敬也，
此四者，文之順也，聖人之所以御萬物也。君子無德則下怨，無人則下爭，
無義則下暴，無禮則下亂，四經不立，謂之無道，無道不亡者，未之有也。」
道為治國根源，其行有大行小行之分，德、仁、義、禮——四經，即是道大
行小行之體現，故此章論深行、淺行、薄行，實與簡文不謀而合。僅彼以道
為綱領，統轄德、仁、義、禮四經，似將智排除，而此段以道、德、仁、義、
禮、智為六維。竹簡《文子》雖云四經，實際則論道、德、仁、義、禮、智、
聖七條目。簡文除論道、德、仁、義之外，0896、1193：「知。平王曰：何謂
聖知？文子曰：聞而知之，聖也」，0830：「知也，故聖者聞＝」1200：「而知
擇道。知者見禍福」，0765：「〔刑〕，而知者行，故聞而知之，聖也。」故此
段將道、德、仁、義、禮、智列而並觀，亦符合簡文文意。末又云：「上德者
天下歸之，上仁者海內歸之，上義者一國歸之，上禮者一鄉歸之，無此四者，
民不歸也。不歸用兵，即危道也。」論德仁義禮未施，民不歸，即用兵，用
兵即危亡之道，並引《老子》三十章、三十一章加強此說。〈道德〉篇與簡本
亦有此觀念，〈道德〉：「夫失道者，奢泰驕佚，慢倨矜傲，見余自顯自明，執
雄堅強，作難結怨，為兵主，為難者。」0798：「矣。是故帝王者不得人不成，
得人□」，1194、1195：「徒暴□，廣奢驕汰，謾裾陵降，見余」，2437：「〔為
兵始，為〕亂首，小人行〔之，身受大秧（殃）〕」。此外〈道德〉與簡文有義
兵、應兵、忿兵、貪兵、驕兵五兵之說，亦可與此段文意相闡發。

（十八）〈上仁〉第十二章。「主與之以時」至「道無爲而無不爲也」 一節

「主與之以時」至「樂賢之謂樂」句，主要論德、義、賢君、忠臣、尊卑等差、教與學及論賢等問題，皆屬儒家之說。《文子》雖兼具儒家思想，但本段特別強調用賢，與簡文頗不合，簡文0707：「之以德，勿視以賢，勿加以力，□以□□」，2324：「□□以賢則民自足，勿加以力則民自」，0826：「則民倍（背）反（叛），視之賢，則民疾諍」一大論用賢，一則勿視以賢，文意不相侔。

「古之善爲天下者」至「道無爲而無不爲也」句旨在釋《老子》十五章之意，論爲天下者在無爲，而以不敢先、守柔弱、謙恭敬、自卑下乃能成，與簡文0912：「卑、退、斂、損，所以法天也」之意合。

分析以上之章節，其結果有四：一爲文句與簡文似是或文意相合者；二爲文句見於它書者；三爲文意與簡文牴牾者；四爲文意不見於簡文者。第一種情形有〈道原〉第十章、〈精誠〉第十三章、〈九守〉守弱章、〈符言〉第二十三章、〈自然〉第六章、第十一章、〈上仁〉第十一章，其共通處在於發揮《老子》學說，申論之主題，採用之語言，大致不出《老子》範圍。而竹簡《文子》所述亦多《老子》之說，其思想、用語同祖《老子》，故此部分雖未能遽定爲眞西漢流傳之《文子》舊文，然以其思想而言，則尚屬可信。第二種情形有〈精誠〉第二十一章「名可強立」至「不行不可復」句、〈符言〉第三、四、七、二十七、三十章、〈微明〉第十六章。此部分與諸書比較，常僅見議論核心，而無人物史事，或文句簡省，直似格言方式，與襲《淮南子》手法同出一轍，極可能鈔自他書。第三種情形有〈符言〉第六章、〈自然〉第一、三、七章、〈上德〉第五章、〈上仁〉第十二章，諸章文意明顯與竹簡《文子》相異，此當非《文子》舊文，乃後人竄增以入者。第四種情形有〈精誠〉第二十一章「大人行可說之政」至「多政不失，國家寧康」句，陰陽家思想簡文未見，而今所見簡文非完璧。從竹簡《文子》吸收各家思想之情形而言，此段文句亦極有可能爲《文子》之舊。

上述四種情形，反映傳世本《文子》乃非單一個思想家之思想，其來源多端，知非作於一人之手。今觀簡文與傳世本《文子》能對應之〈道德〉篇中各章，思想一致，未有相互牴牾者。其論爲政之道，雖吸收儒家仁義之說，仍一以「道」爲依歸，體系條貫。故傳世本《文子》未襲《淮南子》者，其

中或存《文子》之舊，卻更多雜湊而成，否則同一人之作，何以思想如此矛盾而混亂。

第二節　傳世本《文子》成書於東漢之季

傳世本《文子》既多數襲自《淮南子》，則知其成書年代必於武帝之後，又班固所見與今本異，故知增益時間晚於孟堅。至於何時始成今日之面貌，可說成之甚早。唐、宋流傳之十二篇本，與今傳本不異。檢輯《雲笈七籤》〔註15〕、《太平御覽》（見附錄二）〔註16〕及《文選》注引《文子》之文計一百二十餘條（見附錄三），皆分見於今本。而《北堂書鈔》、《藝文類聚》、《群書治要》、《初學記》、《白孔六帖》及《意林》所錄者亦同。又敦煌鈔本今可見者有伯 3768 號〈道德〉一百五十六行、斯 2506 號〈下德〉十四行殘文〔註17〕、伯 2810 號

〔註15〕顧觀光《文子校勘記》云：「《雲笈七籤》九十一卷全引此篇（〈九守〉），分為九節。天地未形以下為守和節，人受天地變化而生以下為守神節，夫血氣者人之華也以下為守氣節，輕天下即神無累以下為守仁節，尊勢厚利以下為守節節，古之為道者以下為守易節，人受氣於天者以下為守清節，天子公侯以下為守盈節，聖人以陰俱閉以下為守弱節。必宋本分段如是。今本首兩條無題，而自守氣節後半至末，分守虛、守無、守平、守易、守清、守真、守靜、守法、守弱、守樸十段，與《七籤》全不合，篇名〈九守〉而分十段，訛謬已甚。」今《雲笈七籤》中〈九守〉之文，雖分節與節名異於徐、宋、杜氏諸注本，然內容亦與今本同，未知張氏《七籤》分章己意之，或有所據，則已難察。

〔註16〕《太平御覽》徵引之《文子》大致皆與今本合，惟有數則未合：卷 402：「虎豹之駒未成，而有食牛之氣。鴻鵠之翼未合，而有四海之心。賢者之生亦也。」卷 402：「國之所以不治者三：不知用賢，此其一也；或求賢不能得，此其二也；雖得弗能盡，此其三也。」卷 626：「楚人擔山雞，路人問曰何為也？欺之曰鳳凰也。路人請十金弗與，倍乃與之。將獻楚王，經宿鳥死，路人不惜其金，唯恨不得獻，國人傳之咸以為真鳳，遂聞楚王。王感其貴買，欲獻於己，厚賜之，貴甚於買鳥之金十倍。」卷 697：「文王伐崇，至鳳凰之墟，而襪係解，文王自結之。太公問焉，文王曰：吾聞亡君所與處盡其役，寡人雖不肖，所與處皆先君之人也，故無令結之。」卷 805：「鄭人謂玉未理者璞，周人謂鼠未臘者璞，周人懷璞問鄭賈曰：欲之乎？出其璞，視之，乃鼠璞。」王叔岷認為此由他書誤植為《文子》者：「虎豹之駒未成」條，《尸子》（詳汪繼培所輯《尸子》卷下）之文；「國之所以不治者三」條，《尸子・發蒙》之文；「楚人擔山雞」條，《尹文子・大道上》之文；「鄭人謂玉未理者璞」條，《尹文子・大道下》之文（《文子斠證》，《歷史語言研究所集刊》，1965 年 4 月第 27 期，頁 46～47）。王說是也。另「文王伐崇」條，見《韓非子・外儲說左下》，亦類此之誤。

〔註17〕伯 3768 號〈道德〉篇，王重民（《敦煌古籍敘錄》，收錄於嚴靈峰編輯之《書

〈下德〉八行殘文〔註18〕、伯4073〈下德〉七行殘文〔註19〕、伯2456號〈道
原〉六行節文〔註20〕、伯2456號〈微明〉九行節文〔註21〕、伯2456號〈九守〉

目類編》第81冊，臺北：成文出版社，1978年7月，頁36832～36835）、王
叔岷（見《文子斠證》，《歷史語言研究所集刊》1965年4月第27期）皆有校
記，可參照。而斯2506號〈下德〉十四行殘文、伯2810號〈下德〉八行殘
文、伯2456號〈道原〉六行節文、伯2456號〈微明〉九行節文、伯2456號
〈九守〉八行節文，諸家治《文子》者皆未見著錄，故具錄其文，以供參考。
十四行殘文：「心有目則眩。夫權衡規矩，一定而不易，常一而不邪，方行而
不員，一日形之，萬世傳之，無為為之也。人之言曰：國有亡主，世無亡道，
人有窮而理無不通，故無為者道之宗也，得道之宗，並應無窮，故不因道理
之數，而傳己之能，其窮不達矣。君人者不出戶以知天下者，因物以識，足
者因其所有而並用之也。末世之法高為量而罪不及，重為任而罰不勝，為為
難而誅不敢，以困於三責即飾知而詐上，犯禁而行免，惟峻法嚴刑不能禁其
止姦。獸窮則齧，鳥窮則啄，人窮則詐此之謂也。老子曰：雷霆之聲可以鐘
鼓象也，風雨之變可以音律知也，大可睹者，可得而量也明可。」（見黃永武
主編之《敦煌寶藏》，第20冊，臺北：新文豐出版社，1981年12月）

〔註18〕　本殘卷與斯2506號所鈔內容皆〈下德〉篇之文，二者從字跡比對，知同一鈔
本。伯2810號八行殘文：「人，地之生財，大本不過五行，聖人節五行則治
不荒。老子曰：衡之於左右，無私輕重，故可以為平，繩之於外內無私曲直，
故可以為正，人主之法，無私好憎，故可以為令，德無所立，怨無所藏，是
任道而合人心者也。故為治者知不與焉，水戾破舟，木擊折軸，不怨木石而
非巧拙者，數不載也，故道有知則亂，德有心則險。」（見黃永武主編之《敦
煌寶藏》，第124冊）

〔註19〕　七行殘文：「勝也。眾智之所為，即無不成也。千人之眾無絕糧，萬人之群無
廢功，工無異伎，士無兼官，各守其職，不得相干，人得其所宜，物得其所
安，是以器械不惡，職事不慢也。夫債少易償，職寡易守也，任輕易勸也。
上操約少之分，下效易為之功，是以君臣不相厭也。老子曰：帝者體太一，
王者法陰陽，霸者則四時。」（見黃永武主編之《敦煌寶藏》，第133冊）

〔註20〕　標題：「文子道元第一」，內文：「老子曰：道者虛無、平易、清靜、柔弱、純
粹素朴，此五者，道之形體也。虛無者，道之舍也；平易者，道之素也；清
靜者，道之鑑也，柔弱者，道之用也；反者，道之常也，柔，道之剛也，弱
者，道之強也，純粹素朴者，道之幹也，虛者，中無載也，平者，心無累也，
嗜欲不載，虛之至也，無所好憎，平之至也，一而不變，靜之至也，不与物
雜，粹之至也，心不憂樂，德之至也。」（見黃永武主編之《敦煌寶藏》，第
120冊）

〔註21〕　標題：「文子微明第七」，內文：「中黃子曰：天有五方，故地有五行，聲有五
音，物有五味，色有五章，人有五五廿五。故天地之間有廿五人。有神人、
真人、道人、至人、聖人，次有德人、賢人、知人、善人、辯人，中五有公
人、中人、信人、義人、禮人，次五有士人、工人、虞人、農人、商人，下
五有眾人、奴人、愚人、肉人、小人。上五之與下五，猶人之与牛馬也。聖
人以目視，以耳聽，以口言，以足行。真人者，不視而明，不聽而聰，不言

八行節文，〔註22〕亦與今本同。其中伯3768號〈道德〉篇末署「天寶十載七月十七日道學博士索承林記之」，則可斷其時限。

唐之前，曾引或注《文子》，今多不可考。《太平御覽》引《文子》，其中四則錄有注文：

> 卷二十四：因春而生，因秋而殺，所生不德，所殺不怨，則幾於道矣（注：春秋無心，生殺有時，人主無爲，當罰必當，遠違其理，近合其道）。〈道德〉
>
> 卷二十四：唯神化爲貴，精至爲神，精之所動，若春氣之生，秋氣之殺（注：其生也暄然，如春物得其生死也，肅然如秋物終於死，故生不祈報，死無歸怨，生之死之，以其無心也）〈精誠〉
>
> 卷二十五：陰陽調，日月分，故萬物春分而生，秋分而成，生與成，必得和之精，故積陰不生，積陽不化，陰陽交接，乃能成和（注：此天地之氣和平，故萬物得以生成故也）。〈上仁〉
>
> 卷五十八：水之性欲清，石穢之，水之爲道也，廣不可極（注：莫知其言，深不可測），長極無窮，遠淪無涯，息耗減益，過於不訾（注：涌出日息，煎乾日耗，出川枝流日減，九野注之日益，過於不訾者，此過尾閭，入大壑，入無底谷）。〈道原〉
>
> 卷三百六十：人之情欲平，嗜慾亂之，精氣爲人，人受天地變化而生，一月而膏（注：初形骸如膏脂），二月而脈（注：漸生筋脈），三月而胚（注：胚，胞也，三月如水龍狀也），四月而胎（注：如水中蝦蟆之胎），五月而筋（注：氣積而成筋），六月成骨（注：血化肉，肉化脂，脂化骨），七月成形（注：四肢九竅成），八月而動（注：

而公，不律而從。故聖人所以動天下者，眞人未嘗觀過焉，賢人所以矯世俗者，聖人未嘗觀焉。所謂道者，無上無下，無前無後，無左無右，萬物玄同，無非」（見黃永武主編之《敦煌寶藏》，第120冊）

〔註22〕標題：「文子九守第三」，内文：「老子曰：天地未形，窅窅冥冥，渾而爲一，河水清澄，重濁爲地，精微爲天，離而爲四時，分而爲陰陽，精氣爲人，粗氣爲虫，剛柔相成，万物乃生。精神本乎天，骨骸根乎地，精神入其門，骨骸反其根，我尚可否，故聖人法地順天，不拘於俗，不誘於人，以天爲父，以地爲母，陰陽爲剛，四時爲紀。天靜以清，地定以寧，万物失者死，順者生，故靜漠者神明之宅，虛無者道之所居。夫精神所受於天，而骨骸所稟於地，故曰一生二，二生三，三生万物，万物負陰而抱陽，沖氣以爲和。」（見黃永武主編之《敦煌寶藏》，第120冊）

動，作），九月而燥（注：動，如），十月而生，形骸乃成，五藏乃

形。〈九守〉

《太平御覽》之資料依據爲唐，或唐之前者，此四則注文與默希子所注者不同，故知非徐靈府之作。又《文子纂義》四庫全書本，[註23] 除杜道堅注文外，間錄有舊注。杜道堅說者題曰：「纂義」，所採他說，不標姓名，但題曰「舊註」以別之。錄有舊說之篇章計〈上德〉、〈微明〉、〈自然〉、〈下德〉等五篇。考其舊註，〈上德〉、〈自然〉乃徐靈府之注，而〈微明〉、〈下德〉爲何人之說，則已無考。究竟張湛，或李暹、朱玄、朱弁之文，實無從判別。[註24]

今能確知何人所引注者有以下數條：

賈思勰《齊民要術・栽樹》引《文子》云：

冬冰可折，夏條可結，時難得而易失。木方盛，終日採之而復生。

秋風下霜，一夕而零。

《文選》注引張湛注《文子》四則：

〔註23〕四庫全書收錄之《文子纂義》非全本，乃從永樂大典中輯錄〈精神〉、〈符言〉、〈上德〉、〈微明〉、〈自然〉、〈下德〉、〈上義〉七篇，所闕五篇〈道原〉、〈十守〉、〈道德〉、〈上仁〉、〈上禮〉則從明道潛堂刊本錄《文子》原文，依原目次第，排錄成帙。蓋編修四庫全書時，編者以爲《文子纘義》已散佚不完，可謂失察。今《道藏》中《文子纘義》十二卷俱在，未曾闕佚。又《提要》云杜道堅始末無考，此亦失實。元趙孟頫《松雪齋集》中〈隆道沖眞崇正眞人杜公碑〉，元任士林《松鄉集》中有〈通玄觀記〉，明朱石《白雲稿》中亦有〈杜南谷眞人傳〉，皆記載杜道堅之事跡，非如四庫提要所云。關於杜道堅生平事跡，可參考卿希泰〈杜道堅的生平及其思想〉一文，（收錄於陳鼓應主編之《道家文化研究》第 2 輯，1992 年 8 月，頁 272～285）。

〔註24〕嚴靈峰云：「所稱『舊註』者，或即李暹與朱玄之『舊註』。推此二書久佚，遂無從校證矣。」（《周秦漢魏諸子知見書目》，臺北：正中書局，1975 年 12 月，卷 2，頁 412）嚴氏認爲《纘義》中之舊註皆無可考，實失於深察。〈上德〉、〈自然〉之「舊註」，乃徐靈府之注，而〈微明〉、〈下德〉亦可能爲張湛或朱弁注文。張注僅存四則，已無法與之比對。而朱弁之注，《道藏》中殘存〈道原〉、〈精誠〉、〈九守〉、〈符言〉、〈道德〉、〈上德〉、〈微明〉七篇，其中〈上德〉、〈微明〉，與四庫《纘義》本相勘，不合，知非朱注。然朱注〈微明〉實徐靈府之文，何以明之？今朱弁注卷四〈符言〉、卷七〈微明〉與徐注全同，此二篇注文中有「前已釋也」、「前已解」之語，此語乃徐注通例，朱注餘五篇並無此用法（卷五〈道德〉釋「無爲而無不爲」云：「此義已見〈道原〉」與此不同例）。又卷四〈符言〉釋「是故體道者，不怒不喜，其坐無慮，寢而不夢，見物而名，事至而應。」云：「前已解」，此應指〈九守〉守易一節初釋「體道者」言，徐氏有注，朱氏則否，是知爲張冠李戴之誤。後人云朱弁注殘存七篇，實不察，應止五篇而已。故云舊註亦可能朱弁之作。

班孟堅〈東都賦〉，注引《文子》曰：

「群臣輻湊。」張湛曰：「如眾輻之集於轂。」

張茂先〈鷦鷯賦〉，注引《文子》曰：

「去其誘慕，除其嗜欲。」張湛曰：「遺其衒上爲害眞性。」

左太沖〈詠史〉，注引《文子》曰：

「三皇五帝輕天下，細萬物，上與道爲友，下與化爲人。」張湛曰：

「上能有於道或反。」

任彥升〈奏彈曹景宗〉，注引「《文子》曰：

「起師十萬，日費千金。」張湛曰：「日有千金之費也。」

曹子建〈求通親親表〉引《文子》：

不爲福始，不爲禍先。

此六條與今本相核，「冬冰可折」條在〈上德〉，且見於《淮南子·說林》；「群臣輻湊」條在〈上仁〉，又見於《淮南子·主術》；「去其誘慕」條在〈道原〉，亦見於《淮南子·原道》；「三皇五帝輕天下」條在〈道德〉，且見於《淮南子·齊俗》；「起師十萬」條在〈微明〉，但未見於《淮南子》；「不爲福始」條在〈九守〉，亦見於《淮南子·精神》。

六朝時徵引《文子》之文，全見於今傳本，可知傳世本《文子》之成書年代已甚早，最晚不下於曹植徵引之年。《三國志·魏志·任城陳蕭王傳》云：「（太和）五年（公元 231 年），（植）復上書求存問親戚，因致其意」，是知〈求通親親表〉成於此年。植生於東漢獻帝初平三年（公元 192 年），則其見《文子》必在東漢末至魏太和年間，亦知當時傳世本《文子》已經流傳。

除了從曹植引書而知傳世本《文子》成書年代，高誘注《淮南子》曾據《文子》之文爲注，亦可知漢末時傳世本《文子》早已成書。何志華〈論《淮南子》高誘《注》與《文子》之關係〉一文已指出，〔註25〕高誘注《淮南子》大抵據古訓爲文，其原可查，然有部分注文，於前無徵，卻與《文子》合，而知高誘注《淮南子》曾參之，何氏考得十餘例，其說甚是，今舉其中數例以明之。

《淮南子·本經》：

性命之情，淫而相脅，以不得已。

《文子·下德》作「性命之情，淫而相迫於不得已。」《淮南子》此文高注云：

〔註25〕見香港中文大學《中國文化研究所學報》（1992 年新第 1 期，頁 131～148）。

「脅，迫。」《淮南子・俶眞》：「華誣以脅眾。」高注云：「設虛華之言以誣
聖人劫脅徒眾也。」是高誘以「劫脅」釋「脅」。又《淮南子・本經》：「天地
不能脅也。」高注云：「脅，恐也。」並與《淮南子・本經》此文訓「脅」爲
「迫」者不同。考全書高注以「迫」釋「脅」者僅此一例，高誘以前古注亦
未見，蓋本《文子》爲注也。

《淮南子・本經》：

　　柔而不脆，剛而不鞼。

《文子・下德》作「柔而不脆，剛而不折。」《淮南子》此文高注云：「鞼，
折也。」〈原道〉「堅強而不鞼」下高注亦云：「鞼，折。」考諸古訓，「鞼」
無訓「折」者，高誘蓋本《文子》。

《淮南子・說山》：

　　人莫鑑於沫雨，而鑑於澄水者，以其休止不蕩也。

《文子・上德》作「莫鑑於流潦，而鑑於止水，以其內保之，止而不外蕩。」
《淮南子》此文高注正作：「沫雨，雨潦上覆瓮也。澄，止水也。蕩，動也。
沫雨，或作流潦。」《方言》、《廣雅》同訓「澄」爲「清」。〈墜形〉：「清水有
黃金。」高注云：「清水澄，故黃金出焉。」〈泰族〉：「乃澄列金木水火土之
性。」〈要略〉：「澄徹神明之精。」許愼注亦云：「澄，清也。」「澄」之訓「清」
蓋亦常訓，高注此文訓爲「止水」者，蓋本《文子》爲注。謂「沫雨」或作
「流潦」者，亦本《文子》。考〈說山〉此文又見《莊子・德充符》及《淮南
子・俶眞》。《莊子・德充符》作「人莫鑑於流水，而鑑於止水。」《淮南子・
俶眞》則作「人莫鑑於流沫，而鑑於止水者，以其靜也。」並與高注所引或
作「流潦」不合，唯有《文子・上德》與高注所引相同，足證高注此文出於
《文子》。

高氏生當東京之季，嘗從盧植受學，植曾注《淮南子》，高誘秉其師訓，
復採博說，乃於建安年間注《淮南子》，注敍云：

　　建安十年（公元 205 年），辟司空掾，除東郡濮陽令，睹時人少爲淮
　　南者，懼遂凌遲。於是以朝鋪事畢之間，乃深思先師之訓，參以經
　　傳道家之言，比方其事，爲之注解，悉載本文，並舉音讀，典農中
　　郎將弁揖，借八卷刺之。會揖身喪，遂亡不得。至十七年（公元 212
　　年），遷監河東，復更補足。

今觀高注之文，知其收羅廣博，訓解詳盡，語語有來歷，不妄虛言，或有不

得，則注以未聞。如〈地形〉「中有增城九重，其高萬一千里百一十四步二尺六寸。」注云：「此蓋誕，實未聞也。」〈時則〉「五月官相，其樹榆。」注云：「榆說未聞也。」凡此之例，為數甚多。又高氏於注文中屢屢稱引異本凡五十餘次。如〈精神〉「此精神之所以能登假於道也。」注云：「假，至也。上至於道也。或作蝦蟆雲氣。」〈本經〉「贅妻鬻子，以給上求」注云：「贅，從嫁也。或作賃妻。」復知其注《淮南子》所據之富。此亦證何氏之語益發可信，而知建安之際《文子》大致如今日所見，更能與曹植所引為傳世本《文子》之說相應和。

從以上論證，可知傳世本《文子》其中部份有屬於《文子》原本之舊，然多數卻襲自他書，傳世本在東漢末年已出現，至於何人所造，以及唐之前流傳情形，因文獻不足，則難以考得。

第二章　竹簡《文子》之作者及成書時代考

　　《文子》出土於定縣四十號漢墓,墓主乃西漢中山靖王之後懷王劉修,死於宣帝五鳳三年（公元前 55 年）,因之初步確定,《文子》成書時間不得晚於此年。

　　關於《文子》作者,或說文子,然文子眞實身分則莫衷一是;成書時代則有戰國中後期〔註1〕、戰國末〔註2〕、漢初〔註3〕諸說。

　　眾多說法中,結論或可以成立者,但依據則甚可議,因爲論者並不明傳世本《文子》,雖部分可與竹簡《文子》相對應,多數卻是後人攙雜他書而成,遂以傳世本《文子》爲本有舊文,含糊籠統論其時代,自然問題重重。〔註4〕

〔註1〕 此說有艾力農、李定生、吳顯慶、趙建偉主之。艾氏之說見〈《文子》其書〉（光明日報,1982 年 5 月 22 日第 3 版。或《中國哲學史》,1982 年第 9 期,頁 42～44）;李氏之說見〈論《文子》〉（收錄於《文子要詮》,上海:復旦大學出版社,1988 年 7 月,頁 1～28）;吳氏之說見〈《文子》政治辯証法思想初探〉（《北京大學學報》:哲社版,1992 年第 3 期,頁 69～74。或《中國哲學史》,1992 年第 6 期,頁 64～69）;趙氏之說參見〈《文子》斷代研究〉（收錄於「《文子》與道家思想」兩岸學術研討會,輔仁大學哲學系,1996 年 6 月,頁 80～103。《哲學與文化》,1996 年 9 月第 23 卷第 9 期,頁 1993～2017）。

〔註2〕 此說黃釗主之。見〈道家思想史綱〉第八章第一節〈《文子》成書時代及其黃老道家特色〉（湖南:湖南師範大學出版社,1991 年 4 月,頁 149～168）。

〔註3〕 此說吳光、張岱年主之。吳氏之說見〈《文子》新考——兼與諸說商兌〉（收錄於《古書考辨集》,臺北:允晨文化公司,1989 年 12 月,頁 69～87。原載《河北師院學報》,1984 年第 2 期）;張氏之說見〈試談《文子》的年代與思想〉（收錄於陳鼓應主編之《道家文化》第 5 輯,上海:上海古籍出版社,1994 年 11 月,頁 133～141）。

〔註4〕 如吳光認爲《文子》成書於漢初文、景之間,其中理由有陰陽五行說和天人

　　上文吾人已條析傳世本《文子》八九非原來所有，因此最可靠者，僅有竹簡《文子》，故本文專論其作者與成書時代，只是總數 278 枚，約 2800 字之竹簡《文子》，已散亂斷損嚴重，大部分失序無法連讀，所幸其中 87 枚，約 1000 餘字據傳世本《文子・道德》稍可復原，故本文所引之文字，尚須與傳世本《文子》合觀，方能見出整個文章之脈絡，此實無可奈何之事。

第一節　依託之作

　　《文子》之作者，《漢書・藝文志・諸子略》道家著錄有「《文子》九篇」，班固注云：「老子弟子，與孔子並時，而稱周平王問，似依託者也。」從注得悉，《文子》之作者是文子，文子爲老子弟子，與孔子同時，書中稱周平王問。按班氏云文子爲老子弟子，其說不知何據。傳世本《文子・道德》中雖有「平王問，文子曰：吾聞子得道於老聃，今賢人雖有道，而遭淫亂之世，以一人之極，而欲化久亂之民，其庸能乎？」但相對應於簡文卻無「吾聞子得道於老聃」一語。此或許是當時流行說法，王充《論衡・自然》：「孔子謂顏淵曰：『吾服汝，忘也；汝之服於我，亦忘也。』以孔子爲君，顏淵爲臣，尚不能譴告，況以老子爲君，文子爲臣乎？老子、文子似天地者也。」老、文與孔、顏並論，顯然也承認彼此間師生關係。而遍查先秦、漢初典籍，毫無線索足以明文子乃老子弟子，又與孔子並時之證據，疑時人以爲《文子》書中述《老子》言，二者關係密切，遂生文子爲老子弟子之附會。

感應說在《文子》中多所反映，特別是《文子・精誠》所謂「景星見，黃龍下，鳳凰至，醴泉出，嘉谷生」，是漢初人流行說法，非先秦人系統觀念；再如春秋戰國時代，宗主國與諸侯國之關係，盡以「天子」與「諸侯」對舉，至漢代統一全國後，中央與地方諸侯王彼此關係，始以「朝廷」與「諸侯」對舉，而《文子・道德》就有「諸侯輕上，則朝廷不恭」之語。吳氏之語雖有道理，卻忽略了《文子》論天人感應思想之語，皆鈔自《淮南子》；而「朝廷」與「諸侯」對舉，簡本則無，「朝廷」乃「請朝」之誤。又如張岱年云司馬談《論六家要旨》論道家說：「其爲術也，因陰陽之大順，采儒墨之善，撮名法之要，與時遷移，應物變化，立俗施事，無所不宜。」今存道家之書，如《老子》、《莊子》，皆無「采儒墨之善，撮名法之要」之內容，惟有《文子》一書既宣揚虛無無形之道，又承認仁義之價值，同時又肯定「世異則事變，時移則俗易」可謂是「采儒墨之善，撮名法之要。」因此認爲《文子》是漢初道家學的著作。張氏之說，亦未明傳世本《文子》十之八九來自《淮南子》，《淮南子》成書於景帝、武帝初年之間，正當黃老道家流行之時，《淮南子》爲黃老道家之作，傳世本《文子》必然也有其明顯之時代特徵。

　　附會之說實言之有據，班固論《文子》時，已不明文子為何許人。考《漢志・諸子略》班固注文體例，稱某子之書，其例為知其名則下注之，如儒家《晏子》、《曾子》、《宓子》、《世子》、《孟子》、《孫卿子》、《羋子》，道家《鬻子》、《筦子》、《蜎子》、《關尹子》、《莊子》、《列子》，法家《李子》、《愼子》、《韓子》皆是，失其名或人名即書名則未注，如儒家《李克》、《公孫固》、《劉敬》，道家《伊尹》、《曹羽》，名家《鄧析》《成公生》則屬之。文子之子非人名，乃屬尊稱，今以為為書名，而班固未注其名，則文子已失其名可知。名字已不可知，反知其身分時代，則大為可疑。此與司馬遷撰老子傳時，言老子身分事跡，或云孔子問禮之老聃，或老萊子，或太史儋，又云百有六十餘歲，或二百餘歲，皆依零星傳說，勉強雜湊出模糊形象，然而究竟是誰，已「世莫知其然否」。文子身分，當時亦可能如老子般已成謎，方有此情形。此證之於先秦諸子書之作者，以道家者流之身分事跡世最難知，蓋道家重藏重拙，韜光養晦，以潛隱無名為務，不欲自現，如老子、莊子等，其人其事均甚難考知，故云文子乃老子弟子，又與孔子並時，大有可疑。

　　史載既無法消解困惑，今僅能從文中求其線索。簡文雖多數散亂無法連讀，然全書體例當為問答體，以「平王問，文子答」之方式進行，〔註5〕文中文子自稱臣，可想見平王與文子一為君，一為臣，而文中平王請教文子口氣極謙卑，則顯示文子在平王朝中之地位。

　　由於文子與平王以君臣相稱，故二人應是並時關係。〔註6〕因此，首先可

〔註5〕竹簡《文子》計近七十支出現「平王問，文子曰」，或「平王問」，或「文子曰」，並未有「老子曰」之文，故知「平王問，文子曰」為通書體例。而傳世本《文子》與竹簡《文子》能相對應之〈道德〉數章，作「文子問，老子曰」，僅末一章保留「平王問，文子曰」之形式，此乃偽亂者攙入「吾聞子得道於老聃」之語，如亦將之改成「文子問，老子曰」則不通。此與〈精誠〉通篇「老子曰」之體例，卻於第二十一章忽然出現「文子曰」同類，此章有「昔者南榮趎恥聖道而獨亡於己，南見老子，受一教之言，精神曉靈，屯閔條達，勤苦十日不食，如享太牢，是以明照海內，名立後世，智略天地，察分秋毫，稱譽華語，至今不休」，偽造者不得不作「文子曰」以脫自相矛盾之困。此亦今本《文子》乃偽造之一旁證。

〔註6〕平王與文子為君臣關係，即使竹簡《文子》是依託之書也當如此，因依託常例亦為同時代關係。無論傳說人物，或史上確有其人，彼此未曾混亂。如馬王堆帛書《老子》乙本卷前佚書《十六經・觀》、〈正亂〉〈成法〉〈順道〉諸篇中黃帝與力黑，〈五正〉中與閹冉，〈果童〉中與果童之對談，力黑、閹冉、果童相傳為黃帝臣，其人物時序不亂；又如《鬻子》中鬻子與文王；《管子》中管仲與齊桓公；《六韜》中太公與文王皆如此。

從瞭解平王之身分進而考察文子。考先秦稱平王者有二，一周平王（公元前770年～公元前720年），一楚平王（公元前528年～公元前516年），文子書中之平王，必爲周平王或楚平王二者其一。因爲春秋戰國時，僅周、楚有平王，其他諸侯國僅言公，不得有平王之稱。〔註7〕至於那一位平王呢？班固云《文子》「稱周平王問」，是班固認爲《文子》中之平王當是周平王。不過就竹簡《文子》各簡曾出現平王者，卻皆未有周字，僅稱平王而已。此可能孟堅所見之本，逕稱周平王問，而非僅作平王問。然而竹簡《文子》成書下限在宣帝五鳳三年（公元前55年），距劉向歆父子校書時間接近，離班固亦不過幾十年，是否有不同版本流傳，尚屬可疑。最可能則是班固所見仍作平王問，班固讀後以爲平王乃周平王，故注文「稱周平王問」。歷來學者對此說頗有異議，《文獻通考》引《周氏涉筆》稱平王應爲楚平王、班氏稱周平王乃誤讀而起，杜道堅、孫星衍、江瑔、黃雲眉等皆以爲是。不過班固雖然極可能誤讀，但《周氏涉筆》及孫氏等人以爲平王爲楚平王，亦僅猜測，因其所據皆傳世本《文子·道德》末一章，且論書中有合楚平王事者，則皆鈔自他書，並非《文子》原有，故亦不足以明平王乃楚平王。

今人魏啓鵬、王博據出土簡文以爲簡文中之平王指周平王，主要理由有二：〔註8〕

一是簡文2391：「〔辭曰：道者，先聖人之傳〕也。天王不〔齊不□〕」其中出現天王一詞，考天王之稱，約出於周平王東遷之後，是時南方吳楚等國

〔註7〕 李定生認爲《文子》中之平王是齊平公驁，何以平公可稱平王？李氏舉《韓非子·外儲說上》：「齊桓公好紫服」，下錄「齊王好紫服」，顯然韓非稱齊桓公爲齊王，則齊平公稱齊平王乃屬合理。其說不通，戰國時雖有稱公爲王之例，如趙至趙武靈王始有王稱，其父肅侯，《戰國策》稱爲王：「（蘇秦）於是乃摩燕烏集闕見說趙武靈王於華屋之下，抵掌而談，趙王大悅，封爲武安君。」（《秦策一》）又燕至易王始稱王，《戰國策》記載蘇秦說易王父燕文侯：「燕王曰：寡人國小，……」此爲後人對君之泛稱，且稱王必稱以國別而已，如齊王、燕王、秦王，未有連謚稱王之例，故平公可以稱平王，必非屬實。準此，則春秋戰國時稱平公者，除齊平公外，另有陳平公燮（公元前777年～公元前755年）、宋平公成（公元前575年～公元前532年）、晉平公彪（公元前557年～公元前532年）、曹平公須（公元前527年～公元前524年）燕平公（公元前523年～公元前505年）亦均不得稱平王。
〔註8〕 魏氏之說參見《〈文子〉學術探微》，王氏之說參見〈關於《文子》的幾個問題〉（二篇文章皆收入「《文子》與道家思想發展」兩岸學術研討會論文，輔仁大學哲學系，1996年6月。或《哲學與文化》，1996年8月第23卷第8期、第9期）。

－44－

君稱王，爲區而別之，故尊周天子爲天王。《左傳》隱公六年：「秋七月，天王使宰咺來歸惠子仲子之賵。」孔穎達疏曰：「天王，周平王也。」顧炎武《日知錄‧天王》：「《尚書》之文，但稱王，《春秋》即曰天王，以當時楚、吳、徐、越皆僭稱王，故加天以別之。」及隱公三年：「三月庚戌，天王崩。」楚平王無稱天王之例，簡本《文子》所稱天王亦只能是周平王。

二是平王與文子問答中，文子多言「天子」、「貴爲天子」、「天下」等等，顯示出對方具有天子身分，故必周平王無疑。

魏、王二氏之說雖甚有理，卻非必然，因以出現「天王」一詞，即云平王乃周平王，殊未考慮語句之意，此明云「辭曰」，可能是引前人之語，「天王不〔齊不□〕」連同〔道者，先聖人之傳〕也」亦不排除徵引文獻加強其說服力，同時簡文中亦有「命曰」及多次出現「傳曰」，觀察其用法，以引用前人之說爲是，假使如此，簡文中之天王雖指周平王而無疑義，卻與文中平王不能等同。

其次，多言「天子」、「貴爲天子」、「天下」等等即認爲非周平王莫屬，亦可議。全文旨在述「帝王之道」，簡文多次云帝王之道，而帝王之道必然以「天下」爲著眼，則其假設「天子」之語氣言之，誠爲合理。且如熟悉荊楚史事，則知其君多有代周爲天子之想，武王時即言「我有敝甲，欲以觀中國之政」（《史記‧楚世家》），成王時周天子賜胙曰：「鎭爾南方，夷越之亂，無侵中國」（《史記‧楚世家》），擔心強大之楚國日益威脅到周王室，不得不作安撫措施，此時「漢陽諸姬，楚實盡之」（《左傳》僖公二十八年），而楚地千里。至莊王時更「觀兵於周郊」，「問鼎大小輕重」（《史記‧楚世家》）。楚平王距其祖父莊王（公元前 613 年～公元前 591 年）全盛時其不過七八十年，觀兵問鼎之志必尙毋忘之，後雖內亂，國勢稍衰，但初即位時仍「施惠百姓」，「存恤國中，修政教」（《史記‧楚世家》），不失有作爲之君，其言爲楚平王與臣文子論治天下之道，亦不爲過。

從簡文中，吾人亦無法判定平王何屬，此時須再進一步瞭解平王朝中是否有名爲文子之大臣。先秦時期有多位文子，先秦典籍所見及之文子可考者見下表：

稱　謂	國別	事跡、活動時間或生卒年	記載之典籍
季文子（季孫行父、季孫）		魯文公六年（公元前 621 年）首見。宣公八年襄仲死，爲相，歷宣、成、襄三公凡三十三年，襄公五年卒（公元前 568 年）。	《左傳》、《國語》

范文子（士燮、范叔、燮、士文子）	晉	首見於魯宣公十七年（公元前 590 年），卒於成公十七年（公元前 574 年）。	《左傳》、《國語》
孫文子（孫林父）	衛	魯成公七年（公元前 584 年）出奔晉。襄公七年（公元前 566 年）聘於魯，穆叔云其爲臣而君，過而不，必亡。襄公二十六年（公元前 547 年）入于戚以叛。	《左傳》
析文子（析歸父、子家）	齊	首見於魯襄公十八年（公元前 554 年）。襄公二十八年（公元前 545 年）告晏平仲慶封欲與之共謀殺子雅、子尾。	《左傳》
陳文子（陳無須）	齊	首見於魯襄公二十二年（公元前 551 年）。襄公二十三（公元前 550 年）年見崔武子，退，告人曰：「崔子將死乎！謂君甚而又過之，不得其死。」襄公二十八年（公元前 545 年）以公歸，稅服而如內宮。	《左傳》
趙文子（趙武、趙孟）	晉	魯襄公二十五（公元前 548 年）年爲政，令薄諸侯之幣，以重其禮。襄公二十七年（公元前 546 年）言於晉侯，晉爲盟主，諸侯或相侵也，則討之，使歸其地，反之，則無以爲盟主。昭公三年（公元前 539 年）退趙獲可以取州之言。	《左傳》
大叔文子（大叔儀、世叔儀）	衛	首見於魯襄公十四年（公元前 559 年），襄公二十九年（公元前 544 年）子大叔見大叔文子，文子曰：「甚乎其城杞也」。	《左傳》
北宮文子（北宮佗）	衛	首見於魯襄公三十年（公元前 543 年），昭公十一年（公元前 531 年）與季孫意如會於厥慭。	《左傳》
鮑文子（鮑國）	齊	首見於魯成公十七年（公元前 574 年），昭公十四年（公元前 528 年）南蒯以費叛季氏而致齊，費人不欲從南蒯，齊侯使鮑文子還費於魯。	《左傳》
知文子（荀躒、知躒、文伯）	晉	魯昭公九年（公元前 533 年）始見。定公十三年（公元前 497 年）與韓不信、魏曼多奉公以伐范氏、中行氏，弗克。定公十四年（公元前 496 年）從趙孟盟。	《左傳》
中行文子（中行寅、荀寅）	晉	首見於魯昭公二十九年（公元前 512 年），哀公五年（公元前 490 年）奔齊。哀公二十七年（公元前 468 年）告齊成子曰：「有自晉師告寅者，將爲輕車千乘以厭齊師之門，則可盡也。」	《左傳》

公叔文子（公叔發）	衛	魯襄公二十九年（公元前 544 年）首見，定公十三年（公元前 497 年），史鰌語之必禍。定公十四年（公元前 496 年）卒。《禮記・檀弓》、《論語・憲問》曾載其行事。	《左傳》
孔文子（孔圉、仲叔圉、文叔）	衛	魯昭公七年（公元前 535 年）首見。哀公十一年（公元前 484 年）將攻大叔懿子，訪於仲尼。哀公十五年（公元前 480 年）卒。	《左傳》
公孫文子（公孫彌牟、子之、南氏、將軍文子）	衛	魯哀公十二年（公元前 483 年），尚幼，哀公二十六年（公元前 469 年）相衛悼公。乃《禮記・檀弓》、《孔叢子・刑論》之將軍文子。	《左傳》
叔孫文子（叔孫舒）	魯	魯哀公二十六年（公元前 469 年）帥師會越皋如、舌庸、宋樂筏納衛侯。	《左傳》
孟文子（伯穀、文伯）	魯	魯文公元年（公元前 626 年）首見於經，王內史叔服相之。文公十四年（公元前 613 年）卒	《左傳》
令狐文子（魏頡）	晉	魏顆之子，魏犨之孫。晉悼公元年（魯成公十八年，公元前 573 年），使令狐文子佐之，曰：「昔克潞之役，秦來圖敗晉功，魏顆以其身卻退秦師於輔氏，親止杜回，其勳銘於景鐘，至於今不育，其子不可不興也。」晉悼公四年（魯襄公三年，公元前 570 年）卒。	《國語・晉語》
魯陽文子（魯陽公）	楚	楚平王之孫，司馬子期之子。楚惠王以梁與之，辭，乃與之魯陽。	《國語・楚語下》
南文子	衛	魏犀首伐黃，將移兵造衛，南文子云魏必不敢來。 智伯欲伐衛，遺衛君野馬四、白璧一。衛君大悅，南文子有憂色。曰：「無功之賞，無力之禮，不可不察也。」	《戰國策・宋衛》犀首代黃章、智伯欲伐魏章、智伯欲襲魏章
文子（田文）	齊	因梁惠王之召而相之魏（公元前 317 年）	《戰國策・魏策二》犀首見梁君章、魏文子田需周宵相善章
文子		齊王曾問之治國何如？對曰：夫賞罰之為道，利器也，君固握之，不可以示人，若如臣者，猶獸鹿也，唯薦草而就。又云：賞譽薄而謾者，下不用，賞譽厚而信者，下輕死。	《韓非子・內儲說上》、《韓非子・說林》

上表二十餘個文子，何者與平王相關？考周平王時當春秋之初，今所能知稱文子者皆未與之並時，即使較早之季文子，已晚周平王近百年。倒與楚平王同時，則有多人。北宮文子、鮑文子、知文子、中行文子、公叔文子、孔文子、公孫文子諸人活動時間，皆與楚平王當政並時，但諸人史上並未載為平王之臣，或奔、使至楚。而魯陽文子雖為楚平王之孫，時代卻不相乘，故皆不可能是簡文中之文子。

除典籍明言稱文子者，另有後人注稱文子之人者，請見下表：

人　名	出　　　　處
史　狗	《左傳》魯襄公二十九年（公元前 544 年），（吳季札）適衛，說蘧瑗、史狗。杜注史狗云：史朝之子文子。昭公七年（公元前 535 年）又作史苟
計　然	《史記・貨殖列傳》：「昔者越王句踐困於會稽之上，乃用范蠡、計然。」裴駰集解云：「范子曰，計然者葵丘濮上人也。姓辛氏，字文子，其先晉國亡公子也，嘗南游於越，范蠡師事之。」《意林》節錄《范子》十二卷，云：「計然者葵丘濮上人也。姓辛名文子，其先晉國公子也。為人有內無外，形狀似不及人，少而明，學陰陽，見微而知著，其行浩浩，其志泛泛，不肯自顯諸侯，所利者七國，天下莫之，故稱曰計然。時遨遊海澤，號曰漁父。范蠡請見越王，計然曰：越王為人鳥喙，不可同利也。」
文　種	《史記・吳太伯世家》：「使大夫種因吳太宰伯嚭而行成。」司馬貞《索隱》：「大夫，官也，種，名也。吳越春秋以為種姓文，而劉氏云姓大夫，非也。」《史記・越王句踐世家》：「句踐曰：諾。乃令大夫種行成於吳。」張守節《正義》：「吳越春秋云：大夫種，姓文，名種，字子禽，荊平王為宛令，之三戶之里，范蠡從犬竇蹲而吠之，從吏恐文種慚，令人引衣而障之，文種曰：無障也，吾聞犬之所吠者人，今吾到此，有聖人之氣，行而求之，來至於此，且人身而犬吠者，謂我是人也，乃下車拜，蠡不為禮。」《抱朴子・外篇・知止》云：「文子以九術霸越。」

史狗又稱史苟，衛臣，首見於襄公二十九年，又見於昭公七年，雖所處時代與楚平王並時，卻未曾在其朝中為臣。

計然，裴駰《史記集解》及馬總《意林》引《范子》皆云姓辛名文子。李暹注《文子》，亦據之而以為文子乃計然，傳老子之業，錄其遺文成《文子》十二篇。〔註9〕《文選》曹子建〈求通親親表〉引《文子》曰：「不為福始，不為禍先。」李善注云：「《范子》曰：『文子者，姓辛，葵丘濮上人，稱曰計然，范蠡師事之。』」然洪邁云：「《文子》十二卷，李暹注，其序以謂《范子》

〔註9〕 李暹之書已佚，此見晁公武《郡齋讀書志》引（臺北：商務印書館，1978 年 1 月，卷 3 上，頁 210）。

所稱計然，但其書一切以《老子》爲宗略，無與范蠡謀議之事，《意林》所編《文子》正與此同。所謂《范子》乃別是一書，亦十二卷，馬總只載其敍計然及其它三事，云餘並陰陽曆數，故不取，則與《文子》了不同，李暹之說誤矣。唐《藝文志》《范子計然》十五卷，注云范蠡問計然答，列於農家，其是矣。」〔註10〕其論甚是。

考計然，或作計倪、計硯。《史記・貨殖列傳》云：「昔者越王句踐困於會稽之上，乃用范蠡、計然。計然曰：知鬥則修備，時用則知物。二者形，則萬物之情，可得而觀已。故歲在金穰，水毀，木饑，火旱。旱則資舟，水則資車，物之理也。六歲穰，六歲旱，十二歲一大饑。夫糶二十病農，九十病末，末病則財不出，農病則草不辟矣。上不過八十，下不減三十，則農末俱利，平糶齊物，關市不乏，治國之道也。積著之理，務完物，無息幣，以物相貿易，腐敗而食之貨勿留。無敢居貴，論其有餘不足，則知貴賤，貴上極則反賤，賤下極則反貴。貴出如糞土，賤取如珠玉，財幣欲其行如流水。」《越絕書》〈計倪內經第五〉、〈外傳計倪第十一〉與《史記》同。

《吳越春秋・句踐陰謀外傳第九》所記雖與《史記》文字有異，然其論旨亦同：「十一年，越王深念永思，惟欲伐吳。乃請計倪問曰：吾欲伐吳，恐不能破，早欲興師，惟問於子。計倪對曰：夫興師舉兵，必且內蓄五穀，實其金銀，滿其府庫，勵其甲兵，凡此四者，必察天地之氣，原於陰陽，明於孤虛，審於存亡，乃可量敵。越王曰：天地存亡，其要奈何？計硯曰：天地之氣，物有死生，原陰陽者，物貴賤也，明孤虛者，知會際也，審存亡者別真僞也。越王曰：何謂死生真僞乎？計硯曰：春種八穀，夏長而養，秋成而聚，冬畜而藏。夫天時有生，而不救種，是一死也。夏長無苗，二死也。秋成無聚，三死也。冬藏無畜，四死也。雖有堯舜之德，無如之何。夫天時有生，勸者老，作者少，反氣應數，不失厥理，一生也。留意省察，謹除苗穢，穢除苗盛，二生也。前時設備，物至則收，國無逋稅，民無失穗，三生也。倉已封塗，除陳入新，君樂臣歡，男女及信，四生也。夫陰陽者，太陰之所居之歲，留息三年，貴賤見矣。夫孤虛者，謂天門地戶也。存亡者，君之道德也。越王曰：何子之年少於物之長也？計硯曰：有美之士，不拘長少。越王曰：善哉子之道也。乃仰觀天文，集察緯宿，歷象四時，以下者上，虛設八倉，從陰收著，望陽出糶，筴其極計，三年五倍，越國熾富。句踐歡曰：

〔註10〕《容齋隨筆》（臺北：商務印書館，四部叢刊本正編，頁 207）。

吾之霸矣，計砚之謀也。」

從《史記》、《越絕書》、《吳越春秋》等書，計然所道者，大抵論陰陽本農之事。《史記》云「知鬥則修備」乃《吳越春秋》「興師舉兵，必且內蓄五穀，實其金銀，滿其府庫，勵其甲兵」之意，「時用則知物」則「必察天地之氣，原於陰陽，明於孤虛，審於存亡，乃可量敵」之說，其最根本以教人君重農本，按時不失，生產有序，國家自然富強。此與竹簡《文子》論人君首重治道修德，兼持仁義，上有道德，則下有仁義，下有仁義，則國家治之說不同。故李暹以計然字文子，直以爲《文子》書中之文子，且視其爲作者，其說有待商榷。陳振孫認爲：「以文子爲計然之字，尤不可信。」〔註11〕是亦不信李氏之言者。

至於文種，先秦典籍《左傳》、《國語》、《呂氏春秋》等書皆有記載，稱大夫種，未云姓文，有文子之稱。〔註12〕《史記》亦然。其人姓文，則《吳越春秋》、《越絕書》記之，而《抱樸子·外篇·知止》有文子以九術霸越之語。其事則《吳越春秋》、《越絕書》詳之。

《越絕書·外傳紀策考第七》云：「范蠡，其始居楚也。生於宛橐，或伍戶之虛。其爲結僮之時，一癡一醒，時人盡以爲狂，然獨有聖賢之明，人莫可與語。以內視若盲，反聽若聾。大夫種入其縣，知有賢者，未睹所在，求邑中不得。其邑人以爲狂夫多賢士，眾賤有君子，汎求之焉得蠡而悅。乃從官屬問治之術，蠡修衣冠，有頃而出，進退揖讓，君子之容。終日而語，疾陳霸王之道，志合意同，胡越相從，俱見霸兆出於東南，捐其官位，相要而往，臣小有所虧，大有所成，捐止於吳，或任子胥，二人以爲胥在，無所關

〔註11〕《直齋書錄解題》（臺北：商務印書館，1978年5月，卷九，頁280）。

〔註12〕《左傳》哀公元年：「吳王夫差敗越於夫椒，報檇李也。遂入越，越子以甲楯五千保於會稽。使大夫種，因吳太宰嚭以行成。」《國語·吳語》：「吳王夫差起師伐越，越王句踐起師逆之。大夫種乃獻謀曰：『夫吳之與越，唯天所授，王其無庸戰。夫申胥、華登簡服吳國之士於甲兵，而未嘗有髍挫也。夫一人善射，百夫決拾，勝未可成也。夫謀必素見成事焉，而後履之，不可以授命。王不如設戎，約辭行成，以喜其民，以廣侈吳王之心。吾以卜之於天，天若棄吳，必許吾成而不吾足也，將必寬然有伯諸侯之心焉。既罷弊其民，而天奪之食，安受其燼，乃無有命矣。』」〈越語上〉：「越王句踐棲於會稽之上，乃號令三軍曰：『凡我父兄昆弟及國子姓，有能助寡人謀而退吳者，吾與之共知越國之政。』大夫種進對曰：『臣聞之賈人，夏則資皮，冬則資絺，旱則資舟，水則資車，以待乏也。夫雖無四方之憂，然謀臣與爪牙之士不可不養兒擇也。譬如簑笠，時雨既至必求之。今君王既棲於會稽之上，然後乃求謀臣，無乃後乎？』」《呂氏春秋·當染》：「越王句踐染於范蠡、罷夫種。」〈尊師〉：「越王句踐師范蠡、大夫種。」

其辭,種曰:今將安之?蠡曰:彼爲我,何邦不可乎?去吳之越,句踐賢之,種躬正內,蠡出治外,內不煩濁,外無不得,臣主同心,遂霸越邦。」此文說明文種與范蠡初爲楚人,文種能知范蠡之賢,並曾仕於朝,後來因故捐其官位,去楚游於吳,因吳有子胥,遂又去吳之越,輔佐越王句踐成就霸業。此與張守節《史記正義》引《吳越春秋》云文種爲荊平王宛令,曾至三戶之里見范蠡之事略同。〔註13〕觀二處之記載,可確知文種初任官於楚平王朝,後離楚爲越臣。

文種因與楚平王並時,且曾任事之,後人遂有以爲《文子》中之文子者。江瑔即主文子即文種。江氏云古人所稱爲某子者,其例有二,一爲合姓,而稱之某姓,即稱某子,如孔子、莊子之類是也;一爲於名字之外,別以一己之學問之宗旨或性情之嗜好,署爲一號,以示別於他人,亦稱某子,如老子、鶡冠子之類是也。二者之中,以前者爲通稱,古人爲最多,此外未有字爲某子者(或以子字居前,字曰子某,則亦多有之。如子思子貢之類是也。其以子字居前者與孟仲叔季諸字同,猶子路之稱季路耳),文子爲道家之學,道家所貴在於抱樸而守真,黜文而崇質,則更無號曰文子之理,於後例既不合,必合於前例,然則文子之文,必爲姓無疑。且《文子》中之平王實楚平王,文種曾爲楚之宛令,而其時又適爲平王,其與平王問答,即其時。文種生於楚,與老子同爲楚人,得承其餘緒,故多老子之語,凡此種種,皆足以明之。而《文子》此書當成於范蠡遺書之後,屬鏤未賜之前,故於往日之事,每洄溯及之,既述及平王問答,語復睠睠於故人之良緘,不覺筆之於編,此尤爲文子即文種之證。〔註14〕

江氏云文子之文,必爲姓,大體不誤。〔註15〕然其縮合《文子》書中之文子乃文種,又以《文子》屬文種作,則強於比附,令人難以信從。

考先秦典籍多云種善於處理內政,蠡則折衝於外交,〔註16〕二人合作,

〔註13〕張守節《史記正義》所記,今傳世本《吳越春秋》無。

〔註14〕見《讀子巵言・論文子即文種》(臺北:廣文書局,1982年8月,頁115～127)。吳光亦主文子乃文種之說,但以爲《文子》屬依託之書,非文種作。其說見《文子》新考——兼與諸說商兌》(收入於《古書考辨集》,臺北:允晨文化公司,1989年12月,頁69～86)。

〔註15〕江氏所云爲通例,仍有變例,如《孟子・離婁下》,匡章稱章子。

〔註16〕《國語・越語下》:「王曰:『不穀之國家,蠡之國家也,蠡其圖之!』對曰:『四封之內,百姓之事,時節三樂,不亂民功,不逆天時,五穀睦熟,民乃繁滋,君臣上下交得其志,蠡不如種也。四封之外,敵國之制,立斷之事,

越遂成霸業，卻鮮論其思想。其論最要者爲伐吳九術，《越絕書‧內經九術第十四》、《越絕書‧句踐陰謀外傳第九》皆曾云及，一曰尊天事鬼，以求其福。二曰重財幣以遺其君，多貨賄以喜其臣。三曰貴糴粟槀以虛其國，利所欲以疲其民。四曰遺之好美以惑其心而亂其謀。五曰遺之巧工良材，使起宮室，以盡其財。六曰遺其諛臣，使之易伐。七曰彊其諫臣，使之自殺。八曰君王國富而備利器、九曰利甲兵，以承其弊。〔註17〕其說乃針對當時越國救亡圖存所定之方向，皆是現實上謀吳之策，與竹簡《文子》暢談以道家學說治國之政治理想，並不相近，雖強爲之牽連，實不足以成說。

且《吳越春秋‧句踐伐吳外傳第十》句踐謂文種曰：「子有陰謀兵法，傾敵取國，九術之策，今用三已破彊吳，其六尙在子所。」句踐云文種之陰謀，類如取吳之策，大抵爲權謀之術。然講陰謀正是道家所禁，《史記‧陳丞相世家》陳平云：「我多陰謀，是道家之所禁。」此語證諸馬王堆出土黃老道家帛書《十六經‧順道》有「不陰謀」，《十六經‧守行》有「陰謀不祥」之說，適足以明之。竹簡《文子》屬黃老道家書，其中絲毫未有論及陰謀之跡，假使此爲文種之作，似與此亦未能合。又云文種善兵法，今《漢志‧兵書略‧兵權謀》有《大夫種》二篇，爲何直稱文種兵法，而未稱文子兵法？班固對於《漢志》之書，大抵皆曾過目，亦何以道家之《文子》未注文子乃文種？〔註18〕故將《文子》中之文子或著書之文子斷爲文種，實在可疑。

綜上所述，可以瞭解簡文中之平王實難以遽定爲周平王或楚平王，文子亦無法確指何人。假使眞是周平王，其朝中或可能有姓文，稱文子之臣，然而目前已不得考索。假使爲楚平王，文種雖一度爲其臣，身分、時間頗能吻合，但觀其九術所云皆施政之手段、復國之具體方針，與簡文純然道論之思想難以明遽斷其否有所關連，且其說多陰謀兵法，與道家禁陰謀亦不合。

因陰陽之恆，順天地之常，柔而不屈，彊而不剛，德虐之行，因以爲常，死生因天地之刑，天因人，聖人因天，人自生之，天地形之，聖人因而成之。是故戰勝而不報，取地而不反，兵勝於外，福生於內，用力甚少而名聲章明，種亦不如蠡也。』」

〔註17〕《越絕書》、《吳越春秋》九術，《史記》則記爲七術。《史記‧越王句踐世家》：「越王乃賜種劍曰：子教寡人伐吳七術，寡人用其三而敗吳，其四在子，子爲我從先王試之，種遂自殺。」

〔註18〕《漢書‧藝文志》如果於不同家數中有書名上實是同一人，但有不同稱呼者，知其名則下注之。如法家有《商君》，兵家又有《公孫鞅》，在商君下注云「名鞅」。

　　既然上述各種情況無法成立，其書最大可能，則來自於後人依託。此種現象，先秦典籍俯拾皆是，文子屬依託之書，當然，最重要之證據，在於書中之思想，非春秋初期，或戰國初期所能有，必晚於周平王或楚平王之時。此種依託之風，前人早已熟知，《淮南子‧脩務》云：「世俗之人，多尊古賤今，故為道者必託之於神農、黃帝，而後能入說。亂世闇主，高遠其所從來，因而貴之。」胡適之亦云：「有一種人實有一種主張，卻恐怕自己的人微言輕，不見信用，故往往借用古人的名字。《莊子》所說的重言，即是這一種借重古人的主張。……古人言必稱堯舜，只因堯舜年代久遠，可以由我們任意把我們理想中的制度一概推到堯舜的時代。例如《黃帝內經》假託黃帝，《周髀算經》假託周公，都是這個道理。韓非說的好：『孔子、墨子俱道堯舜，而取舍不同，皆自謂真堯舜，堯舜不復生，將誰使定儒墨之誠乎？』正為古人死無對證，故人多可隨意託古。」〔註19〕可知周秦諸子之書，例多託古，將其見解依託於史上有名之人，借由其名使己說得以流傳。此種情形，道家尤甚，如《管子》之書，相傳管仲所作，然書中有「毛嬙、西施」，「吳王好劍」、「威公之死」，「五公子之亂」事皆出管仲後，非其所能預見，可知有後人之作。又如《黃帝四經》、《黃帝銘》、《力牧》等書，顯然非黃帝或力牧自作，亦是後人依託之書。

　　是以文中之平王，直以為周平王，或楚平王皆可，只是《文子》雖屬依託之書，依古書所依託之對象，大都曾建立大功業者，而史上不管周平王或楚平王，皆未有賢君之名，何以依託於文子與平王之問答？實耐人尋味而難以知其真象。

第二節　成書於戰國後期

　　鄭良樹云：「羅根澤在《管子探源‧敘目》裏說：『考年代與辨真偽不同：辨真偽，追求偽跡，擯斥不使於學術界，義主破壞；考年代，稽考作書時期，以還學術史上之時代價值，義主建設。考年代，則真偽亦因之而顯；辨真偽，而年代或仍不得定。』羅氏所謂『辨真偽』，指的是書本材料的真偽，也可以說作者的真偽；這段話，清楚的告訴我們，考辨作者及解決成書年代的關係了。古籍的作者解決了，那麼成書時代自然也就解決了；古籍的作者果被推

─────────────────────

〔註19〕《中國古代哲學史》（臺北：遠流出版公司，1986年5月，頁16）。

翻否決了，而眞正的作者一時有無法考知，或者已考知而又說法迥異，那麼根據這部書的內容及其他相關的資料來追探其成書時代，或者其相近的時代，似乎是古籍辨僞學的第二主題了」。〔註20〕

　　書之作者解決，當然其時代自能明白，假使作者不知，吾人則不得不由書本身追索其可能之成書時代。史上此類著作多有之，《文子》一書屬依託之作，其作者已難考，故欲由作者得知其成書時代，顯然行不通，今僅能從其書中透露出之思想特徵，與其他典籍作比較，方可能大致瞭解其依托成書之時代。雖云《文子》之確切年代已不可詳考，然而，將其思想形成之時代，大致劃定於一定歷史範圍，尚可爲之。

　　《文子》作者文子是老子弟子，雖不可信，但書中以《老子》學說爲基礎，運用甚多《老子》之語句、思想融入文中，其成書時代晚於《老子》，則毋庸置疑。簡文：

　　　0581　產於有，始於弱而成於強，始於柔而
　　　2331　於短而成於長，始於寡而成於眾，始
　　　1178　之高始於足下，千〔方之群始於寓強〕
　　　0871　聖人法於天道，〔民者以自下〕
　　　0912　卑、退、斂、損，所以法天也。平王曰：
　　　1181　元也，百事之根
　　　0792　生，侍之而成，侍

（傳世本《文子·道德》：夫道者，原產有始，始於柔弱，成於剛強，始於短寡，成於眾長，十圍之木，始於把，百仞之臺，始於下，此天之道也。聖人法之，卑者所以自下也，退者所以自後，儉者所以自小也，損者所以自少也，卑則尊，退則先，儉則廣，損則大，此天道所成也。夫道者，德之元，天之根，福之門，萬物待之而生，待之而成，待之而寧。）

　　此《老子》三十九章：「貴以賤爲本，高以下爲基。」六十三章：「圖難於其易，爲大於其細；天下難事，必作於易，天下大事，必作於細。」六十四章：「合抱之木，生於毫末，九層之臺，起於累土，千里之行，始於足下。」第四章「萬物之宗」及二十五章「天下母」之意。

〔註20〕《古籍辨僞學》（臺北：學生書局，1986年8月，頁13），

文：

2262　王曰：吾聞古聖立天下，以道立天下

0564　□何？文子曰：執一無爲。平王曰

2360　文子曰：

0870　地大器也，不可執，不可爲，爲者販（敗），執者失

0593　是以聖王執一者，見小也；無爲者，

0775　下正。平王曰：見小守靜奈何？文子曰：

0908　也，見小故能成其大功，守靜□

0806　也，大而不衰者所以長守□

0864　高而不危，高而不危者，所以長守民

2327　有天下，貴爲天子，富貴不離其身

（傳世本《文子・道德》：文子問曰：古之王者，以道莅天下，爲之奈何？老子曰：執一無爲，因天地與之變化，天下，大器也，不可執也，不可爲也，爲者敗之，執者失之。執一者，見小也，見小故能成其大也，無爲者，守靜也，守靜能爲天下正。處大，滿而不溢，居高，貴而無驕，處大不溢，盈而不虧，居上不驕，高而不危。盈而不虧，所以長守富也，高而不危，所以長守貴也，富貴不離其身，祿及子孫，古之王道具於此矣。）

此《老子》三十九章：「昔之得一者，天得一以清，地得一以寧，神得一以靈，谷得一以盈，萬物得一以生，侯王得一以爲天下正。」二十九章：「將欲取天下而爲之，吾見其不得已。天下神器，不可爲也，不可執也。爲者敗之，執者失之。」五十七章：「我無爲，而民自化，我好靜，而民自正，我無事，而民自富，我無欲，而民自樸。」三十四章：「大道氾兮，其可左右。萬物恃之以生而不辭，功成而不有。衣養萬物而不爲主，可名於小。萬物歸焉而不爲主，可名爲大」之意。

又如簡文：

0899　下，先始於後，大始於小，多始於少。

0916　江海以此道爲百谷王，故能久長功。

0585　胡象於天道？文子曰：天之道，高

0926　大者，損有損之；持高者，下有下之

0813　□曰：何謂損有損之，下有下之？文

此《老子》三十九章、六十三章、六十四章，六十六章：「江海之所以能

爲百谷王者，以其善下之，故能爲百谷王。」七十七章：「天之道，其猶張弓
與？高者抑之，下者舉之，有餘者損之，不足者補之。天之道，損有餘而補
不足」之意。

《老子》成書時代，民國以來即爭論不休，當前學術界一般認爲或是春
秋末年，或戰國中期。〔註21〕本文即同意《老子》成書於戰國中期，《文子》
吸收《老子》思想，其成書時代自不得早於此時。此可說是《文子》成書時
間之上限。

另一方面，《漢書‧魏相丙吉傳》：「元康中，匈奴遣兵擊漢屯田車師者，
上與後將軍趙充國等議，欲因匈奴衰弱，出兵擊其右地，使不敢復擾西域。
相上書諫曰：「臣聞之，救亂誅暴，謂之義兵，兵義者王；敵加於己，不得已
而起者，謂之應兵，兵應者勝；爭恨小故，不忍忿怒者，謂之忿兵，兵忿者
敗；利人土地貨寶者，謂之貪兵，兵貪者破；矜民之眾，欲見威於敵者，謂

〔註21〕 孔子問禮於老聃，事見《史記‧孔子世家》、《禮記‧曾子問》、《孔子家語‧
觀周》等書，二千餘年來，大都認定老子早於孔子，因而《老子》早於《論
語》。民國初，胡適之《中國哲學史大綱》從老子講起，此舉引發梁啓超懷疑
《老子》成書於戰國末，論文一出，此問題爭議遂起。主春秋末，或戰國時
者皆有之；詳細意見可參考《古史辨》第四冊，第六冊。本文認爲《老子》
成書於戰國中期，在於《老子》明確主張「不尚賢」，唯有不尚賢才能使民不
爭。尚賢說首由墨子標榜，墨子生約公元前四七五年，卒約公元前三九五年，
其建立起自己學說，也當在三、四十歲之後，因此《老子》成書只可能在戰
國時期。其次，《老子》一書多反對仁、義、禮、知、聖人之說，此觀念爲儒
家所強調。《老子》對這些觀念進行全面性批判。其時至早亦當在儒學已高度
發展之後。長沙馬王堆《老子》帛書出現後，學者又提供新論証：一，帛書
德篇云「民之飢也，以其取食稅之多也，是以飢。」意指當時收稅食稅之人
甚夥，導致百姓飢餓。徵收田稅，始於初稅畝，最早施行於魯宣公十五年（公
元前594年），此制度由魯逐步推行到各國。最後實行者是秦國，實施於簡公
七年（公元前418年）。「其取食稅之多」說明此制度已推行相當普遍，由此
觀之，《老子》成書時期上限不當早於戰國時期。其次，帛書有「萬乘之王」
之句，傅奕本、通行本皆作「萬乘之主」，王與主其涵義顯然不同，戰國時期
各諸侯國君主相繼稱王，並且擁有萬乘之兵車，顯然反映著戰國時期各諸侯
國稱王稱霸之情形。春秋時代，戰爭規模較小，不見有萬乘之記載，因此，《老
子》就不可能產生於春秋時期（以上兩點參見許抗生〈關於《老子》產生的
年代問題〉，收入於《老子研究》，臺北：水牛出版社，1992年1月，頁134
～135）。再次，《老子》第十一章：「三十輻共一轂，當其無，有車之用。」
車輪共三十轂之制，據地下考古實物發掘，「三十輻共一轂」至戰國中期才出
現，然此時三十輻之車子尚數少數，並未成定制，成爲定制則在戰國中後期
事，故《老子》書只能產生於戰國時代（參見余明光《黃帝四經與黃老思想》，
哈爾濱：黑龍江人民出版社，1989年8月，頁84～88）。

之驕兵，兵驕者滅。此五種，非但人事，乃天道也。」魏相云五兵正是出自於《文子‧道德》，雖其上書於宣帝元康二年（公元前 64 年），但《文子》成書必然早於此年。又《法苑珠林》卷六十八〈辯聖真偽〉闞澤對孫權曰：「漢景帝以黃子、老子義體尤深，改子為經，始立道學，勒令朝野悉諷誦之。」假如闞澤之語不虛，漢景帝時已立道學，且道家之書多有稱經之事，而簡文2465〔文子上經聖□明王〕，〔註22〕稱《文子》為經，則可能景帝時或其前，《文子》已成書。

　　大致上，從戰國中期至漢景帝，其間百餘年，《文子》最可能成書於那一個時段？以下從多方面之線索，進行考察。

一、仁義禮聖知觀念與馬王堆帛書〈五行〉比較

　　《文子》學說以道為中心，為總綱領，其下統轄德、仁、義、禮、聖、知諸觀念，彼此融於一體。

　　簡文：

　　　0582　□為下〔則守節，循道寬緩，窮〕

　　　0615　則敬愛、損退、〔辭讓、守□服之〕

　　　2466　生者道也，養□

　　　0600　〔不慈不愛〕，不能成遂，不正

　　　2259　之所畏也，禮者民之所□也。此四

　　　0591　蹂節謂之無禮。毋德者則下怨，無

　　　0895　0960　則下諍，無義則下暴，無禮則下亂。四

　　　0811　□立，謂之無道，而國不〔註23〕

　　（傳世本《文子‧道德》：文子問德，老子曰：畜之養之，遂之長之，兼利無擇，與天地合，此之謂德。何謂仁？曰：為上不矜其功，為下不羞其病，於大不矜，於小不偷，兼愛無私，久而不衰，此之謂仁也。何謂

〔註22〕此簡李學勤認為應該標點：「《文子》上經：《聖□》、《明王》」（〈試論八角廊簡《文子》〉，《文物》，1996 年第 1 期，頁 38）。

〔註23〕此段簡文斷爛，與今本有些差距。僅能看出義、禮二觀念。不過由簡文 2259：「之所畏也，禮者民之所□也。此四」知道本文講德、仁、義、禮四種觀念。當然其他簡文亦可明其論仁、義、禮。簡文 0917：「平王曰：用仁如何？文子曰：君子」0920：「〔是謂用仁〕」0869：「平王曰，用義如何？文子〔曰：君子□〕」2436：「□□是〔謂用義〕」。

義？曰：為上則輔弱，為下則守節，達不肆意，窮不易操，一度順理，不私枉撓，此之謂義也。何謂禮？曰：為上則恭嚴，為下則卑敬，退讓守柔，為天下雌，立於不敢，設於不能，此之謂禮也。故修其德則下從令，修其仁則下不爭，修其義則下平正，修其禮則下尊敬，四者既修，國家安寧。故物生者道也，長者德也，愛者仁也，正者義也，敬者禮也。不畜不養，不能遂長，不慈不愛，不能成遂，不正不匡，不能久長，不敬不寵，不能貴重。故德者民之所貴也，仁者民之所懷也，義者民之所畏也，禮者民之所敬也，此四者，文之順也，聖人之所以御萬物者也。君子無德則下怨，無仁則下爭，無義則下暴，無禮則下亂，四經不立，謂之無道，無道不亡者，未之有也。）

簡文：

0896　1193　知。平王曰：何謂聖知？文子曰：聞而知之，聖也。

0803　知也，故聖者聞 ||

1200　而知擇道。知者見禍福

0765　〔刑〕，而知者行，故聞而知之，聖也。

0834　知也成刑（形）者，可見而

0711　未生，知者見成

（傳世本《文子‧道德》：文子問聖智，老子曰：聞而知之，聖也，見而知之，智也。故聖人常聞禍福所生而擇其道，智者常見禍福成形而擇其行，聖人知天道吉凶，故知禍福所生；智者先見成形，故知禍福之門。聞未生聖也，先見成形智也，無聞見者愚迷。）

仁、義、禮、聖、知觀念，本為儒家力倡，以《老子》、《莊子》為中心之道家系統則極力抵毀之，《老子》主張「大道廢，有仁義，智慧出，有大偽」（第十八章），「絕聖棄智，民利百倍，絕仁棄義，民復孝慈，絕巧棄利，盜賊無有」（第十九章），無異宣告仁、義、禮、知之亂道，而以此治國焉得不亂；《莊子》亦云：「而且說明邪？是淫於色也；說聰邪？是淫於聲也；說仁邪？是亂於德也；說義邪？是悖於理也；說禮邪？是相於技也；說樂邪？是相於淫也；說聖邪？是相於藝也；說知邪？是相於疵也。天下將安其性命之情，之八者，存可也，亡可也；天下將不安其性命之情，之八者，乃始臠卷獊囊而亂天下也。」（〈在宥〉）句句針對儒家學說而發，認為明、聰、仁、義、禮、樂、聖、知八者，天下有道，則可存可亡，尚不致於亂天下，如果天下無道，行此八者，則將會亂

天下。此又《莊子》所謂「爲仁義以矯之，則并與仁義而竊之。何以知其然耶？彼竊鉤者誅，竊國者爲諸侯，諸侯之門，而仁義存焉。則是非竊仁義聖知耶？」（〈胠篋〉）儒家所標榜之仁義聖知，非但未能成爲正面治國之用，反而容易受統治者野心家利用，禍害流毒，更加深烈。

　　《文子》思想雖不離道家系統，但仁、義、禮等儒家觀念不時援引入說，而且明顯佔有重要地位。這些儒家觀念與一九七三年馬王堆出土帛書，《老子》甲本卷後古佚書〈五行〉關係非常密切。

　　〈五行〉云：

　　　　【仁】刑（形）【於内】胃（謂）之德之行，不刑（形）於内胃（謂）之行。知（智）刑（形）於内胃（謂）之德之行，不刑（形）於内胃（謂）【之行。義形】於内謂之德之行，【不形於内謂之】行。禮刑（形）於内胃（謂）之德之行，不刑（形）於内胃（謂）之行。聖刑（形）於内【胃（謂）之德】之行，【不行於内謂】之行。德之行五，和胃（謂）之德，四刑（形）於内胃（謂）之善。善，人道也。德，天道也。君子毋（無）中【心之】憂則無中心之知（智），無中心之知（智）則無中心之說（悅），無中心之說（悅）則不安，不安則不樂，不樂則無德。【君子】無中心之憂則無中心之聖，無中心之聖則無中心之說（悅），無中心之說（悅）則不安，不安則不樂，不樂則【無】德。五行皆刑（形）於闕（厥）内，時行之，胃（謂）之君子。士有志於君子道胃（謂）之之（志）士。」〔註24〕

〈五行〉以仁、義、禮、知、聖爲五種德性，《文子》以德、仁、義、禮爲四經，之後又論及聖知，此與〈五行〉德目排列方式同，更耐人尋味則是《文子》對於聖、知解釋也與〈五行〉不異。同以「見而知之」釋知，以「聞而知之」釋聖。〈五行〉云：「見而知之，知（智）也。聞而知之，聖也。明明，知（智）也。鼆（赫）鼆（赫），聖。明明在下，鼆（赫）鼆（赫）在上，此之胃（謂）也。聞君子之道，聰也。聞而知之，聖也。聖人知而〈天〉道。知而行之，聖也。行□□□□□□□□□□□見而知之，知（智）也。」兩者對比後，其間關係非比尋常，〔註25〕此觀念，顯然非《文子》原創，而吸

〔註24〕見《馬王堆漢墓帛書（壹）》（北京：文物出版社，1980年4月，頁17）。
〔註25〕王博云：「《《文子》與帛書《五行》》二書同以「聞而知之」規定聖，「見而知之」規定智，又以聖爲知天道。值的注意的是，此種對聖智之解釋不見於傳

收自〈五行〉。何以云出於〈五行〉？荀子曾評斷先秦諸子之思想，所論以其最核心、最具創見之處，其中即論及思孟學派之五行說，可見五行說爲思孟學派學說重心。據研究，〈五行〉屬子思、孟軻後學所作，其文體與《大學》相近，約成書於戰國中晚期。〔註26〕《文子》既吸收了〈五行〉之說，自然不得早於其成書年代。

二、五兵與馬王堆帛書《十六經・本伐》比較

《文子》論兵道，有五兵之說。

2419　平〔王曰：王者〕幾道乎？文子曰：王者〔一道〕

0829　王曰：古者有

〔註26〕 世諸文獻，更使人相信二書間或有影響存在。」（見〈關於《文子》的幾個問題〉，「《文子》與道家思想發展」兩岸學術研討會論文，輔仁大學哲學系，1996年6月，頁78。或《哲學與文化》，1996年8月第23卷第8期，頁1913）。
《荀子・非十二子》云：「略法先王而不知其統，然而猶材劇志大，聞見雜博。案往舊造說，謂之五行，甚僻違而無類，幽隱而無說，閉約而無解。案飾其辭而祇敬之曰：此眞先君子之言也。子思唱之，孟軻和之，世俗之溝瞀儒嚾嚾然不知其所非也，遂受而傳之，以爲仲尼、子弓爲茲厚於後世。是則子思、孟軻之罪也。」歷來對荀子批評子思、孟軻五行之內容，眾說紛紜，難得其解。楊倞注《荀子》認爲是五常，指仁、義、禮、智、信；章太炎亦認爲是五常，而且更有「以水火土比于父母子」之「五倫」含義，上承《洪範》九疇舉五行傅人事」未彰之義，下啓「燕齊怪迂之士」神奇之說；梁啓超以爲，思孟五行或者指君臣、父子等五倫，或者指仁義等五常，決非如後世之五行說；劉節、顧頡剛從根本上否定思孟與五行說之關係，宣傳五行說者是鄒衍，非孟軻，荀子錯怪，是歷史性大錯誤；范文瀾認爲，孟子有氣運終始觀之痕跡，原始五行說，經孟子推闡，已是栩栩欲活，接著鄒衍大鼓吹起來，成了正式的神化五行；郭沫若認爲思孟所造得五行說是仁、義、禮、智、誠（以上據龐樸〈馬王堆帛書解開了思孟五行說之謎——帛書《老子》甲本卷後古佚書之一的初步研究〉一文整理，《文物》，1977年第10期，頁63～69）。馬王堆帛書一出，在《老子》甲本卷後古佚書之後，有記仁、義、禮、智、聖五種德行之文章，韓中民以爲該篇內容講儒家五行說，文體與《大學》相近，句中也襲用《孟子》之語，可見作者是子思、孟軻學派門徒（〈長沙馬王堆漢墓帛書概述〉，《文物》1974年，第9期）。龐樸據《孟子・盡心下》有：「仁之於父子也，義之於君臣也，禮之於賓主也，智之於賢者，聖人之於天道也，命也，有性焉，君子不得謂命也。」其中「聖人之於天道也」句中之「人」，宋人注是衍文，原句應爲「聖之於天道也」，因此，實際上孟子所講之五種德性與帛書同。故《孟子》與帛書不僅思想相同，語言也相同，屬於思、孟學派之作（〈馬王堆帛書解開了思孟五行說之謎——帛書《老子》甲本卷後古佚書之一的初步研究〉，《文物》，1977年第10期，頁63～69）。

0850　以道王者，有以兵

2210　以一道也？文子曰：古之道王者‖

1035　以兵王者

0572　〔者〕，謂之貪〔兵。恃其國家之大，矜其人民〕

2217　眾。欲見賢於適（敵）者，謂之驕〔兵〕。義〔兵〕

2385　〔故王道唯德乎！臣故曰一道。平王〕

（傳世本《文子・道德》：文子問曰：王道有幾？老子曰：一而已矣。文子曰：古有以道王者，有以兵王者，何其一也？曰：以道王者德也，以兵王者亦德也。用兵有五，有義兵、有應兵、有忿兵、有貪兵、有驕兵；誅暴救弱謂之義，敵來加己不得已而用之謂之應，爭小故不勝其心謂之忿，利人土地、欲人財貨謂之貪，恃其國家之大，矜其人民之眾，欲見賢於敵國者謂之驕；義兵王，應兵勝，忿兵敗，貪兵死，驕兵滅，此天道也。）

用兵五種動機，有誅暴救弱之義兵，有敵來不得已用之之應兵，有小故而用之忿兵，有欲取人財貨之貪兵，有欲見賢於敵之驕兵。此說可與先秦許多典籍相應，《慎子》曰：「藏甲之國，必有兵遁（道）。市人可驅而戰，安國之兵不由忿起。」《慎子》之「兵不由忿起」〔註27〕乃忿兵之意。馬王堆出土帛書《十六經・本伐》：「諸（儲）庫臧（藏）兵之國，皆有兵道。世兵道三，有為利者，有為義者，有行忿者。所為胃（謂）為利者，見□□□飢，國家不暇，上下不當，舉兵而誅之，雖無大利，亦無大害焉。所謂為義者，伐亂禁暴，起賢廢不肖，所謂義也。義者，眾之所死也。是故以一國攻天下，萬乘【之】主，□□希不自此始，鮮能冬（終）之，非心之恒也，窮而反（返）矣。所謂行忿者，心雖忿，不能徒怒，怒必有為也。」為義者，行忿者，相當於《文子》之義兵、忿兵。又《吳子・圖國》云：「（兵）其名又有五：一曰義兵，二曰強兵，三曰剛兵，四曰暴兵，五曰逆兵。禁暴救亂曰義，恃眾以伐曰強，因怒興師曰剛，棄禮貪利曰暴，國亂人疲，舉事動眾曰逆。」《吳子》之義兵，與《文子》用詞、內容皆同；強兵相當於驕兵，剛兵則為忿兵，暴兵則為貪兵，僅逆兵無法相應。

就以上各種典籍記載之比較而言，可以確定《慎子》之兵道，正是《文子》所云出兵之情形，不過今日之《慎子》僅知有忿兵之說，難以更進一步

〔註27〕此《慎子》逸文，見《意林》所引。

比對。而馬王堆出土帛書《十六經‧本伐》言兵道有三，與《文子》云五，說法簡略。《文子》尚就這五種用兵情形，提出優劣判斷，似乎是此說發展到後來，總結前人心得而言，故《文子》其說應在馬王堆帛書《十六經‧本伐》之後；至於與《吳子》之關係，二者同樣論有五種情形，而且大都能相互對應，惟所用之名不同，但除此之外，對於彼此間相互影響之問題，實在很難得知是否有何種關聯。

在此項比較上，吾人不易得知其確定之成書時間，但可瞭解竹簡《文子》當晚於《十六經》。《十六經》之成書時代，〔註28〕大體而言，應在戰國中晚期，重要的理由是揉合了各家的主張，這種兼融各家思想之歷史趨勢，從戰國中期即已風行，尤其至戰國末更甚。其次戰國時天下以氣力相爭，《十六經‧五政》有「今天下大爭時至矣」之語，這種情形也在中晚期時凸顯出來。復以戰國中晚期，政治上人心傾向於統一，而《十六經‧立命》說：「唯余一人□乃肥（配）天。」《十六經‧果童》有「唯余一人，兼有天下。」正顯示即將完成統一之局面，此說亦不至於太早。因此，竹簡《文子》其成書時代，應不早於此時。

三、與《孝經》比較

簡文與《孝經‧諸侯章》文字有雷同之處。

0775　下正。平王曰：見小守靜奈何？文子曰：

0908　也，見小故能成其大功，守靜□

0806　也，大而不衰者所以長守□

0864　高而不危，高而不危者，所以長守民

〔註28〕 時代上有紀元前四世紀初（唐蘭：〈《黃帝四經》初探〉，《文物》，1974年第10期）、戰國中期以前（金春峰認為四篇在《孟子》前已存在並有廣泛影響。參見金春峰：《漢代思想史》，北京：中國社會科學出版社，1987年，頁48。除此，陳鼓應、王博亦主之，陳說見〈關於《黃帝四經》的幾點看法──序余明光先生《黃帝四經今注今譯》〉，《哲學研究》，1992年第8期；或見陳鼓應：《黃帝四經今註今譯──馬王堆出土帛書》，臺北：商務印書館，1995年6月，頁35。王說見〈論《黃帝四經》產生的地域〉，《道家文化》第3輯，上海：上海古籍出版社，1993年，頁223～241）、戰國中後期（祝瑞開主之，參見《先秦社會和諸子思想新探》，福建：人民出版社，1981年6月，頁151）、戰國末到秦漢之際（吳光主之。參見《黃老之學通論》，浙江：人民出版社，1985年11月，頁133。）、漢初（此說以康立為代表。見康立：〈十大經的思想和時代〉，《歷史研究》，1975年第3期）等多種說法。

2327 有天下，貴爲天子，富貴不離其身

（傳世本《文子・道德》：文子問曰：古之王者，以道蒞天下，爲之奈何？
老子曰：……執一者，見小也，見小故能成其大也，無爲者，守靜也，
守靜能爲天下正。處大，滿而不溢，居高，貴而無驕，處大不溢，盈而
不虧，居上不驕，高而不危。盈而不虧，所以長守富也，高而不危，所
以長守貴也，富貴不離其身，祿及子孫，古之王道具於此矣。〈〈道德〉）

《孝經・諸侯章》云：「在上不驕，高而不危，制節謹度，滿而不溢，高
而不危，所以長守貴也，滿而不溢，所以長守富也，富貴不離其身，然後能
保其社稷而和其民人，蓋諸侯之孝也。」

簡文雖有殘斷，所剩不多，但0864、2327簡「高而不危者，所以長守民」
「富貴不離其身」與《孝經・諸侯章》差異很少，僅易「民」爲「貴」，假使
又與傳世本《文子》對照，則知二者關係匪淺。傳世本《文子》「居上不驕，
高而不危。」《孝經》作「在上不驕，高而不危」；「盈而不虧，所以長守富也」
作「滿而不溢，所以長守富也」；「高而不危，所以長守貴也」二者相同；「富
貴不離其身，祿及子孫，古之王道具於此矣」變成「富貴不離其身，然後能
保其社稷而和其民人，蓋諸侯之孝也。」二者相較，除了《文子》以之爲「王
道」，《孝經》以之爲「諸侯之孝」，《孝經》又多「制節謹度」一句之外，其
文句、文意幾乎相同。

細繹二書，較可能《孝經》之語來自於《文子》，何以見得？此段思想顯
然來自於《老子》第九章：「持而盈之，不如其已；揣而銳之，不可長保；金
玉滿堂，莫之能守；富貴而驕，自遺其咎」之觀點，但是整部《孝經》除此
一章外，卻不見任何老學成分。反觀《文子》，皆以《老子》學說爲主，每一
論題皆據《老子》思想發揮，論題與論題間有相當強之連貫性，其文字、思
想也一致，如果說此段文字鈔自《孝經》，可能性似乎不大。

關於《孝經》之成書年代，雖然眾說紛紜，〔註29〕但〈諸侯章〉明見於

〔註29〕孝經作者，歷來學者說法不一。總歸有以下意見：以爲孔子所作，《漢書・藝
文志》、《白虎通德論・五經》、鄭玄《六藝論》主之；以爲曾參所作，《史記・
仲尼弟子列傳》主之；以爲曾子弟子作，晁公武《郡齋讀書志》、王應麟《困
學紀聞》（引胡寅語）主之；以爲子思作，《困學紀聞》引馮椅語之；孔子七
十子之徒所作，毛奇齡《孝經問》、《四庫總目提要》主之；後人附會而成，
朱熹〈孝經刊誤後序〉引汪應宸說；漢儒所作，姚際恆《古今僞書考》主之
（以上據黃振民《古籍導讀》第一編第八章整理，臺北：天工出版社，1989

《呂氏春秋》，〈察微〉篇引《孝經》曰：「高而不危，所以長守貴也，滿而不溢，所以長守富也，富貴不離其身，然後能保其社稷而和其民人」，所引與目前所見同，足見此章在戰國末，已有之，故竹簡《文子》，當亦在戰國末即已成書，而不至晚於嬴秦或漢初。

四、屢用「傳曰」字語，與《荀子》關係密切

　　竹簡《文子》多次出現「命曰」、「辭曰」、「傳曰」類似徵引前人之言之用法，尤其「傳曰」之形式屢見：

　　　　0565　之也。文子曰：臣聞傳曰致功之道

　　　　2404　何故難言？文子曰：臣竊聞傳曰不

　　　　0741　聞之傳曰道者〔博〕

　　　　1805　傳曰〔人主□〕

以「傳曰」作為引用前人言辭之情形，在先秦典籍中並不普遍，〔註30〕卻是《荀子》書中引用前說最主要方式，總計全書出現十九次，〔註31〕如此高之使用頻率，可見是刻意為之，而成為全書特色之一。竹簡《文子》與《荀子》皆有相同傾向，殘簡二千餘字，竟有四支簡具「傳曰」之辭，又清楚是引用前人辭語，以作立論依據。二書雖不能確定何者受影響，但由此也看出，「傳曰」使用方式，要至《荀子》或《文子》才普遍出現，《荀子》成書於戰國後期，《文子》之成書或在此時。又此種用法至漢初著作雖偶有出現，但皆未有如此刻意使用之情形，與此相較之下，其成書於漢初，可能性亦不大。

五、從「道德」一詞連用之情形觀察

　　據劉笑敢之研究，「道」與「德」連用所組成為複合詞之情況，在戰國中期，《孟子》及《孟子》以前之著作並未出現，要至戰國晚期，大約在荀子生

年9月，頁68～69）。

〔註30〕《墨子》曾出現二次。〈尚賢中〉：「傳曰：『求聖君哲人，以裨輔而身。』」、〈兼愛中〉：「傳曰：『泰山！有道曾孫周王有事，大事既獲，仁人尚作，以祗商夏蠻夷醜貉。雖有周親，不若仁人。萬方有罪，維予一人。』」，但其書特點乃多用「言曰」、「故曰」，「傳曰」乃偶而為之。《孟子》常云「於傳有之」，而未嘗單獨用「傳曰」論說。

〔註31〕分見於〈修身〉、〈不苟〉、〈非相〉、〈王制〉、〈王霸〉、〈臣道〉、〈致士〉、〈議兵〉、〈天論〉、〈正論〉、〈解蔽〉、〈性惡〉、〈君子〉、〈大略〉、〈子道〉諸篇。

時，此概念才開始出現並廣爲流傳。〔註32〕

　　簡文中道德一詞連用已相當普遍，計六支簡出現此用法：

　　　2255　〔平〕王曰：子以道德治天下，夫上世之王

　　　2252　□使桀紂修道德，湯〔武唯（雖）賢，毋所建〕

　　　2248　道德，則下毋仁義之心，下毋仁義之

　　　0613　＝然也何失于人乎，以此觀之，道德

　　　0902　道德之力也。夫〔宿其夜取務循之，后〕

　　　2211　曰：主哉乎？是故聖王務脩道德，

以此證諸竹簡《文子》成書於戰國中期以後。

六、「欲化久亂之民」有明顯時代性

　　竹簡《文子》全篇以闡發思想爲主，其中並無涉及歷史人物及事件，故難以從中獲取線索藉以判斷其成書時代，唯獨此語，值得推敲：

　　　0880　王曰：人主唯（雖）賢，而曹（遭）淫暴之世，以一

　　　0837　〔之權〕，欲化久亂之民，其庸能

　　（傳世本《文子・道德》：平王問文子曰：吾聞子得道於老聃，今賢人雖有道，而遭淫亂之世，以一人之權，而欲化久亂之民，其庸能乎？）

　　此文意爲，目前所處之時代動亂不安，如此情形已相當久，上位者雖賢，人民爲亂已久，如何是好？顯露出爲君者欲圖有爲，無奈因長期動盪，人民不若往昔純樸，已甚難掌控。此情形應在何時？此當是戰國晚期之寫照。

　　春秋時，社會上皆是貴族握權，至戰國，平民掘起，貴族沒落，布衣可見侯王，立談可取卿相，社會組織有著根本變動。此時有所謂游士，紛紛干預起政治，而不屑從事於農作。因而以智相競，以致於分民別戶，互相攻擊，最後又流於詭辯，名實相亂。又有所謂游俠，其仗義本爲救民，反而害民，本爲保生反以傷生。又有些商人，流通貨物本可促進社會經濟繁榮，但爲侔取暴利，不惜積聚物品，或哄抬價錢，擾亂國家經濟。種種情形，反而造成社會大動亂。《韓非子・五蠹》云：「亂國之俗：其學者，則稱先王之道以藉仁義，盛容服而飾辯說，以疑當世之法而貳人主之心；其言談者，爲設詐稱借於外力以成其私，而遺社稷之利；其帶劍者，積於私門，盡貨賂，而用重

人之謁,退汗馬之勞;其商工之民,修治苦窳之器,聚弗靡之財,蓄積待時,而伴農夫之利,此五者,邦之蠹也。人主不除此五蠹之民,不養耿介之士,則海內雖有破亡之國,削滅之朝,亦勿怪也。」《六韜‧文韜‧上賢》亦云:「六賊者,……二曰:民有不事農桑,任氣遊俠,犯歷法禁,不從吏教者,傷王之化。」不管是《韓非子》屬罵之「蠹」,或《六韜》所言之「賊」,皆是戰國晚期,君主治民所面臨之絕大問題,而此種情形確實讓社會帶來極負面之影響。

何以非作於漢初?漢初著作較不討論人民難治問題,主要集中於檢討上位者施政方針,可能對人民造成之影響,尤其大力抨擊秦政之失。《文子》言當時充滿混亂,百姓不化,卻未提到刻削暴虐之秦政,從漢初思想家之著作觀之,無一不帶有反秦色彩,且在其著作中皆很明確指出秦政過失,陸賈《新語‧輔政》云:「秦以刑罰為巢,故有覆巢破卵之患。」〈無為〉亦云:「秦始皇設為車裂之誅以斂姦邪,築長城於戎境以備胡越,征大吞小,威震天下,將帥橫行,以服外國。蒙恬討亂於外,李斯治法於內,事逾煩,天下逾亂,法逾滋,而姦逾熾,兵馬逾設,而敵人逾多。秦非不欲為治,然失之者乃舉措暴眾,而用刑太極故也。」《淮南子‧氾論》:「秦之時,高為臺榭,大為苑囿,遠為馳道,鑄金人,發適戍,入芻稿,頭會箕賦,輸於少府。丁壯丈夫,西至臨洮狄道,東至會稽浮石,南至豫章桂林,北至飛狐陽原,道路死人以溝量。當此之時,忠諫者謂之不祥,而道仁義者謂之狂。」賈誼之〈過秦論〉亦可為證。假如《文子》成書於漢初,在經過暴虐的秦政摧殘之後,竟不見絲毫反映,此點雖然非為必然,卻大為可疑。

總合本節所云,竹簡《文子》雖屬戰國之書,出現卻不致太早,因為先秦諸子之思想,剛開始是各家涇渭分明,相互排斥,後來則產生相互吸收甚至包羅會合之情形。春秋末至戰國初期儒者重仁義,後則有《老子》、《莊子》提出絕仁棄義之說;厚葬久服,繁飾禮樂,則有墨子提倡非樂、節葬節用;至戰國晚期,如《荀子》雖以儒家禮義為主旨,但又吸收《老子》、《莊子》天道自然思想;《韓非子》為法家代表,亦融合《老子》學說,最後則有《呂氏春秋》兼包各家,以為殿軍,可說是學術發展之必然趨勢,同時也是學術發展不可避免之過程。融會現象為《文子》特色,其出現當不至於如班孟堅所云是與孔子並時之作,由此也能明白《文子》雖以道家學說為主,但已融合他家思想,故其書也是晚出之作,但不至於晚至漢初,其成書時代可能與

《荀子》或《呂氏春秋》同時或稍早。

以上所言或不免臆測，但至少從蛛絲馬跡中推敲出些許端倪。最後，有兩段文字亦見於其他典籍，今既論斷竹簡《文子》約成書於戰國後期，則《文子》此兩段文字應受其影響為是，姑附於後，以供參考。

其一，簡文：

2482　〔脩德非一〕聽，故以耳聽〔者，學在〕皮膚；以心聽

0756　　學在肌月（肉）；以□聽者，

2500　〔不深者知不遠，而不能盡其功，不能〕

（今本《文子・道德》：文子問道，老子曰：學問不精，聽道不深。凡聽者，將以達智也，將以成行也，將以致功名也，不精不明，不深不達。故上學以神聽，中學以心聽，下學以耳聽；以耳聽者，學在皮膚，以心聽者，其學在肌肉，以神聽者，其學在骨髓。故聽之不深，即知之不明，知之不明，即不能盡其精，不能盡其精，即行之不成。凡聽之理，虛心清靜，損氣無盛，無思無慮，目無妄視，耳無苟聽。專精積蓄，內意盈并，既以得之，必固守之，必長久之。）

此文見於《莊子・人間世》：

若一志，無聽之以耳而聽之以心，無聽之以心而聽之以氣！耳，止於聽，心，止於符。氣也者，虛而待物者也。

其二，簡文：

1179　之，道之于人也，

0937　　□□，小行之小得福，大行之〔大得福〕

0929　　則帝王之功成矣。故帝者，天下之

0990　　者，天住也，天下不適住〔□□〕

0798　　矣。是故，帝王者不得人不成，得人□

（今本《文子・道德》：夫道者，小行之小得福，大行之大得福，盡行之天下服，服則懷之。）

此文見於《管子・白心》：

道者，一人用之，不聞有餘，天下行之，不聞不足。此謂道矣。小取焉則小得福，大取焉則大得福，盡行之而天下服，殊無取焉則民反，其身不免於賊。

第三章　《文子》思想析論

　　本章嘗試全面性地探究《文子》之思想，所據文字之來源，一是竹簡《文子》，然此二百餘枚之簡文可用者不多，主要依據又來自於與傳世本〈道德〉「文子問，老子答」數章相合，且聯綴通讀之部份；〔註1〕二是傳世本明顯未襲自他書者，此部分資料前文已一一考辨過。《文子》一書雖號數萬言，然經考辨後，僅剩數千言尚稱可信，儘管如此，此數千言中，其思想仍有必要詳加析論，以彰顯其意蘊。

　　《文子》整個思想核心，「道」居樞紐地位，所有觀念皆由之開展，也由之落實。假如《老子》之思想植基於宇宙論，再伸展至人生論，再由人生論延伸於政治論，〔註2〕《文子》思想之模式，可準此看待。較不同則是《文子》對於宇宙論與人生論儘管也有所論及，其重心毋寧說完全置於政治論上。以當時紛亂之局勢，如何提出可行之治國方法，似乎是《文子》關注之焦點。然論述其政治思想，其根源來自於天道思想，且其中尚牽涉到修養問題。只是《文子》論及個人修養者少，又多附屬於政論中，故實際上，僅天道觀與政治觀可得而並論，今從此兩方面進行分析，論其形上真實存在之道，與其治國之理念。

〔註1〕　此部份文字，因簡文斷損過於嚴重，常無法連讀，因此主要以傳世本為依據。雖然其中與簡文有些許差異，可能有後人加入之成分，但在未能明確對照，以資改正時，所引文字仍依於傳世本。

〔註2〕　陳鼓應：〈老子哲學系統的形成〉（收錄於《老子註譯及評介》，北京：中華書局，1994年8月，頁1）。

第一節　天道觀

　　天道觀〔註3〕是先秦諸子學說主要內容之一，從春秋至戰國，在歷史演變長河中，諸子們或以宗教性、或以社會性、或以自然性觀點，來探索天之性質，由此也顯現出人們對此不可捉摸之對象，有著曲折性認識。這其中以《老子》、《莊子》爲首之道家學說就提出天是自然之天，雖有變化，並不神秘。基於此種認知，討論天道所涉及之形上問題，也一一被提出。這些問題如：何謂宇宙最終根源、何謂構成萬物之基始，萬物如何生成等等。

　　《文子》繼承道家學說，其天道觀亦認爲天是無意志而客觀之存在。因此同於《老子》、《莊子》，運用抽象推理，去考慮這些問題。不過，以目前較爲可靠資料觀察，《文子》之意見較爲片斷，且多依循於《老子》之說。

一、道之性質

　　《文子》描述道體時云：

> 大道無爲，無爲即無有，無有者不居也，不居者即處無形，無形者不動，不動者無言也，無言者即靜而無聲無形，無聲無形者，視之不見，聽之不聞，是謂微妙，是謂至神，綿綿若存，是謂天地之根。
> （〈精誠〉第十三章）

認爲大道無爲無有，又無聲無形，其性質無定，因此就人類感官所及之事物皆無法加以形容、或是描繪。雖然它看不見，聽不著，卻如此微妙，如此神奇，且連綿不絕地永存著，如此神妙者爲何物？它是天地根原——道。就天地之根而言，可引申說道產生天地萬物，是天地萬物之老宗祖，且先天地生。

　　這完全繼承自《老子》道之觀念而來，二十五章云：「有物混成，先天地生。寂兮寥兮，獨立而不改，周行而不殆，可以爲天地母，吾不知其名，強字之曰道。」第四章又說：「道沖而用之或不盈，似萬物之宗；……湛兮似或存。吾不知誰之子，象帝之先。」甚至主要用語亦來自《老子》，第六章有「谷神不死，是謂玄牝。玄牝之門，是謂天地根。綿綿若存，用之不勤。」

〔註3〕　「天道觀」一詞，最早見於梁啓超一九二二年發表之《天道觀念之歷史變遷》（爲《先秦政治思想史》一書附錄）。後來，郭沫若於一九三五年完成〈先秦天道觀之進展〉，「天道觀」便成爲較流行之說法。其含意主要指關於「天」之思想，或是指各種關於本原或本體之思想。本文採取後者，認爲「道」高於「天」，且優先於「天」，它是解釋萬物普遍之「道」。

　　道既然無法捉摸，甚至無法用任何具體物象替代，它超越人類一切知覺作用，所以，《文子》又云：

　　　　道無形無聲，故聖人強爲之形，以一字爲名。（〈精誠〉第十三章）

「一」是「道」之別名。此《老子》已多言之。第十四章：「視之不見，名曰夷；聽之不聞，名曰希，搏之不得，名曰微。此三者不可致詰，故混而爲一。」三十九章：「昔之得一者，天得一以清，地得一以寧，神得一以靈，谷得一以盈，侯王得一以爲天下正。」可知《老子》所言之「一」是「道」之另一稱呼。又何謂「一」？簡文 2246：

　　　　一者，萬物之始也。

「一」是萬物之開端。假使繼續追問，「一」究屬何物？則此問題《文子》文中並未解釋。這也看出《文子》思想不足之處。不過，就《老子》與《莊子》等道家系統典籍而言，似乎有些許端倪可尋。《老子》二十一章云：「道之爲物，惟恍惟惚。惚兮恍兮，其中有象；恍兮惚兮，其中有物。窈兮冥兮，其中有精，其精甚眞，其中有信。」道恍惚不清，其中有象、有物、有精，但到底是何物，則不可確指，只可肯定此物眞實存在。四十二章云：「道生一，一生二，二生三，三生萬物。萬物負陰而抱陽，沖氣以爲和。」一是道所生，照下文所說，一似乎是氣。〔註4〕至於《莊子》，「一」之說法則很明確，《莊子·知北游》又進一步云：「人之生，氣之聚也；聚則爲生，散則爲死。……故萬物一也，是其所美者爲神奇，其所惡者爲臭腐；臭腐復化爲神奇，神奇復化爲臭腐，故曰通天下一氣耳。」天地萬物變化，只是一氣之聚散，臭腐化爲神奇，神奇復化爲臭腐，全屬氣之作用。一是氣，氣也是一，爲構成世界萬物之基始。

　　《老子》、《莊子》認爲氣是生成萬物所必需者，尤其《莊子》說法最爲清晰。《文子》雖未確指，「一」或「道」是何物，但其言「不損沖氣」（〈九守〉守弱章），或「不敢行強梁之氣」（〈九守〉守弱章），實皆祖於《老子》。至於「死生同理，萬物變化，合於一道」（〈自然〉第六章）之說，則頗似《莊子》「通天下一氣」之意。但總而觀之，實不出老、莊範圍。

二、道之創生

　　《文子》論天道如何創生：

<hr />

〔註4〕錢穆：《莊老通辨》（臺北：東大圖書公司，1991 年 12 月，頁 162）。

　　　　天下有始，莫知其理，唯聖人能知所以，非雄非雌，非牝非牡，生
　　　而不死，天地以成，陰陽以形，萬物以生。（〈自然〉第六章）
「天下」意指天地萬物，「有始」則指天地萬物中有個道之存在，〔註5〕而此
道之本身含有變動之因子。文中表達著天道之創生，由未曾開始到有個開始，
其間莫名所以，不知誰在背後主宰，亦不知誰在背後推動，簡直無法明言其
中道理，雖然僅有那「聖人」知曉，卻不能用自然界中任何事物來說明；由
於此種變化，天地、陰陽，甚至萬物皆因之而成、而形，也因之而生。對於
宇宙之生成以「莫知其理」言之。

　　隨後，《文子》論天道變化之規律：
　　　　夫道者，原產有始。始於柔弱，成於剛強；始於短寡，成於眾長。
　　　十圍之木，始於把；百仞之臺，始於下；此天之道也。（〈道德〉）
這整個發展過程是由少變多、由小變大、由短寡變眾長、由柔弱變剛強、由
無到有之歷程。但發展至最高峰時，又必導致「極即反，盈即損」（〈九守〉
守弱章）之情形，因此，《文子》又云：
　　　　天之道，抑高而舉下，損有餘補不足。（〈九守〉守弱章）
以高而抑之，下而舉之，見餘則損之，見不足則補之之方式，達到萬物之和
諧。就此種情況而言，可瞭解天道對於萬物變化，有個調節性作法，即是使
之不過與不及，表現出一種均衡性。此均衡性非由人為或外力所造成，而是
自然而然，從變化本身造就而成。《老子》七十七章云：「天之道，其猶張弓
與？高者抑之，下者舉之，有餘者損之，不足者補之。」自然之規律是減少
有餘，而補充不足。正是「天道無親」（《老子》七十九章），無偏頗，無私愛，
不因人而更改。

　　由於強調天道變化之規律是「大以小為本，多以少始」（〈精誠〉第三十
章），因此，《文子》注重少小、短寡、柔弱之精神，主要因為它是變化根源。
其論無形、有形、無名、有名即云：
　　　　夫無形大，有形細；無形多，有形少；無形強，有形弱；無形實，
　　　有形虛；有形者遂事也，無形者，作始也。遂事者成器也，作始者
　　　樸也。有形則有聲，無形則無聲。有形產於無形，故無形者有形之
　　　始也。廣厚有名，有名者貴全也；儉薄無名，無名者賤輕也。殷富

〔註5〕《老子》五十二章說：「天下有始，以為天下母。」王弼注云：「善始之，則
　　　善畜養之矣。故天下有始，則可以為天下母矣。」

－72－

> 有名，有名者尊寵也；貧寡無名，無名者卑辱也。雄牡有名，有名
> 者章明也；雌牝無名，無名者隱約也。有餘者有名，有名者高賢也；
> 不足者無名，無名者任下也。有功即有名，無功即無名，有名產於
> 無名，無名者有名之母也。（〈道原〉第十章）

無形先於有形，有形始於無形，無形爲遂成萬物之始原，其作用大，故貴之。
而無名雖然儉薄、輕賤、卑辱、隱約、任下、無功，看似不如有名，然有名
卻以無名爲母，故亦仍以無名爲依歸。無形有形，無名有名之論，總歸一句
話，乃是無與有之問題。只要把握無，有就不難清楚。所以，《文子》認爲事
物之發展，皆由無而有，少而多，小而大之順序往前推進，在此發展過程中，
《文子》提出如何把握其變化，以成就之：

> 夫道，退故能先，守柔弱故能矜，自卑下故能高人，自損弊故實堅，
> 自虧缺故盛全，處濁辱故新鮮，見不足故能賢，道無爲而無不爲。（〈上
> 仁〉第十二章）

又云：

> 卑者所以自下也，退者所以自後也，儉者所以自小也，損者所以自
> 少也，卑則尊，退則先，儉則廣，損則大，此天道所成也。（〈道德〉）

以退守、柔弱、自卑、自損弊、自虧缺、處濁辱、見不足等爲人所不取，且
爲眾人所憎惡者作效法之對象，如此纔能達到先、矜、高人、實堅、盛全、
新鮮、能賢的境界，此正是天道所以特別以及能成就之因。《文子》舉出「江
海處地之不足，故天下歸之奉之」（〈九守〉守弱章），以爲江海空虛處下，萬
川之水莫不匯流其中，故能成其廣，成其大，此善下最明顯例子。

　　《文子》認爲能先洞悉天道變化最初始之點，而把握其最根要之處，則
無事不能成。《老子》七十六章說：「堅強者死之徒，柔弱者生徒。是以兵強
則滅，木強則折。強大處下，柔弱處上。」第八章又說：「上善若水。水善利
萬物而不爭，處眾人之所惡，故幾於道。」第四十章又說：「反者道之動，弱
者道之用。」而《文子》正是此說之追隨者。

　　就此節所論觀之，《文子》將天地萬物變化歸之於「莫知其理」，訴諸於
不可知之因素，可謂模糊而抽象。吾人無法進一步瞭解天地運動最後動因如
何，換言之，即變化時最初驅動之情況如何，未有進一步說明。誠然，此觀
念，不僅《文子》未能解，先秦諸子也多數未曾觸及，即使《老子》亦如是。
《老子》十六章云：「萬物並作，吾以觀其復。夫物芸芸，各復歸其根。」雖

視天地變化是周而復始之循環運動，但對於這個問題並未有明確答案。僅《莊子》以「自化」釋其最終原因，認爲「物之生也，若驟若馳，無動而不變，無時而不移，何爲乎，何不爲乎？夫固將自化。」（〈秋水〉）又認爲「汝徒處無爲，而物自化……無問其名，無闚其情，物固將自生。」與《老子》、《莊子》相比較，顯然《文子》同於《老子》，而未有進展。

　　《文子》之天道觀念主要建立在《老子》學說基礎上，不僅其實質內涵同，連用語亦多襲之。此乃《文子》留意者是政治問題，而非天道問題，但論人事，需爲其最終根源尋找形上依據，故只旁依於《老子》，以致如此。

第二節　政治觀

　　形而上之道，如不向下落實於經驗界，與人生發生聯繫，充其量不過是個空懸概念。《文子》書成於亂世，玄之又玄之說，似乎不如現實問題重要，因此《文子》有《老子》形上思想爲依據後，轉而提出如何解決當前政治困境之方法。其時如儒家者強調仁義禮智，墨家者倡兼愛，法家者重法，皆依其所見，各逞其說。若《文子》，大體不離《老子》以道治國之說，但實際內容又不囿於此，蓋有會於諸家之論，而折衷出較爲平實之原則，故前人稱其道可以治天下，〔註6〕真深會其說者。

　　今就《文子》殘文觀之，執政者自身之修爲與治國之方，爲其深言者。此二者，蓋爲《文子》政治觀最核心之論。

一、執政者應有之修爲

　　《文子》論天道時，認爲「道」是宇宙最初發動者，是造化之主；具有無窮盡之生化功能，萬物之所以生生不息，永恆運作，乃是其無限活力之表現。萬物由之以成，萬物得之以生，無所不知，無所不能，已超乎經驗界所能知之範圍，一切萬有之變化皆在其掌控之中。當此種情形落實到形下之人生界時，《文子》便認爲人世間與天道一般，有著一定之運作規律，而如何使其運作正常，使人間紛雜事物并然有序，則需要有人來領導，此人，《文子》稱之爲「聖人」。

〔註6〕　《洪北江先生遺集》（八）（《曉讀書齋雜錄初錄》，臺北：華文書局，卷下，頁4250）。

提出以「聖人」爲人世間終極之領導者標準，並非《文子》之專利，此爲先秦諸子共同口號。只是諸子所指之標準不同，對象亦各有別。儒家往往用以明確指稱堯、舜、禹、湯、文、武、周公等人，而《文子》所謂之聖人則未有確指，只是作爲一種最高理想人格。聖人，在文中也以「聖王」一語代稱，而「人主」、「大人」、「君子」也可視爲聖人代稱，從眾多稱呼看來，主要指當時統治者而言。

《文子》思想基礎在天道論，但論天道之後，又常緊接著論聖人之道，由此可見它更重視處理人世間紛亂之爭端。如何纔配作聖人呢？歸納其所言，可就兩方面論之。

（一）具聽聞與虛靜之能力

《文子》有論及聖人與智者：

> 聞而知之，聖也。見而知之，智也。故聖人常聞禍福所生而擇其道，智者常見禍福成形而擇其行。聖人知天道吉凶，故知禍福所生；智者先見成形，故知禍福之門。聞未生聖也，先見成形智也，無聞見者愚迷。（〈道德〉）

蓋聖人在人事物吉凶禍福尚未有徵兆時，即能掌握其變化之方向，進而採取有利之措施；智者則是事物吉凶禍福已見端倪，能愼擇所行，以防微杜漸，亦可趨吉而避凶。從此語看來，《文子》對於聖人與智者有著高度之肯定，但從二者的界定，顯然聖人的能力高過智者，而且涵蓋智者，故《文子》全書都論聖人該如何，而不講智者該如何。

《文子》舉出「聞而知之」作爲聖人標準，因有聞、能聞而有高超能力。然而何謂「聞」？《大學》云：「聽而不聞」，聞有耳聽之意，又《說文》云：「聞，知聞也。」則因聞而知。合而言之，聞來自於耳聽，透過聲音之傳達，以知曉事物之理。耳聽聲而得知乃人人皆能者，又何以特以有此秉賦即能稱聖人？原來所謂聖人所聽非僅於有聲之聲，尚包含更高層次之無聲之聲，長沙馬王堆帛書《道原》云：「故惟聖人能察無形，能聽無聲。」又〈五行〉說：「聖者聲也。聖者知，聖之知知天，其事化翟。其謂之聖者，取諸聲也。」以聲論聖，同於以聞論聖，而聖人知天，則此聲非一般之聲可知。此種說法也常見於後來典籍，如《白虎通德論・聖人》：「聖者，通也，道也，聲也。道無所不通，明無所不照，聞聲知情，與天地合德，日月合明，四時合序，鬼神合吉。」又如《風俗通義》佚文：「聖者，聲也，通也。言其聞知情，通

於天地，條暢萬物，故曰聖。」〔註7〕此種超越感官所能知之無聲之聲，唯聖人爲能聽，從《文子》以「聽」明聖人之「聞」可知，其論「脩德非一聽」時即云：

> 凡聽者，將以達智也、將以成行也、將以致功名也。不精不明，不深不達。故上學以神聽，中學以心聽，下學以耳聽。以耳聽者，學在皮膚；以心聽者，其學在肌肉；以神聽者，其學在骨髓。故聽之不深，即知之不明，知之不明，即不能盡其精，不能盡其精，即行之不成。（〈道德〉）

聽之目的在於達智、成行、致功名，此屬聖人之業。聽，本指耳聽，僅是聽聞之意，但此特別說明尚有心聽，則已突破由外界具體聲形以瞭解事物。其更進者在於神聽，且以之爲最高境界，達此境界則可察無形、聽無聲而知天。《莊子·人間世》云：「耳止於聽，心止於符」，正說明耳、心都有一定限制，一是止於聆聽外物，一是止於感應現象，未若神超乎兩者之上。《莊子·養生主》又云：「臣以神遇，而不以目視，官知止而神欲行。」意指人之思維活動，超乎感官，直契本體，近乎直覺之前思維之認識方式。因此，修鍊「聽」之能力，而且能至於「神聽」之妙境，是聖人本應具備者。此正是《文子》對於聖人「聞而知之」之註解。

《文子》進一步論及「聽」之原則：

> 凡聽之理，虛心清靜，損氣無盛，無思無慮，目無妄視，耳無苟聽。
> 專精積蓄，內意盈并，既以得之，必固守之，必長久之。（〈道德〉）

以保持「虛心清靜」之狀態觀察事物，耳目勿隨意聽視，思慮專一集中，如此方能將所學深牢於心。而何謂「虛靜」？虛、靜主要形容心境空明寧靜之狀態，只因外界事物紛雜，心一旦受外物干擾，就甚難下正確判斷。所以，無時無刻要使認識萬物之心保持於虛、靜，則成爲能否獲得正確知識之首要工夫。此種以虛心之功夫認識萬物，然後萬物之情理可得之說法，《老子》十六章就有之：「致虛極，守靜篤。萬物並作，吾以觀復。」且與《荀子》主張「虛壹而靜」基本相同，但二者仍有所差異。《荀子·解蔽》：「人何以知道？曰：心。心何以知？曰：心未嘗不臧也。然而有所謂虛；心未嘗不兩也，然而有所謂壹；心未嘗不動也，然而有所謂靜。人生而有知，知而有志；志也者，臧也。然而有所謂虛，不以所已臧害所將受謂之虛。心生而有知，知而

〔註7〕據《太平御覽》卷401引。

有異，異也者，同時兼知之，同時兼知之，兩也。然而有所謂一，不以夫一害此一謂之壹。心臥則夢，偷則自行，使之則謀。故心未嘗不動也。然而有所謂靜，不以夢劇亂知謂之靜。未得道而求道者，謂之虛壹而靜。」《荀子》已觸及到認識外界事物時，過去所得之事物是否會成為獲得新事物之障礙，以及人心無時無刻不在活動。心一旦處於活動狀態，又應如何使之歸於安靜等深一層之問題。《文子》僅云「專精積蓄，內意盈并」，則稍顯片段而不深刻。

總之，《文子》認為聖人能夠知天，最重要在於能聞，能聞的關鍵在於聽，以神聽其最高境界。在如何認識外界問題上，《文子》則以能憑虛心清靜之態度處之，兩者構成了《文子》對執政者能力最根本之要求。

（二）謙退之品格

保持虛心清靜之狀態，可讓自己接受更多新事物，也避免因外欲矇蔽而能公正無私，不強以自我意志去處理人世間複雜之人與事。進而因有此認識能力，纔能瞭然天道變化之理，進而效法、實行。《文子》云：

> 聖人卑謙，清靜辭讓者見下也，虛心無有者見不足也。見下故能致其高，見不足故能成其賢。矜者不立，奢也不長，強梁者死，滿日則亡。飄風暴雨不能終日，小谷不能須臾盈，飄風暴雨行強梁之氣，故不能久而滅，小谷處強梁之地，故不得不奪。（〈九守〉守弱章）

聖人具清靜與虛心，體悟出見下與見不足之妙處。看著自然界飄風暴雨終不能久，人世間強梁者也不得好下場，此盡是行強雄，行奢驕之後果。所以，《文子》明確云聖人要執雌牝，去驕奢，不因自滿自大而自絕於天道：

> 是以聖人執雌牝，去奢驕，不敢行強梁之氣。執雌牝，故能立其雄牝，不敢奢驕，故能長久。（〈九守〉守弱章）

又云：

> 天道極即反，盈即損，日月是也。故聖人自損而沖氣不敢自滿，日進以牝，功德不衰，天道然也。（〈九守〉守弱章）

一般人體察、分析事物時，往往只注意其正面，而忽略其負之一面，依此而得之思考，其共同傾向都是好高利而貴尊榮，惡病亡而小卑下，而且多數皆拘執於此而不自知，故與天道相違，終將難以成就大功。《文子》見到此種現象，深會聖人與常人不同之處：

> 人之情性皆好高而惡下，好得而惡亡，好利而惡病，好尊而惡卑，

> 好貴而惡賤,眾人爲之,故不能成,執之,故不能得。是以聖人法
> 天,弗爲而成,弗執而得,與人同情而異道,故能長久。(〈九守〉
> 守弱章)

聖人是人,雖也兼具普通人之特性,但他卻能瞭解天道「極即反,盈即損」
之道理,因而所取方法與常人不同。常人日進惟恐不滿,聖人卻自損惟恐盈
滿;常人追求剛強,聖人卻堅守柔弱;常人以牡德爲法,聖人卻以牝德爲師。
惟有如此,纔能免於走向死亡,長保功德。

瞭解此理之後,《文子》具體謂:

> 人之情心服於德,不服於力,德在與不在來,是以聖人之欲貴於人
> 者,先貴於人,欲尊於人者,先尊於人,欲勝人者,先自勝,欲卑
> 人者,先自卑,故貴賤尊卑,道以制之。夫古之聖王以其言下人,
> 以其身後人,即天下樂推而不厭,戴而不重,此德重有餘而氣順也。
> 故知與之爲取,後之爲先,即幾之道矣。(〈符言〉第二十三章)

此明白指出二項重點:一是眾人共同之心理,在於服從以德化人之人。發自
內心之感激與信任,始爲受到眾人真正支持,否則強以武力壓迫於人,必然
引起強烈反抗,即使一時就範,關係也不會長久,一旦外力無法控制,一場
大災難恐將難免。二是人與人相處時,如何博得別人尊重。其中「與之爲取,
後之爲先」爲其關鍵奧妙處。此蓋取自《老子》第七章:「天地所能長且久者,
以其不自生,故能長生。是以聖人後其身而身先,外其身而身存。非以其無
私邪?故能成其私」之精神。無私無我,意欲置諸身外,不以一己之利害爲
利害,忍辱負重,甘居下位之謙退精神,自然能受眾人愛戴,使自己成爲眾
人之首,除了成就眾人,最終卻成就自己。

在《文子》看來,柔弱、卑賤、低下、損缺等,皆是天道最根本之特性。
虛而盈,盈而滿,有其「往而復反」(〈自然〉第六章))之法則,聖人唯有深
察此特性與規律,取而效之,見諸於行事,在具備謙虛與退讓之高尚品格之
後,乃能確保不與眾人相爭,而臻於和諧,如此則國家自然理治而不致紛亂。

上述兩點是《文子》針對統治者個人所作的要求,就修鍊高尚品格而言,
此對於百姓有潛移默化之效,因爲執政者一言一行皆是百姓師法之對象,上
行則下效,上行正,則下不易有爲非之事,此爲治民最重要手法,所謂「天
下安寧,要在一人。人主者,民之師也,上者,下之儀也,上美之則下食之,
上有道德則下有仁義,下有仁義則無淫亂之事矣。」(〈道德〉)就應具備之能

力而言，強調能與天合，聽天之聲，察天之形，只是天無聲無形，故非有超人之力不可，此則是《文子》對於統治者高度之要求，要統治者能正確掌握天道法則，正確運用於處理社會事務，勿以個人小聰明，自以為是，以致社會失序，而使人民無所適從。

二、治國原則

（一）無　為

無為是《文子》政治學說最緊要之原則，其論無為者，主要從政治立場出發。

今舉三段說明之：

> 所謂天子者，有天道以立天下也。立天下之道，執一以為保，反本無為，虛靜無有，忽恍無際，遠無所止，視之無形，聽之無聲，是謂大道之經。（〈自然〉第十一章）

> 古之善為天下者，無為而無不為也，故為天下有容，能得其容，無為而有功，不得其容，動作必凶。為天下有容者，豫兮其若冬之涉大川，猶兮其若畏四鄰，儼兮其若容，渙兮其若冰之液，敦兮其若樸，混兮其若濁，廣兮其若谷，此為天下容。（〈上仁〉第十一章）

> 古之善為君者法江海，江海無為以成其大，窊下以成其廣，故能長久，為天下谿谷，其德乃足，無為故能取百川，不求故能得，不行故能至，是以取天下而無事。（〈自然〉第六章）

〈自然〉第十一章所論之要在於執一與無為，執一即執道，道之作為在於無為，天子當法之以治國。〈上仁〉第十一章則云善治天下之人能切實掌握無為之要領，而此要領在於能得道之貌，如此則能無不為，天下無不治。〈自然〉第六章亦以為能輕易取得天下亦在於無為。此足以說明無為之觀念對《文子》政治思想之重要性，且為其治國之最高理想。

當然，《文子》曾說「大道無為」（〈精誠〉第十三章）），針對天道而發，認為無為是道之特性之一。只是天道如何無為？《文子》稱道是「德之元，天之根，福之門，萬物待之而生，待之而成，待之而寧。」（〈道德〉）見出道顯現最大之德便是生，一切萬物因道而生。只是雖生之，卻「於物不宰」（〈自然〉第六章），且又是「功成而不有」（〈道原〉第十章）。此正《老子》第五十一章：「道生之，德畜之，物形之，勢成之。是以萬物莫不尊道而貴德。道

之尊，德之貴，夫莫之命而常自然。故道生之，德畜之，長之育之，亭之毒之，養之覆之。生而不有，為而不恃，長而不宰。是謂玄德。」之「莫之命而常自然」，或「玄德」之意。道只有奉獻，不佔有，只利澤，不侵害，體現出養育功能，可說天地無為，使萬物得以自然生長。

　　不可否認，《文子》之無為觀念，是由天道無為一路向下滑落於政治無為。故《文子》認為聖人修道，行無為之術，「則功成不有，不有即強固，強固而不以暴人，道深即德深，德深即功名遂成，此謂玄德。」（〈自然〉第六章）此玄德是道深化、普施於人民之結果，即所謂「淳德」（簡文 0300），反之則為矜功、宰物，為暴、為「大惡」（簡文 0300）、為「殆德」（簡文 0952）。

　　在《文子》看來，政治上之無為並非無所作為，不做任何事，而是指做任何事情須遵循一定原則，而不能僅憑一己之心，強行妄為。《文子》對「古之王者，以道蒞天下」之問題，明云實施無為之具體作法：

> 執一無為，因天地與之變化。天下，大器也，不可執也，不可為也，
> 為者敗之，執者失之。執一者，見小也，見小故能成其大也，無為
> 者，守靜也，守靜能為天下正。（〈道德〉）

其說可從兩方面言之：一是因天地與之變化，二是守靜。首先就第一而言，因，有因應、依循之意，天地如何生成，天地如何變化，其變化規律如何，此於天道論已討論過，一方面將此一切歸屬於道之作用，而且是經由少變多，由小變大，由短寡變眾長，由柔弱變剛強之發展歷程；同時又以道之大德在於生，生而不有，為而不恃，純然擯除私心。《文子》論道之真諦，以為萬物因道而生，因道而成，人若舍因應，必違天道。而天道無私，違反天道，必以己為主，欲成一己之私，此乃是強「為」、強「執」，故必敗。《管子‧心術上》云：「道貴因，因者，因其能者，言所用也。」又云：「無為之道，因也。因也者，無益無損者也。」正說明因為得道，或致無為之不二法則。《老子》二十五章亦云：「人法地，地法天，天法道，道法自然。」認為人生界一切行事準則來之於自然之天道，而以「法」概括了天人關係，同《文子》以「因」論統治者治國時對於天道所應採取之作法。

　　其次，就守靜而言，靜作何解釋，《文子》並未特別說明，今從「凡聽之理，虛心清靜」觀之，應指統治者之精神狀態，即要求主體保持在「靜」之情形。《文子》云「虛心」即可靜，即心欲空虛，虛心以待物。另外又云：「去好去惡，無有知故」（〈自然〉第六章），去除個人好惡，不以欲求左右自己，

以妨害判斷能力。《老子》三十七章：「不欲以靜，天下將自定。」《管子・心術上》也說：「去欲則宣，宣則靜矣。」不受貪欲所蔽，流於主觀之好惡，則可達到靜之境地，與《文子》所論相同。

　　《文子》講因、靜是一種統治之術，它要求君王虛心清明，不受外欲所擾，準確掌握事物發展，緊隨變化而因應。在此大原則之下，《文子》雖然未明言君應如何對待臣下，但君既重因，講究「不先物為」，即是不先臣下而為，則必先靜觀群臣變化而後為；君又主靜，留意於「去事與言」（〈自然〉第六章），即不輕易發表內心所見，不顯露愛欲或能力，讓臣下辦事，而後據臣下辦事之成敗給予賞罰，從而達到以靜制動之目的。其結果必然如《呂氏春秋・知度》所言：「有道之主，因而不為，責而不詔，去想、去意、虛靜以待。不伐之言，不奪之事，督名審實，使官自司，以不知為道，以奈何為寶。」

（二）得　民

　　《尚書・周書・泰誓》云：「受有臣億萬人，惟億萬人之心，予有臣三千而一心。」由此言瞭解，很早之前，上位者已非常重視人心之歸向。人民如水，能載舟，亦能覆舟，故治國興邦必須以民為本。《文子》也察覺出人民之重要，認為能稱王稱帝，有道固然重要，得民亦為不可忽之因素，「帝王不得人不能成，得人失道亦不能守」（〈道德〉），得民在於得其心，於是掌握民心之向背，成為統治者掌握政權之先決條件。《文子》對於「王者得之歡心為之奈何」之問題，提出取得人民歡心之原則為：

> 若江海即是也，淡兮無味，用之不既，先小而後大。夫欲上人者，必以其言下之，欲先人者，必以其身後之，天下必效其歡愛，進其仁義，而無苛氣，居上而民不重，居前而眾不害，天下樂推而不厭，雖絕國殊俗，蜎飛蠕動，莫不親愛，無之而不通，無往而不遂，故為天下貴。（〈道德〉）

通過聖人自身修為，不居人前，不為人先，以超高品格，影響眾民，不僅本國百姓感其德澤，連遠方國家，不同族群，同樣懷其雨露，如此則使天下人民站於同一陣線上，共同擁護。

　　《文子》又明確認為：

> 御之以道，養之以德，無示以賢，無加以力；損而執一，無處可利，無見可欲，方而不割，廉而不劌，無矜無伐。御之以道則民附，養之以德則民服，無示以賢則民足，無加以力則民樸。無示以賢者，

> 儉也；不加以力，不敢也。下以聚之，略以取之，儉以自全，不敢
> 自安。不下則離散，弗養則背叛，示以賢則民爭，加以力則民怨。
> 離散則國勢衰，民背叛則上無威，人爭則輕爲非，下怨其上則位危，
> 四者誠修，正道幾矣。（〈道德〉）

其要旨在於以道德之力，無爲之術，使民歸服。其具體措施則避免標榜賢才、
顯示可欲之物，以及加威力於民。惟有如此才能保持人民純樸，不懷巧詐機
心，而較易管理。否則將造成人君無德而民不從，無術而民不附，無威而位
危。《老子》第三章云：「不尙賢，使民不爭；不貴難得之貨，使民不爲盜；
不見可欲，使民心不亂。是以聖人之治，虛其心，實其腹，弱其志，強其骨。
常使民無知無欲，使夫智者不敢爲也。爲無爲，則無不治。」正是《文子》
此言之所本。

（三）道德為治天下之本，兼輔以仁、義、禮、智

《文子》主治國須執一，執一即執道，「道之於人，無所不宜」，其策略
在於無爲。除此綱領性說法之外，《文子》也論及德、仁、義、禮、智諸治國
觀念，並闡釋彼此之作用。

說明《文子》看法之前，吾人須先瞭解《老子》之說，因爲彼此有著密
切關係。《老子》云：「失道而後德，失德而後仁，失仁而後義，失義而後禮。
夫禮者，忠信之薄，而亂之首。前識者，道之華，而愚之始。」（三十八章）
又云：「大道廢，有仁義，智慧出，有大僞。」（十八章）指出從道至德、仁、
義、禮、智乃逐步淪降，〔註8〕愈下愈乖謬，愈離天道。此種情形反映在人類
社會，有愈來愈紛亂之意，可謂是一種文明退化論，故欲極力返回純樸之道
德之世，正因如此，《老子》「絕仁棄義」、「絕聖棄智」（第十九章），視以仁、
義、禮、智治國，實屬舍本逐末，而嚴加排斥。《文子》亦有此種傾向，但並
未絕對化：

> 夫無道而無禍害者，仁未絕，義未滅也；仁雖未絕，義雖未滅，諸
> 侯以輕其上矣，諸侯輕上則朝廷不恭，縱令不順，仁絕義滅，諸侯
> 背叛，眾人力政，強者陵弱，大者侵小，民人以攻擊爲業，災害生，
> 禍亂作，其亡無日，何期無禍也。（〈道德〉）

〔註8〕《老子》第三十八章並未直接論「智」，不過從下文「前識者」觀之，則知指
智而言，此句王弼注：「前識者，前人而識也，即下德之倫也。竭其聰明以爲
前識，役其智力以營庶事。」此又呼應第十八章所言。

明確肯定仁、義、禮、智與道德之治並不違背，彼此可並而行之，其差異在
於道德與仁、義、禮、智之作用範圍和作用程度不同。《文子》謂：

> 古之為君者，深行之謂之道德，淺行之謂之仁義，薄行之謂之禮智，
> 此六者，國家之綱維也。深行之則厚得福，淺行之則薄得福，盡行
> 之天下服。古者修道德即正天下，修仁義即正一國，修禮智即正一
> 鄉，德厚者大，德薄者小。（〈上仁〉第十一章）

以深行、淺行、薄行論六者之作用，對國家而言，皆是理治之具。而此六者
由道出，各有道之一端，有「小行之小得福，大行之大得福」（〈道德〉）的深淺
差別。所以雖同是「國家之綱維」，仍有主從之分，道德可正天下，置諸一國、
一鄉皆準，實已涵蓋仁、義、禮、智。仁、義、禮、智之治是道「小行之」之
另一面。此種以深淺論其作用，與《老子》將道、德、仁、義、禮、智之治歸
諸社會變化逐遞淪降之結果，有相關性。然而在認為道、德、仁、義、禮、智
皆治國之具方面，《文子》與主極端道德之治之《老子》則明顯不同。

《文子》對於道、德、仁、義、禮觀念所表現為：

> 夫道者，德之元，天之根，福之門，萬物待之而生，待之而成，待
> 之而寧。夫道，無為無形，內以修身，外以治人，功成事立，與天
> 為鄰，無為而無不為。
>
> 畜之養之，遂之長之，兼利無擇，與天地合，此之謂德。何謂仁？
> 曰：為上不矜其功，為下不羞其病，於大不矜，於小不偷，兼愛無
> 私，久而不衰，此之謂仁也。何謂義？曰：為上則輔弱，為下則守
> 節，達不肆意，窮不易操，一度順理，不私枉撓，此之謂義也。何
> 謂禮？曰：為上則恭嚴，為下則卑敬，退讓守柔，為天下雌，立於
> 不敢，設於不能，此之謂禮也。故修其德則下從令，修其仁則下不
> 爭，修其義則下平正，修其禮則下尊敬，四者既修，國家安寧。故
> 物生者道也，長者德也，愛者仁也，正者義也，敬者禮也。不畜不
> 養，不能遂長，不慈不愛，不能成遂，不正不匡，不能久長，不敬
> 不寵，不能貴重。故德者民之所貴也，仁者民之所懷也，義者民之
> 所畏也，禮者民之所敬也，此四者，文之順也，聖人之所以御萬物
> 者也。（〈道德〉）

其主要觀點在於道是萬物之始，萬物由之而生；萬物既生，普遍而不計利害
之蓄養、成長，使之與天地相合，則為德；當身居上位時，不誇大自己之事

功，身居下位時，不以處卑賤爲病，對於大功勞並不矜誇，對於小操守亦不苟且，以兼愛無私之態度包容萬物，而至長久則爲仁；身居上位則輔助弱小，下位則堅守節操，騰達則不任意放肆，窮困則不易節操，行事順理，不以私意妄斷則爲義；身居上位則能端正嚴肅而有威儀，在下則能謙遜而敬謹，退讓守柔操持雌節，立於不敢爲之上，施於不能爲之內則爲禮。

由此得知，《文子》對於道、德、仁、義、禮之效用認定，在人與人、或上與下之關係上，有愈來愈緊張之傾向。因爲道在於生，德在於養，皆具公正無私，不干不預，不煩不擾，各依其性質而適得其所之特性，故悠遊而不迫，寬懷而博大，所以爲民之所貴；仁之特性在於愛，且強調兼愛，也與德同樣講究無私，故能普及萬物，澤施百姓，所以爲民之所懷；義則主順理而行，不肆意，不易操，強調節之作用，約制人與人彼此之關係，使之平正，已具有立外在之規範，強迫人遵行之意味，所以爲民之所畏；禮則注重嚴與敬，由退讓守柔爲天下雌引出恭嚴卑敬，亦具強調外在之威嚴與敬畏之貌，所以同義一般，爲民所敬，而敬含有敬謹、敬畏之意。

此步步約束之特性，表現於政治上即有寬嚴之別，其效用亦有差異，此應是《文子》將之分爲深、淺、薄行之原因。而就道、德、仁、義、禮、智而言，《文子》最終仍以道德之治爲依歸，﹝註9﹞其云道德「所以相生養也，所以相畜長也，所以相親愛也，所以相敬貴也。」(〈道德〉)生、養、蓄、長是道德之用，而親愛與敬貴實已包括仁義禮諸觀念之內涵，此又與前面所論道德之治在平天下，則仁、義、禮、智之正一國、一鄉當然爲道德所涵蓋。只是《文子》不放棄仁、義、禮、智，似乎是當時乃「淫亂之世」，不得不用之以治國。此正如《淮南子・齊俗》云仁、義、禮乃「衰世之造也，末世之用也。」則不免有大侵小，強凌弱，諸侯相互力征之情況發生。但總而論之，道德雖居治國之樞紐地位，是根本，但仁義禮智仍不可廢，有輔助之效。

猶須說明者，《文子》僅闡釋道德仁義禮，並未對智的內容作交待，則使吾人不瞭解其具體內涵如何。〈道德〉篇論「四經」或是〈上仁〉第十一章說：「上德者天下歸之，上仁者海內歸之，上義者一國歸之，上禮者一鄉歸之，無此四者，民不歸也。」似乎智不在治國之具體項目中，而在於如何實施四

﹝註9﹞ 在形上觀念，《文子》一概以「道」統攝萬物。當論及功用時，則「道」與「道德」時而混用，此「道」或「道德」與形上之「道」有別，但又內涵於形上之道。

經，彼此並不在同一層次上。文子云「聞而知之」，「見而知之」，又云「知天道吉凶」「先見成形」，表明需要用智，然而此是聖人之智或是智者之智，是一種大智慧，也是高明之治國能力。今智屬六維之一，且置之薄行之列，似乎又與用智不同，《文子》並未闡發，使人難以明瞭。

（四）強調道德之治，亦不排斥用兵

《文子》主張用道德仁義來理治天下百姓，使之自願來附，此為最上乘方法。如此可謂以「道王」，即行道而王之意。所以，《文子》不主張用武力讓人屈服：

> 天下所歸者德也，故云上德者天下歸之，上仁者海內歸之，上義者一國歸之，上禮者一鄉歸之，無此四者，民不歸也。不歸用兵，即危道也，故曰：兵者，不祥之器，不得已而用之。殺傷人勝而勿美，故曰：死地，荊棘生焉，以悲哀泣之，以喪禮居之。是以君子務於道德，不重用兵也。（〈上仁〉第十一章）

用兵必使用武力，而武力之本質是一種暴力。動武即有傷亡，傷亡即會損害國力，攸關乎生死存亡，故不能不慎重其事。一旦用兵，雙方勢必付出龐大代價。《孫子・始計》云：「兵者，國之大事，死生之地，存亡之道，不可不察也。」此種想法，在征戰連年而無一刻安寧之戰國時代，諸子所見大都一致，〔註10〕認為兵乃凶器，乃不祥之物，不得已用之。《老子》三十一章云：「夫佳兵者，不祥之器，物或惡之，故有道者不處。……兵者不祥之器，非君子之器，不得已而用之。」《管子・問》云：「夫兵事者，危物也。」長沙馬王堆黃老帛書《稱》云：「不執偃兵，不執用兵，兵者不得已而行。」《十六經・本伐》又云：「（兵）道之行也，繇不得已。」《呂氏春秋・論威》亦認為：「兵，天下之凶器；勇，天下之凶德。……舉凶器，行凶德，猶不得已也。」出兵攻伐，無論勝或不勝，同樣需負起慘重代價。戰勝，固然可喜；不勝，則不免削地而危社稷。二者結局縱然不同，使國家處於「死地」則同，因為丁壯從事征戰，無人耕種，或因戰爭之蹂躪，無法生產，均使土地荒蕪，以致「荊棘生焉」。此正如《老子》三十章所云「大軍之後，必有凶年。」或是《管子・兵法》提醒當時上位之人：「舉兵之日境內貧，戰不必勝，勝則多死，

〔註10〕各家說法大都相同，惟商鞅有異，《商君書・農戰》云：「國之所興者，農戰也。」又云：「國待農戰而安，主待農戰而安，主待農戰而尊。」〈戰法〉亦認為：「富貴之門，必出於兵。」

得地者國敗，此四者，用兵之禍也。」因用兵而帶來貧民傷財之惡果，這也是《文子》認爲非到緊要關頭，不能輕易用兵之原因，否則因爲好戰必使國家蒙受無窮之災難。

　　雖然《文子》認爲國君務修道德，不重用兵，但它並沒有因此而主張寢兵，在某些情況之下用兵，是必要，而且以此稱王，也是德之表現。

　　《文子》云：

> 以道王者德也，以兵王者亦德也。用兵有五，有義兵、有應兵、有忿兵、有貪兵、有驕兵；誅暴救弱謂之義，敵來加己不得已而用之謂之應，爭小故不勝其心謂之忿，利人土地、欲人財貨謂之貪，恃其國家之大，矜其人民之眾，欲見賢於敵國者謂之驕；義兵王，應兵勝，忿兵敗，貪兵死，驕兵滅，此天道也。（〈道德〉）

用兵有五種情形，分別是義兵、應兵、忿兵、貪兵、驕兵；其中前兩者被允許，而後三者，當引之爲戒，否則行之，其後果則是步入敗、死、滅之途。五種用兵情況中，義兵之說，幾乎成爲人人談論之焦點。

　　春秋戰國之時，戰爭無時無刻不發生，當時欲發動戰事必須要有合理說法，就是師出有名，而所謂「名」，即在於符合「義」之所在，以「義」爲名，方可出兵作戰，人民才願意爲之犧牲奮鬥而無怨，而且才不致有擅兵侵奪之行爲。如管仲欲出兵楚國，以爾貢包茅不入牽強說詞爲名，得以號令諸侯，使楚國理屈而定盟。可見此正是諸子們皆重視義兵之因。此種看法相當普遍，《周禮·夏官·大司馬》就云：「馮弱犯寡則眚之，賊賢害民則伐之，暴內陵外則壇之，荒野民散則削之，負固不服則侵之，賊殺其親則正之，放弒其君則殘之，犯令陵政則杜之，外內亂，鳥獸行則滅之。」「馮弱犯寡」、「賊賢害民」、「暴內陵外」等行爲，可說皆不合於義，故可「眚」，可「伐」、可「壇」。《孟子》講仁義之師，即云：「彼陷溺其民，王往而征之，夫誰與敵，故曰：仁者無敵。」（離婁篇）《荀子》亦大談仁義與用兵之道之關係：「陳囂問孫卿子曰：先生議兵，意常以仁義爲本；仁者愛人，義者循理，然則又何以兵爲？凡所爲有兵者，爲爭奪也，孫卿子曰：非汝所知也！彼仁者愛人，愛人故惡人之害之也；義者循理，循理故惡人之亂之也。彼兵者所以禁暴除害也，非爭奪也。故仁者之兵，所存者神，所過者化，若時雨之降，莫不悅喜。」（〈議兵〉）墨家有「非攻」之說；《管子》也認爲「兵強而無義者，殘。」（〈侈靡〉）；《呂氏春秋》主張「古聖王有義兵，無偃兵」，「誅暴君而振苦民」（〈蕩兵〉），

推崇義兵。並云:「凡兵之用,用於利,用於義,攻亂則服,服則攻者利;攻亂則義,義則攻者榮。」(〈召類〉)「故義兵至,則鄰國之民歸之若流水,誅國之民望之若父母,得民滋眾,兵不接刃而民服若化。」(〈懷寵〉)兵家亦承此思想,作爲用兵之最高目標。《司馬法・仁本》:「古者以仁爲本,以義治之之謂正,正不獲意則權,……是故,殺人安人,殺之可也;攻其國,愛其民,攻之可也;以戰止戰,雖戰可也。」《尉繚子・兵令上》:「王者伐暴亂,本仁義焉。」同書〈武議〉篇亦云:「兵不攻無過之城,不殺無罪之人。……兵者所以誅暴亂,禁不義也。」竹簡《孫臏兵法・將義》:「義者,兵之首也。(頁六十九)」《尉繚子・攻權》:「凡挾義而戰者,貴從我起;爭私結怨,應不得已,怨結雖起,待之貴後。」

凡此種種,吾人明白先秦諸學者論用兵之眞正目的,在於禁暴誅亂,其始於義,亦歸結於義,而不是只爲遂行個人某些利益,或一時行忿,或恃其力量強大,即興兵動武,其結果必導致國貧民傷。從《周禮》到《呂氏春秋》都秉持同樣觀念。《文子》亦因襲此類思想,認同禁暴止亂之義戰,才是用兵之眞正目的。

較特殊之處則是,《文子》明確指出行「義兵」可以爲王,似乎是《文子》主張以武力統一,消弭各國各自爲政,又各自攻伐,造成人民流離失所,食不飽腹,路有餓殍之情形,使社會安定,然後遂行帝王之道。聖人以武力統一天下也是德,即「以道王者德,以兵王者亦德也」,此種認識,在戰國時期,蓋有結束戰亂,儘快統一國家之時代意義。

第四章 《文子》思想與黃老學說之關係

　　目前學術界討論《文子》重要議題之一，即其思想是否屬黃老道家，熊鐵基首先提出《文子》是新道家作品，即黃老之作；黃釗、張岱年、陳鼓應、洪進業亦以此爲意見。另外，許抗生則認爲《文子》具有黃老思想的傾向，而高祥則以爲非黃老著作。〔註1〕各家之說言之有理，然皆建立於傳世本《文子》材料之上，故此問題實可再斟酌，當依據較可靠之資料，重新看待。

第一節 黃老學說述略

　　黃老學說在戰國時即已形成，但確立黃老之名，最早則見於西漢司馬遷《史記》。《史記》數言黃老，細繹其內涵有二，其一作爲人名，是黃帝與老子的合稱。《史記・老莊申韓列傳》：「韓非者，韓之諸公子也。喜形名法術之學，而其歸本於黃老。」《史記・外戚世家》也說：「竇太后好黃老之言」，《史記・封禪書》又說：「竇太后好黃帝、老子之言，不好儒術」。此證諸東漢王

〔註1〕 熊氏之說參見《秦漢新道家略論稿》（上海：人民出版社，1984 年 3 月，頁 53～68）；黃氏之說參見《道家思想史綱》（湖南：湖南師範大學出版社，1991 年 7 月，149 頁）、張氏之說參見〈試談《文子》的年代與思想〉（收錄於陳鼓應主編之《道家文化》第 5 輯，上海：上海古籍出版社，1994 年 11 月，頁 133～141）、陳氏之說參見〈先秦道家研究的新方向——從馬王堆漢墓帛書《黃帝四經》說起〉（收錄於《黃帝四經今註今譯》——馬王堆漢墓出土帛書，臺北：商務印書館，1995 年 6 月，頁 19）。洪氏之說參見《西漢初年的黃老及其盛衰的考察》（1991 年臺灣大學歷史研究所碩士論文，頁 28）；許氏之說參見〈《黃老之學新論》讀後的幾點思考〉（《中國哲學史》1993 年第 5 期），高氏之說參見《戰國末秦漢之際黃老學說探討》（1988 年臺灣師範大學國文所碩士論文，頁 36～37）。

充《論衡・自然》：「賢之純者，黃、老是也。黃者，黃帝也；老者，老子也。」即能明白。其二則指一種學說，或專門之著述。《史記・外戚世家》：「帝及太子諸竇，不得不讀黃帝、老子」、《史記・孟子荀卿列傳》：「慎到，趙人。田駢、接子，齊人。環淵，楚人。皆學黃老道德之術」、《史記・田叔列傳》：「叔喜劍，學黃老術於樂臣公」。

依司馬遷之說，黃老即黃帝、老子之稱，或黃帝、老子言。老子其人雖然撲朔迷離，但其書俱在，可得而知。而至於黃帝之傳說，先秦曾大為流行，風光十足。之所以如此顯赫，據研究，是戰國前後，特別是中期以後興起之一種托古學風。在此學風裏，大家抬出一個更高遠於堯、舜、禹、稷之傳說古帝王黃帝，藉以依託己說或言論，使之提高價值。〔註2〕至於黃帝書，《漢書・藝文志》所錄極為豐富，有道家類五種、小說類一種、兵陰陽類五種、天文類二種、曆譜類一種、五行類二種、雜占類一種、醫經類一種、經方類二種、房中類一種、神仙類四種，計十一類二十五種，卻無一傳世，後人因而莫知其真面目，導致解讀黃老學說時，蒙上了一層神祕罩紗。長期以來，多有認為黃帝之說即老子之說，黃老學說也與老子學說無異之誤解。〔註3〕

民國六十二年底，湖南省長沙馬王堆三號漢墓出土大批久已亡佚之材料，在帛書《老子》乙本卷前有《經法》、《十六經》、《稱》、《道原》四篇，被公認是黃老學說。四篇思想基本上屬同一系統，其內容透露出重要之訊息，在於以《老子》思想，尤其以其道論為基礎，進一步融合法、儒、墨、名、陰陽諸家學說於一鑪。《經法》有〈道法〉篇，開宗明義「道生法」，以道為最高標準，法為其所生。《十六經》稱治理百姓之法為道，〈前道〉、〈順道〉專論治國順從天道之篇章。《稱》篇則起頭就云：「道無始而有應，其未來也，無之；其已來，如之。」也以道為全篇綱領。《道原》顧名思義，專論道之本

〔註2〕 陳麗桂：《戰國時期的黃老思想》（臺北：聯經出版事業公司，1991 年 4 月，頁 37）。

〔註3〕 如馮友蘭《中國哲學史》第八章：「司馬談謂道家『與時遷移，應物變化，立俗施事，無所不宜。指約而易操，事少而功多。』《漢書・藝文志》謂道家為『君人南面之術。』大約漢人所謂道家，實即老學也。……『漢興，黃老之學盛行，』主以清靜無為為治，此老學也。」（臺北：藍燈文化事業公司，1989 年 10 月，頁 215〜216）周紹賢亦云：「黃帝書中之言論，亦即老子所祖述者。惟至戰國始著成專書而已；故黃老之學，即道家之學。……老子之書與黃帝之書同義；道家由老子而溯及黃帝，因而專治老子之學者，亦稱黃老。」（〈黃老思想在西漢〉，《政大學報》，1972 年 12 月第 26 期，頁 88〜89）

原，認爲道無形、無名、無爲而無不爲，「萬物得之以生，百事得之以成」，道又是「高而不可察，深而不可測」，「故唯聖人能察無形，聽無聲，知虛之實，後能太虛，乃通天地之精，通同而無間，周襲而不盈。」只要「抱道執度，天下可一也。」在在說明道在四篇之地位。

從四篇佚書觀之，認爲道是世界最終根原，構成事物之法則，《道原》云：「恒無之初，迥同太虛，虛同爲一，恒一而止。濕濕夢夢，未有明晦。神微周盈，精靜不熙。古未有以，萬物莫以。古無有刑，大迥無名。天弗能覆，地弗能載。小以小成，大以大成。盈四海之內，又包其外。在陰不腐，在陽不焦。一度不變，能適規僥。鳥得而飛，魚得而流，獸得而走。萬物得之以生，百事得之以成。人皆以之，莫知其名。人皆用之，莫見其刑。」《十六經・成法》又云：「一者，道其本也。……一之解，察於天地。一之理，施於四海。……夫唯一不失，一以騶化，少以知多。夫望達四海，困極上下，四鄉相抱，各以其道。夫百言有本，千言有要，萬言有總，萬物之多，皆閲一孔。」一即是道，鳥得而飛，魚得而游，獸得而走，全是道之作用，事物雖然繁多，千萬差別，皆不脱離道，而同出一孔。

此原則實際運作於政治上，是要求主政者執道而行。《經法・道法》云：「故執道者之觀於天下也，無執也，無處也，無爲也，無私也。」《經法・名理》又說：「故執道者之觀天下□，見正道循理，能舉曲直，能舉終始。」依道而治，不拘執己見，不先入爲主，不強自妄爲，不懷私心，因物之情，而後能明曲直，知事理，能審其本末。「執道者能虛靜公正」（《經法・名理》），因此凡事皆可遂順。

這些大原則，實不離《老子》思想。《十六經・順道》云：「大庭之有天下也，安徐正靜，柔節先定。昴濕恭儉，卑約主柔，常後而不失先。體正信以仁，慈惠以愛人，端正勇，弗敢以先人。中請不綠，執一勿求。刑於女節，所生乃柔。□□□正德，好德不爭，立於不敢，行於不能。戰視不敢，明執不能。守柔節而堅之，胥雄節之窮而困之。」《經法・名理》又云：「以剛爲柔者栝，以柔爲剛者伐。重剛者滅。」卑約柔弱、常後不先、執一不求、好德不爭、不敢不能，皆《老子》所主，而四篇多繼承之。

四篇也有不同之面目，《十六經・三禁》云：「人道剛柔，剛不足以，柔不足寺。剛強而虎質者丘，康沈而流面者亡。」並未如《老子》一味講柔弱，因爲過於片面柔弱或剛強，都有不足，二者結合，柔剛並行，才能大用。其

次《老子》強調無爲而不爭，明顯帶有消極色彩，而四篇則以爲盲目強爭，在自取滅亡，但時機到來，不爭反受其害。已轉爲積極。因此，《十六經・姓爭》云：「作爭凶，不爭亦毋以成功。」〈觀〉亦云：「當天時，與之皆斷，當斷不斷，反受其亂。」這些不同於《老子》一味守柔、不爭，強調剛柔並行、待時而動，正所以爲黃老者。

四篇吸收各家學說，亦爲其大特色。

《經法・道法》：「執道者，生法而弗敢犯也，立法而弗敢廢也。」《經法・君正》：「法度者，正之至也。而以法度治者，不可亂也；而生法度者，不可亂也。精公無私而賞罰信，所以治也。」《經法・名理》：「是非有分，以法斷之；虛靜謹聽，以法爲符。」《十六經・觀》：「凡諶之極，在刑與德，刑德皇皇，日月相望，以明其當，而盈□無匡。」《稱》：「有義而義則不過，侍表而望則不惑，案法而治則不亂。」法爲政治極則，有其公正、公平、神聖而不可犯之地位，一切依法斷之，如有儀表之可循，此則爲法家之眞精神。

《經法・道法》：「虛無有，秋毫成之，必有刑名。刑名立，則黑白之分已。……故天下有事，無不自爲刑名聲號矣。刑名已立，聲號已建，則無所逃跡匿正矣。」《十六經・成法》：「昔天地既成，正若有名，合若有刑，以守一名，上摛之天，下施於海，吾聞天下成法，故曰不多，一言而止，循名復一，民無亂紀。」《稱》：「有物將來，其刑先之，建以其刑，名以其名，其言謂何？」《道原》：「分以其分，而萬民不爭；授之以其名，而萬物自定。」濃厚之刑名觀迷漫於各篇，可見其重要性。刑名之學或作形名之學，雖各家各派皆使用，如儒家孔子之論正名，荀子之著〈正名〉；墨家之三表法，墨辯諸篇；道家主無名、非常名；法家循名責實等皆屬之，〔註4〕四篇顯然受當時名學觀念之影響。

《經法・君正》：「兼愛無私，則民親上。」《經法・四度》：「文武並立，命之曰上同。」兼愛、上同乃墨家獨出語。又《十六經・觀》：「爲人主者，時窒三樂，毋亂民動，毋逆天時。然則五谷溜熟，民乃蕃茲，君臣上下，交得其志，天因而成之。」此又墨家天志觀念，影響黃老學說者。

《稱》：「凡論必以陰陽大義：天陽地陰，天陽地陰；春陽秋陰；夏陽冬陰；晝陽夜陰；大國陽，小國陰；重國陽，輕國陰；有事陽而無事陰；信者

〔註4〕 先秦各家皆講名學，而惠施、公孫龍專以此爲一家之言，實即純以邏輯辯論爲其重心，與諸家看法不同。

陽而屈者陰；主陽臣陰；上陽下陰；男陽女陰；父陽子陰；兄陽弟陰；長陽
少陰；貴陽賤陰；達陽窮陰；娶婦生子陽，喪子陰；制人者陽，制於人者陰；
客陽主人陰；師陽役陰；言陽默陰；予陽受陰。諸陽者法天，天貴正過正日
詭□□□□祭乃反。諸陰者法地，地之德安徐正靜，柔節先定，善予不爭。
此地之度而雌之節也。」將天地間對立事物，歸納成陰陽兩面，且尊陽卑陰，
此乃受之於陰陽家思想者。

　　《十六經・立命》：「吾畏天愛地親民，立有命，執虛信，吾愛民而民不
亡。……吾苟能親親而興賢，吾不遺亦至矣。」此儒家「畏天命」（《論語・
季氏》）、「親親而仁民」（《孟子・盡心上》）「尊賢使能」（《孟子・公孫丑上》）
之意。四篇中尚有「先德後刑」、「刑德相養」，以儒家德治配合法家刑法，足
見儒家思想，亦融入其中。

　　另一讓人注意者則是託名黃帝立說。

　　四篇之中，《十六經》立論形式最爲特殊，在於借黃帝與其大臣之口，闡
述治國理念。觀其思想，以《老子》學說爲主體，或繼承，或轉化，佔重要
分量，其次則是吸收他家思想，以爲己用。此情形與其它篇章同，僅論述形
式異於各篇，可說形式上有黃帝之名，而內容爲老學之實。因此，所謂黃老
學說，在《十六經》最能清楚體現出。當然，佚書中其它三篇形式上雖未託
言黃帝，但其具體內容也與《十六經》同樣有《老子》思想爲主，兼採各家
學說之特徵，因此目前學術界也認爲是黃老之學。

　　據此，所謂「黃老之學」，從字面理解，即是「黃帝與老子之學說」，但
它並不就是所謂「黃帝學說」與「老子學說」之簡單拼湊，而是假託黃帝立
言、改造老子學說，並綜合吸收了各家學說重要內容之一種理論體系。〔註5〕

　　有此體認，先秦至漢初多數典籍已廣泛被討論是否爲黃老之作，目前被
討論者，包括《管子》、《尹文子》、《列子》、《莊子》、《荀子》、《易傳》、《文
子》、《鶡冠子》、《呂氏春秋》、《黃帝內經》、《淮南子》。其中《管子》〈心術
上〉、〈心術下〉、〈白心〉、〈內業〉四篇、《淮南子》普遍認爲是黃老著作，其
它則或多或少感染黃老氣息。〔註6〕

　　以佚書作基準，再回頭觀察《史記》中所稱之黃老學說，實際上爲司馬

〔註5〕　此參見吳光：《黃老之學通論》（浙江：人民出版社，1984年11月，頁109～110）。
〔註6〕　此方面討論之意見，可參見筆者〈近年黃老學說研究情形述議〉（收錄於《中
　　　　山中文學刊》第2期，1996年6月，頁169～194）。

談論六家要旨中之「道家」或「道德家」。〔註7〕《史記‧陳丞相世家》載陳平云：「我多陰謀，是道家之所禁。」道家禁陰謀不見他書，惟《十六經‧順道》有「不陰謀」語，《十六經‧守行》有「陰謀不祥」之說，可見陳平所謂「道家」，正同於《經法》一類；又《史記‧齊悼惠王世家》載召平云：「當斷不斷，反受其亂。」明白指出是道家語，〔註8〕此語不見於《老子》或《莊子》，卻見於《十六經》之〈觀〉及〈兵容〉。且《史記‧魏其武安侯列傳》亦云：「（竇）太后好黃老之言，而魏其、武安、趙綰、王臧等務隆推儒術，貶道家言，是以竇太后滋不悅魏其等。」揆諸此言，當時「黃老」與「道家」應即是同義詞。──顯示，《史記》道家之學乃黃老之學，它既非純粹老學亦非莊學，乃是以老學為主，然後融貫各家而成之另一種學說，從《史記》各傳的文字也證明漢初以黃老之學治國，而非老莊之學治國。

　　《史記‧太史公自序》有六家要指，對於道家學說提出總體之說明：

> 道家使人精神專一，動合無形，贍足萬物。其為術也，因陰陽之大順，采儒墨之善，撮名法之要，與時遷移，應物變化，立俗施事，無所不宜。指約而易操，事少而功多。……至於大道之要，去健羨、黜聰明，釋此而任術。夫神大用則竭，形大勞則敝，形神騷動，欲與天地久長，非所聞也。

此段敘述，已提挈出綱領性之問題。首先，黃老思想之特色是「因陰陽之大順，采儒墨之善，撮名法之要」，其要旨則歸本於《老子》「去健羨、黜聰明」之思想。其次，它是一種君術，是統御百官，理治萬民之實際依據。司馬談云：「陰陽、儒、墨、名、法、道德，此務為治者也」，各家學說之興，都起於欲解決政治上之問題，既以如何治國平天下為目標，則上如何御下之術，自然成為當務之急。班固《漢書‧藝文志‧諸子略》道家「君人南面之術」之論，正與司馬談觀點一致。

　　《論六家要旨》又云：

<hr>

〔註7〕此觀點學者早已指出，如熊鐵基，〈從《呂氏春秋》到《淮南子》──論秦漢之際的新道家〉（《文史哲》1981年第2期）即是。

〔註8〕此語另見於《史記‧春申君列傳》、《漢書‧高五王傳》、《後漢書》之〈儒林傳〉、〈楊倫傳〉。〈儒林傳〉與〈楊倫傳〉說：「當斷不斷，黃石所戒。」《後漢書》李賢注引黃石公《三略》謂：「當斷不斷，反受其亂。」今《三略》此語不可考，故唐蘭認為「黃石可能是黃帝之誤。」（〈馬王堆出土《老子》乙本卷前古佚書的研究──兼論其與漢儒法鬥爭的關係〉，《考古學報》，1975年第1期）假如其說可從，更加證明此語乃黃老學說慣用語。

　　道家無爲，又曰無不爲。其實易行，其辭難知，其術以虛無爲本，以因循爲用，無成勢，無常形，故能究萬物之情。不爲物先，不爲物後，故能爲萬物主。有法無法，因時爲業；有度無度，因物與合。故曰聖人不朽，時變是守。虛者道之常也，因者君之綱也，群臣並至，使各自明也。其實中其聲者謂之端，實不中其聲者謂之窾，窾言不聽，姦乃不生，賢不肖自分，黑白乃形。在所欲用耳，何事不成，乃合大道，混混冥冥，光耀天下，復反無名。凡人所生者神也，所託者形也，神大則用竭，形大勞則敝，形神離則死，死者不可復生，離者不可復反，故聖人重之。由是觀之，神者生之本也，形者生之具也。不先定其神，而我有以治天下，何由哉！

司馬談此言，揭出了黃老學說闡述之共同議題。其中無爲無不爲之統治方法貫串整個學說，而虛無、因循、法度、時變、形名等爲其君術之具體內容，另外尚包括比君術更根本之人生修養問題，是所謂形、神之關係。由此也可看到，黃老學說雖然與《老子》關係密切，卻已較落實於形而下之政治層面，《老子》玄之又玄之形而上之「道」論轉淡。從此點而言，顯然又與《老子》不同。

　　綜合以上所說，黃老學說以《老子》思想爲基礎，而以會歸各家學說爲特色。實際表現在以道爲主之天道觀；無爲而治之君人南面之術；制名以指實之形名學；注重形神一體之修養論。鮮明呈現出先秦諸子之學，已由壁壘分明到互相融合之階段。

第二節　《文子》思想之特徵

　　《文子》思想已如前章所述，而其歸屬仍待說明。本文認爲其思想可歸諸戰國時期流行之黃老學說，因爲其學說性質與馬王堆帛書《經法》等四篇、《管子》四篇、《淮南子》甚爲一致。此種瞭解，主要從以下兩方面考察所得：

一、以道論爲主，且吸收各家學說之君人南面之術

　　《文子》思想以「道」爲其中心，將「道」視爲是整個世界演化之總法則，決定事物各自之特性與變化，故云天地萬物因道而生，順道而化；然而道「虛靜無有，忽恍無際，遠無所止，視之無形，聽之無聲」(〈自然〉第十

一章），亦須隨萬物變化然後顯現，此是其學說最基礎之根源。然而其重點並不僅在此，《文子》著力於將此觀念引用在政治層面，欲使統治者效法天道法則，不以主觀之意識強自妄爲，以無爲爲最高手段，達到治國之目標，這是一種道術，一種政術。此從道家《老子》而來，是其學說整個主體，在上一章論述甚多，本節不再贅言，然而由其中也可看出，其學說性質正合於黃老之學。

（一）陰陽家之說

當然，《文子》思想並不僅僅是以道家老學爲主而已，尚見它家之說：

> 大人行可說之政，而人莫不順其命，命順則從，小而致大，命逆則以善爲害，以成爲敗。夫所謂大丈夫者，内強而外明，内強如天地，外明如日月，天地無不覆載，日月無不照明。大人以善示人，不變其故，不易其常，天下聽令，如草從風，政失於春，歲星盈縮，不居其常；政失於夏，熒惑逆行；政失於秋，太白不當，出入無常；政失於冬，辰星不效其鄉，四時失政，鎮星搖蕩，日月見謫，五星悖亂，慧星出。春政不失，禾黍滋；夏政不失，雨降時；秋政不失，民殷昌；冬政不失，國家康寧。（〈精誠〉第二十一章）

此陰陽家之說，與《呂氏春秋》十二紀、《淮南子‧時則》、《禮記‧月令》之論點同。旨在強調爲政者雖然如天地日月之強明，在施政上亦應順應天地自然，遵從四時規律來運行，順之則寧，逆之則亂。

（二）儒、墨之說

《文子》認爲德、仁、義、禮爲治國之常經，即所謂之四經。就此觀念而言，與《老子》有同有不同。其中以「畜之養之，遂之長之，兼利無擇，與天地合，此之謂德。」與《老子》「道生之，德畜之」同；〔註9〕而強調仁、義、禮觀念則與《老子》異，三者《老子》尤其排斥。這些概念主要得之於儒家，不過其實質內涵，則不盡然同於儒家之觀點，尚有墨家之言。

對於仁，《文子》云：

> 爲上不矜其功，爲下不羞其病，於大不矜，於小不偷，兼愛無私，久而不衰，此之謂仁也。

又云：

〔註9〕 簡文0722亦有「道產之，德畜之」之文。

愛者仁也。

以愛釋仁，此先秦諸子大致之見解，爲各家通義。在儒家，《論語·顏淵》載樊遲問仁，孔子答以「愛人」；《孟子·離婁下》云仁者愛人，〈盡心下〉則云「仁者以其所愛，及其所不愛」；《荀子·大略》謂「仁，愛也，故親。」《禮記·樂記》說「仁以愛之」；《國語·周語下》說「愛人能仁」。在墨家，《墨子·經上》謂「仁，體愛也。」在法家，《韓非子·解老》認爲「仁者，謂其中心欣然愛人。」在道家，《莊子·天地》謂「愛人利物謂之仁」。而具體以無私以兼愛論仁，則兼具《老子》及墨家之說。《老子》第五章云：「天地不仁，以萬物爲芻狗；聖人不仁，以百姓爲芻狗。」所謂不仁，其實非眞不仁，而是道或是聖人對待萬物都以大公無私之態度處之，該生則生，該殺則殺，不以人爲強加干涉。故就此處而言，仁已包藏著無私義。而「兼愛」一詞，爲墨家特有，乃待人之父，猶己父，待人之子，猶己子，其本身亦有無私意。由此也知其與《文子》之關係。

對於義，《文子》云：

> 爲上則輔弱，爲下則守節，達不肆意，窮不易操，一度順理，不私枉撓，此之謂義也。

又云：

> 正者義也。

以正爲義，頗近於墨家之說。《墨子·天志下》云：「義者，正也。」即同於此論。《文子》又認爲不貴義則「不匡不正，不能久長」，「無義則下暴」，此亦與《墨子·天志下》之「何以知義之爲正？天下有義則治，無義則亂，我以此知義之爲正也」不異。「爲上則輔弱，爲下則守節，達不肆意，窮不易操，一度順理，不私枉撓。」則義之爲正，正則能正己、正人，使其節制私欲，不使違法妄爲。亦與《荀子·彊國》之「夫義者，內節於人而外節於萬物者也。」相通，皆視義可避免使人作出分外之事，而有安定個人與社會之效果。由此見出《文子》與儒、墨之關係甚深。

對於禮，《文子》云：

> 爲上則恭嚴，爲下則卑敬，退讓守柔，爲天下雌，立於不敢，設於不能，此之謂禮也。

又云：

> 敬者禮也。

以敬爲禮，而充分表現於恭嚴卑敬之上下人倫關係，此大抵與儒家之說同。《孝經·廣要道》云：「禮者，敬而已矣。」《荀子·臣道》：「恭敬，禮也。」只是《荀子·君道》又云：「請問爲人君？曰以禮分施，均遍而不偏。請問爲人臣？曰：以禮待君，忠順而不懈。請問爲人父？寬惠而有禮。請問爲人子？曰敬愛而致恭。請問爲人兄？曰慈愛而見友。請問爲人弟？約曰敬詘而不苟。……。此道也遍立而亂，具立而治，其足以稽矣。請問兼能之奈何？曰審之以禮也。古者先王審禮以方皇周浹於天下，動無不當也。故君子恭而不難，敬而不鞏，貧窮而不約，富貴而不驕，並遇變態而不窮，審之禮也。」依《荀子》之意，恭與敬主要表現於爲人子爲人弟之下對上之關係，而《文子》認爲恭嚴乃上對下，卑敬爲下對上，則小異。又《文子》以「退讓守柔，爲天下雌，立於不敢，設於不能」爲禮，則明顯從老子謙讓柔弱，不先不爲之論點而來，此則《文子》較特殊之處。李定生以爲《文子》之禮與儒家有別，《文子》從道之退讓守柔爲天下雌之特點，引出禮之恭嚴卑敬，且具有法之意義。〔註 10〕李氏所謂法之意義，從禮本身具備節制之實質而言，尚可成立。然禮之爲禮，乃屬應然，恭敬卑嚴，則未到法必然之程度。《荀子·勸學》云：「禮者，法之大分，類之綱紀也。」《荀子·儒效》又云：「禮者，人主之所以爲群臣尺寸尋丈檢式也。」此可與《文子》之說互觀，亦能知即使禮強化後近於法，但既曰「禮」，即不是「法」，乃極爲明白之事。

另外有些問題，在簡文中有所提及，與儒、墨關係密切，但由於簡文殘斷，已無法連讀，只能約略揣其大要。

首先是教化：

2310　〔教〕化之。平王曰：何謂以教化之？文子

0694　古聖王以身先之，命曰教。平王

0570　□不化爲之奈何？文子曰：不□人

0635　反本教約而國富，故聖

1803　□焉，已必〔教之，所以〕

2260　〔猷。故〕民之化教也，〔毋卑小行則君服之。甚〕

2243　〔主〕國家〔安〕寧，其唯化也。刑罰不足

雖然未能知其完整內容，卻可以肯定《文子》要上位者「以身先之」，即以德感化人民，使之發自內心效其力量，則國可治；否則一味使用刑罰威嚇百姓，

〔註10〕《文子要詮》（上海：復旦大學出版社，1988 年 7 月，頁 104）。

必遭受百姓唾棄，危亡將指日可待。

要求上位者先立好榜樣，人民自然效法之教化觀，乃儒家一貫傳統，從《論語》所云：「爲政焉用殺？子欲善而民善矣。君子之德風，小人之德草，草上之風必偃。」（〈顏淵〉）至後來《孟子》：「上有好者，下必有甚焉者矣。君子之德風也，小人之德草也，草上之風必偃。」（〈滕文公上〉）以及《荀子》：「上好禮義，尚賢使能，無貪利之心，則下亦將綦辭讓，致忠信，而謹於臣子矣。如是，則……百姓莫敢不順上之法，象上之志，而勸上之事，而安樂之矣。」（〈君道〉）或是《大學》：「君子有諸己而後求諸人，無諸己而後非諸人。」莫不將此奉爲圭臬。《文子》主張之教化顯然與儒家之說同。

其次是師徒之道。簡文：

> 1198 □可〔以無罪矣。請問師徒之道。〕

就今現存先秦文獻觀之，《文子》論及之師徒之道，極可能如《呂氏春秋》〈誣徒〉、〈勸學〉、〈尊師〉諸篇所述師與徒之間教、學之各種狀況；或《韓非子·詭使》稱「私學成群謂之師徒」之情形。《呂氏春秋》所論爲儒家之說，而《韓非子》所謂之私學與「以法爲教」「以吏爲師」之政府之學不同，是指個人或民間私相傳授之學，其主要對象乃針對儒、墨學者言。〔註11〕故《文子》之師徒之道，應與儒、墨有所淵源。

以上所言，可明白《文子》與儒、墨之關係，而儒家思想似又占較重要地位。此情形又能從零散斷簡之隻言片語深深感受到，在其多簡文出現這些詞語：

> 0211 □天子執（設）<u>明堂</u>□中□，天子
> 0571 矣，故王道成。聞<u>忠</u>而陳其所□言
> 1180 中，是胃（謂）上章下塞，<u>忠臣</u>死傷，萬民
> 2249 積之乃能適之，此言多積之謂也。<u>堯</u>□＝
> 0579 一人任與天下爲讎，其能久乎。此<u>堯</u>
> 2329 七十里舉<u>伊尹</u>而天下歸之，故聖人之治也□
> 1157 〔夫以<u>文王</u>之賢輔〕
> 2252 □使<u>桀紂</u>修道德，<u>湯</u>〔<u>武</u>唯（雖）賢，毋所建〕

雖然明堂、忠臣、堯、伊尹、文王、桀、紂、湯、武等觀念或人名，非

〔註11〕〈顯學〉稱儒、墨爲當世之顯學，聚徒屬，服文學而議論，可知《韓非子》之師徒主要指儒、墨而言。

爲儒家所專言，且簡文多殘斷，以致不可確指其涵意，但這些詞語爲儒家特別強調，則是不爭之實。

「明堂」，乃周天子之太廟，饗老、養老、教學、選士皆在其中。因周公有勳勞於天下，周天子乃命魯公世世祀周公以天子之禮樂，故周公之廟，亦稱爲明堂。明堂之事，爲儒者所言。今觀《漢書藝文志·六藝略·禮》錄《明堂陰陽》三十三篇，知其特爲儒家所重。

「忠」或「忠臣」，此處著重於上下之關係，《論語·八佾》孔子答魯定公曰：「臣事君以忠。」《莊子·人間世》引孔子之語：「夫事其君者，不擇事而安之，忠之盛也。」此則儒道共論者。

「舉伊尹而天下歸之」，以「舉」任伊尹，亦可能同於儒家所謂之「選舉」，〔註12〕而不同於法家之「起發」，〔註13〕全視功勞之累積而遷升之方式。

以《老子》、《莊子》爲主之道家學說，並未論及商湯、文王、武王，更遑論爲賢者。其人其事卻爲儒家極力讚揚，《孟子·梁惠王下》：「惟仁者爲能以大事小。是故湯事葛，文王事昆夷。」商湯與文王於此爲一仁者。《孟子·梁惠王下》：「齊宣王問曰：『湯放桀，武王伐紂，有諸？』孟子對曰：『於傳有之。』曰：『臣弒其君可乎？』曰：『賊仁者謂之賊，賊義者謂之殘，殘賊之人謂之一夫。聞誅一夫紂矣，未聞弒君也。』」湯、武取桀、紂而代之，不以弒君受責，反而肯定之。故就簡文文意觀之，此亦與儒家有契合處。

當然，以上純就語詞而論《文子》與儒家之說相關，乃近於臆測。只是竹簡《文子》數量不多，卻集中地出現不少與儒家最常論及之語詞，此又不得不說彼此間或有些許關連。

二、《文子》之核心觀念與黃老學說契合

無爲無不爲、修道德、執一、守柔、虛靜等等觀念，由《老子》提出後，廣爲黃老學吸收，已成共同論題，《文子》則充分顯示出這些觀念爲其學說之主體。《文子》認爲道雖然無形無名，但既可以用之於修身，也可以用來治國，所以說「無爲而無不爲」。又說聖王治天下在於「執一無爲」。執一爲執道，表現在於「用道德」（簡文 2201），所以「有道者立天下，則天下治」（簡文

〔註12〕《論語·顏淵》：「舜有天下，選於眾，舉皋陶不仁者遠矣。湯有天下，選於眾，舉伊尹不仁者遠矣。」
〔註13〕《韓非子·顯學》：「宰相必起於州部，猛將必發於卒伍。」

0717），「有德而上下親」（簡文 2293）。而能認識此理，實因深悟道「始於柔弱，成於剛強；始於短寡，成於眾長」，或是「先始於後，大始於小，多始於少」（簡文 0899）之特性得來。由這種特點瞭解從事物發生之端倪，即能知其結果，因此《文子》注重事物最初之根源，故對於為人樂道之剛強、高大、富貴視之為步向死亡，而留意於常人不取之柔弱、卑退、儉損。

另外有些觀念不見於《老子》，或是雖有提及，然尚未被刻意強調，卻是為黃老所重視者。這些觀念，一一出現於《文子》中：

（一）尚「因」

「因」是一種統治之術，也是黃老無為術中重要項目，所有黃老學者，幾乎未有不講「因術」者，「因」術可說為黃老學說之核心精神。〔註14〕

馬王堆帛書《經法・論》人主操持之八正，其中天天則、重地則、順四時、應動靜，就是因術之具體原則。《觀》篇則云：「時若□□□□□□□□□□寺（侍）地氣之發也，乃夢（萌）者（萌）而茲（滋）者茲（滋），天因而而成，弗因則不成。」萬物之萌芽繁殖，皆依靠天道之作用而後成，故行事如不因天道，則將一無所成。《稱》亦云：「聖人不為始，不劉（專）己，不豫謀，不為得，不辭受，因天之則。」聖人行事最高原則，在於不先動，不堅持己見，不先預謀，凡事都按自然法則，因天辦理。不僅如此，《稱》又提出「因地以為齎（資），因民以為師。」地、民為因循之對象，如此則能無所不成。

此外《管子》四篇中，此觀念亦居重要地位。《管子・心術上》：「無為之道，因也。因也者，無損無益，以其形因為之名，此因之術也。」

曾學黃老道德術之慎到、韓非，因之觀念在其學說中亦居重要環結。今殘存慎到著作《慎子》，其中有〈因循〉篇，專論因術；《韓非子》認為人君要「守成理，因自然」（〈大體〉），施政用人要「因物以治物，因人以知人」（〈難三〉）。

而會歸各家學說之《呂氏春秋》亦有〈貴因〉篇。代表黃老學說大成之《淮南子》則以為「三代之所道者因也」（〈詮言〉），「循道理之數，因天地之自然」（〈主術〉），「聖人治天下，非易民性也，拊循其所有而滌蕩之。故因則大，化則細。禹鑿龍門，闢伊闕，決江浚河，東注之海，因水之流也。后稷墾草發菑，糞土樹穀，使五種各得其宜，因地之勢也。湯、武革車三百乘，

〔註14〕陳麗桂〈淮南子的無為論〉（臺灣師大《國文學報》，1988 年 6 月第 17 期，頁 21）。

甲卒三千人，討暴亂，制夏、商，因民之欲也，故能因，則無敵於天下。」（〈泰族〉）將治國之要歸本於能因天地，因民性，因民之欲，能因則爲聖人，能因始能稱王。

以上之說，證明「因」在其學說中所受之重視。《文子》則以爲聖王以道治天下時，所採取之態度也重一「因」字：

> 執一無爲，因天地與之變化，天下，大器也，不可執也，不可爲也，
> 爲者敗之，執者失之。

無爲之核心，在於統治者施政時依天地之規律而行，避免拘執於個人小聰明，或者專恃一己之欲，不循事理，強自妄爲，此種消除個人主觀意志，凡事據客觀情勢之變化而變化，以達到治國之目的，就是《文子》「因天地與之變化」之眞諦。雖然作爲統治術之「因」，《文子》中僅一見，且未特別深入闡發，不過就從他作爲無爲最根本之基礎，正足以見出其重要性。後來《淮南子》針對「因天地與之變化」此句綱領性意見，認爲：「所謂無爲者，不先物爲也；所謂無不爲者，因物之所爲。所謂無治者，不易自然也；所謂無不治者，因物之相然也。」（〈原道〉）則是作了更大之發揮。

（二）重「積」

黃釗云：「反者道之動是道家總結出來的一個辯證法命題。文子繼承並發揮了這一思想。它不僅認識到物盛則衰，日中則移，月滿則虧，樂極而怨等有關事物轉化的法則，而且特別意識到量變在事物轉化中的關鍵作用。」〔註15〕所謂「意識到量變在事物轉化中的關鍵作用」就是指「積」之觀念在《文子》中被強調著，它也是黃老學說重要觀念之一。

《文子》云：

> 積德成王，積怨成亡，積石成山，積水成海，不積而能成者，未之
> 有也。積道德者，天與之，地助之，鬼神輔之，鳳凰翔其庭，麒麟
> 遊其郊，蛟龍宿其沼。

（簡文：0737 　〔曰〕：積怨成亡，積德成王，積；

　　　　2315 　天之道也，不積而成事者寡矣。臣〔聞〕

　　　　0569 　有道之君，天舉之，地勉之，鬼神輔）

又說：

〔註15〕《道家思想史綱》（湖南：湖南師範大學出版社，1991 年 7 月，頁 162～163）。

　　0300　積碩，生淳德。

　　2249　積之乃能適之，此言多積之謂也。

教人注重「積」之工夫，因爲事物成或不成，皆由此決定，自然界之山、海、社會領域之興、滅，莫不從「積」而來。

　　《文子》教人守柔、不先、不爭，此與《老子》並無二致。然此畢竟只是一種手段，一味守柔、不先、不爭，換得將是眞正軟弱無力，予人容易欺凌之結果，並不足以成就最終目的，此非眞正「致功之道」（簡文　0565）。而《文子》以爲透過積累之方式，儲蓄足以轉化成能剛、能先、能爭之本錢，此乃「積」之大意義。

　　此種強調因累積而促成事物轉化，在《老子》已可見其端倪，〔註16〕但顯然尚未從積極面去突出其重要性，要至稍後之黃老學才刻意強化此點。

　　長沙馬王堆帛書《十六經・雌雄節》云：「夫雄節而數得，是謂積英（殃）。凶憂重至，幾於死亡。雌節而數亡，是謂積德。愼戒毋法，大祿將及。」此與《老子》八十一章同樣看法，要人態度謙虛，不與人爭而積畜雌節之美德，雖然一時無所得，每一次之謙讓可爲今後之成功立下基礎。又云：「故德積者昌，殃積者亡，觀其所積，乃知禍福之鄉。」（《十六經・雌雄節》）此明云觀其積畜，即能斷定其未來禍福，已認識到事物正負面轉化之因素，「積」有決定性地位。

　　感染黃老氣息濃厚之《荀子》亦云：「習俗移志，安久移質。……故積土而爲山，積水而爲海，且暮積而爲之歲。……塗之人百姓，積善而全盡謂之聖人。彼求之而後得，爲之而後成，積之而後高，盡之而後聖。故聖人也者，人之所積也。人積耨耕而爲農夫，積斲削而爲工匠，積反貨而爲商賈，積禮義而爲君子。……居楚而楚，居越而越，居夏而夏，是非天性也，積彌使然也。」（〈儒效〉）又說：「積土成山，風雨興焉；積水成淵，蛟龍生焉；積善成德，而神明自得，聖心備焉。故不積跬步，無以至千里，不積小流無以成江海。」（〈勸學〉）明示量變後必有質變之產生。

　　集黃老學大成之《淮南子》則云：「故欲剛者必以柔守之，欲強者必以弱保之，積於柔則剛，積於弱則強，觀其所積，以知禍福之鄉。」（〈道原〉）此爲對《老子》學說最重要之柔弱觀念加以補充，給柔弱如何戰勝剛強，提供一個完善之理論。

〔註16〕五十九章：「夫唯嗇，是謂早服；早服謂之重積德，重積德則無不克。」

無可疑者，「積」之觀念《老子》已有之，倒因黃老學說之闡揚，而爲之醒目。《文子》重「積」，此亦其中可留意之處。

（三）天地鬼神並列之模式

得道與得人，是《文子》認爲國家強盛之根本因素。然而欲維持長久不墜，則需要靠「積」之工夫，多積累道德，如此才能受到多方之助。所謂多方者在於：

> 積道德者，天與之，地助之，鬼神輔之。（〈道德〉）
>
> （簡文：0569　有道之君，天舉之，地勉之，鬼神輔）

得天、地、鬼、神四者之助，乃積道德者必然結果。

針對《文子》此語有須特別注意者，因爲天、地、鬼、神並列之情形，爲黃老學立說之慣用模式。在黃老學說尚未形成時代或是其他學說，有下列二種情形：一是以天、地、人三才並舉，如《國語・越語下》范蠡云：「持盈者與天，定傾者與人，節事者與地。」《孟子・公孫丑下》：「天時不如地利，地利不如人和。」《孫臏兵法・月戰》：「天時、地利、人和，三者不得，雖勝有殃。」一在黃老學說形成前，一爲儒家之說，一爲兵家之說，皆以三才並列，未及鬼神。

二是天、鬼、人同列，如《墨子・非攻下》云：「利人多，功故又大，是以天賞之，鬼富之，人譽之。」或〈尚賢下〉云：「用其謀，行其道，上可而利天，中可而利鬼，下可而利人」。

黃老學說顯然異於上述兩種情形。長沙馬王堆《十六經・前道》云：「聖人舉事也，闔（合）於天地，順於民，羊（祥）於鬼神，使民同利，萬夫賴之，所謂義也。」聖人欲成大業，天、地、民、鬼、神之助已缺一不可。後來之《淮南子》亦云：「當於世事，得於人理，順於天地，祥於鬼神，則可以正治矣。」（〈氾論〉）可說是此一觀念之延續。〔註17〕《文子》與馬王堆帛書之觀念相同，而不同於它家之說，就此點而論，則知與黃老學說之關係密切。

綜合本節所論，《文子》在其思想要旨之大方向上，與黃老學說相契合，所論之觀念，亦爲黃老學說之核心，故其學說實際表現出黃老學說之風格。

〔註17〕《易・謙卦》〈彖〉有「天道虧盈而益謙，地道變盈則流謙，鬼神害盈而福謙。」或〈乾文言〉「夫大人者，與天地合其德，與日月合其明，與四時合其序，與鬼神合其吉凶。」（此語亦見於《淮南子・泰族》）亦有天、地、鬼、神同列之說，此顯然從黃老學說而來。

陳麗桂認爲《文子》思想幾乎涵蓋了戰國以下黃老學說之一般論題：道德、柔後、謙退、執一、無爲、守靜等等，尚採取仁義、教化。因此，歸之於黃老道家一系之理論著作當無可疑。〔註18〕其說在本文更能進一步得到印證。

〔註18〕參見〈從出土竹簡文子看古、今本文子與淮南子之先後關係及幾個思想論題〉（收錄於文子與道家思想發展兩岸學術研討會論文，輔仁大學，1996 年 6 月，頁 33。或《哲學與文化》，1996 年 8 月第 23 卷第 8 期，頁 1883～1884）。

結　語

第一節　爲《文子》定其思想史之地位，應以竹簡《文子》爲主要依據

　　傳世本《文子》經由竹簡《文子》及與諸典籍相較，知其書雖間存西漢流傳之《文子》舊文，但十之八九，皆襲自它書。舉凡《老子》、《莊子》、《管子》、《孟子》、《尉繚子》、《鄧析子》、《司馬法》、《逸周書》、《韓詩外傳》、《說苑》等，此書皆可見其蹤跡。然是書與《淮南子》關係尤爲密切，每拾取《淮南子》整段文字，二書對照，皆可一一按圖得驥〔註1〕；全書大至章與章，小至句與句間，文意之安排，屢屢未能呼應，矛盾叢出，無怪乎清人視之僞書中之下駟〔註2〕。儘管如此，其書雖然出於剽襲，往往與諸書可資比勘，以校正它書傳寫版刻之誤〔註3〕。

　　其書約在孟堅之後，建安之前，業已形成。其成書時代雖可考，由何人

〔註1〕僅〈道原〉第三章，「執道以御民者」章稍難考索。此章並非全襲整段文句之
　　　　例，乃融匯《淮南子・俶眞》：「是故虛無者道之舍，平易者道之素。」〈原道〉：
　　　　「所謂天者，存粹樸素，質直皓白，未始有以雜糅者也。」「故清靜者，德之
　　　　至也；而柔弱者，道之要也；虛無恬愉者，萬物之用也。」以及〈詮言〉：「反
　　　　性之本，在於去載，去載則虛，虛則平。平者，道之素也；虛者，道之舍也。」
　　　　繪出所謂道之形象，又加以〈原道〉因循觀念而成。然此類，乃微乎其微，
　　　　不可多得。
〔註2〕此陶方琦之說，見《漢孳室文鈔・文子非古書說》（收錄於《叢書集成續編》
　　　　第15冊，臺北：新文豐出版社，1989年7月，頁108～109）。
〔註3〕見王叔岷《文子斠證》（《歷史語言研究所集刊》，1956年4月第27期，頁1）。

裒集成書卻不可考。或以爲徐靈府爲之〔註4〕，其說實不可從〔註5〕；或以爲張湛曾注《文子》，傳世本疑即其僞造，與《列子》同出一手〔註6〕，臆測之說，亦不足爲據。在未有進一步證據之前，究竟成書於何人之手，恐將爲學術史上無解之謎。

　　既知傳世本《文子》多襲自它書，則《文子》在思想史上定位之問題自然迎刃而解。就上文各章所述，竹簡《文子》爲最可靠之依據，以此爲準，再配合傳世本《文子》尚屬可信之章節，方能有較圓滿之論斷。否則不明此，其據已先無憑，所推自必失實，循此以考察思想之遞演，後果自不可言喻。如深信傳世本《文子》眞成於春秋末之文子，則道、儒、墨、法、名、陰陽、兵諸家學說斯時俱已匯於一鑪，在此皆能索得痕跡，據此而云戰國百家之學多出於《文子》，殊非其理〔註7〕。甚且周秦思想發展之脈絡，必隨之而有甚多矛盾且不可解之處。

第二節　《文子》思想雖缺乏原創性，然道、儒合流之現象則須留意

　　前人撰寫思想史或哲學史時，從未見有論述《文子》一書者，其學說可謂在思想史或哲學史上並不具任何地位。此現象可能導因於傳世本《文子》眞僞不明，時代未定，其思想雜亂未成體系，且常自相矛盾，有密切關係。今日吾人據新資料重新考辨後，再予評價其思想，亦不得不承認，大抵以《老

〔註4〕 此說黃震主之。參見《黃氏日鈔》（收錄於四庫全書珍本2集第160種《黃氏日鈔》第11冊，臺北：商務印書館）。

〔註5〕 黃震之說，宋濂已駁之。參見《諸子辨》（收錄於《僞書考五種、清代禁書知見錄》，臺北：世界書局，1965年3月，頁5～6）。

〔註6〕 此說章太炎主之。參見《菿漢微言》（收錄於《章氏叢書》，臺北：世界書局，1982年4月，頁951）。

〔註7〕 李定生云：「繼承和發展老子『道』的學說的，在其門人中，以庚桑楚和文子最爲著名。……庚桑楚和文子，刻苦勤學，時間彌久，各得道的奧妙，都是有根據。但他們各自向不同的方向發揮，從哲學史看，分成唯物和唯心兩大派別。……文子這一派，是從唯物主義觀點繼承和發展老子道的學說。並在百家爭鳴中，吸收了其他學派的思想，在道的思想中，融合了仁義禮法兵等思想。以稷下道家，荀子，韓非，以及兩漢的賈誼，王充爲代表的唯物主義者，就是沿著文子這條線去理解和發揮老子的。戰國中期興起到漢初盛行的黃老之學，則淵源於文子。」（《文子要詮・論文子》，上海：復旦大學出版社，1988年7月，頁18～19）。

子》為主軸，再會集他家思想而成者，其思想缺乏原創性，因之其價值亦不能與《老子》、《莊子》相提並論。

　　然會集他家思想之特性，仍極可注意，尤其《文子》之內容特重儒家之說，此種援儒入道現象在《文子》之前，並不常見。此之前，僅《管子》四篇與之類似。《管子》四篇視道無為無形，為萬物為祖，「道也者，動不見形，施不見其德，萬物皆以得，然莫知其極。」（〈心術上〉）又兼論儒家禮義之說，此二者所同然：

　　　　虛無無形謂之道，化育萬物謂之德；君臣、父子、人間之事，謂之義；登降揖讓，貴賤有等，親疏之體，謂之禮。

　　　　以無為之謂道；舍之之謂德；……義者，謂各處其宜也；禮者，因人之情，緣義之理，而為之節文者也。（〈心術上〉）

但二者不同者在於《管子》四篇注重修養論，再以修養論為基礎，而進一步闡述其政治論。《文子》則鮮言政治論這一個環節。四篇言心為主宰，有所謂「心之在體，君之位也。九竅之有職，官之分也，心處其道，九竅循理。」（〈心術上〉）「心安，是國安也。心治，是國治也。治也者，心也。安也者，心也」（〈心術下〉）；又論形，有「形不正者德不來」（〈心術下〉）之說；又論神，「虛其欲，神將入舍；少掃除不潔，神乃留處」（〈心術上〉）；又論氣，「氣者，心之充也。」（〈心術下〉）；欲使心平氣和，不以喜怒哀樂傷生，則在於以詩樂節之，故云：「止怒莫若詩，去憂莫若樂，節樂莫若禮，守禮莫若敬，守敬莫若靜。」（〈內業〉）與之相較，《文子》雖有「虛心清靜，損氣無盛」關於修養之說，然此與其論政之言互觀，其多寡比重自不可以道里計。

　　又此類思想特質，亦可與馬王堆帛書《經法》等四篇相較。以道為主軸，此為不異者，然《經法》等四篇之思想體系以「道生法」為基調，開展出萬事萬物皆有一定之法，一切依法為斷。在人事上，認為「法者，引得失以繩，而明曲直者也。……能自引以繩，然后見知天下而不惑。」（《經法・道法》）在政治上，則是「法度者，正（政）之至也」（《經法・君正》），「是非有分，以法斷之。虛靜謹聽，以法為符。」（《經法・名理》）十足濃厚之法家氣息，則與《文子》大不相侔。

　　因此，《文子》思想雖與《管子》四篇、《經法》等四篇同定位於道家黃老學說之系統，卻有其特色，大抵吸收儒家思想者多，他家者少，此與《管子》四篇類似，而二者卻又各有偏重。在先秦思想發展史上，道家《老子》、

　　《莊子》著重於探索玄冥之道，至《文子》則致力於人君南面之術，進而將儒家之仁義禮智學說納入其道論中，此道儒合流之現象，極富意義，代表著戰國時期道、儒相互批評、詆毀，轉而兼融互取之新開始。而由《文子》思想之瞭解，及與《管子》四篇、《經法》等四篇之互觀，可見出黃老學說之發展，雖同以道論爲核心，但彼此取舍不同，分流亦異。正預示時至漢初，必將集匯成海，歸於一處，而有《淮南子》之出現。

附錄一　傳世本《文子》襲《淮南子》便覽

《文子》原文據道藏本《通玄眞經》，《淮南子》所注頁碼以劉文典《淮南鴻烈集解》爲準，臺北：文史哲出版社，1985 年 9 月再版本。

〈道原〉

老子曰：有物混成，先天地生，惟象無形，窈窈冥冥，寂寥淡漠，不聞其聲，吾強爲之名，字之曰道。〔夫道者，高不可極，深不可測，苞裹天地，秉受無形，原流泏泏，沖而不盈，濁以靜之徐清，施之無窮，無所朝夕，表之不盈一握，約而能張，幽而能明，柔而能剛，含陰吐陽，而章三光；山以之高，淵以之深，獸以之走，鳥以之飛，鱗以之遊，鳳以之翔，星曆以之行；以亡取存，以卑取尊，以退取先。古者三皇，得道之統，立於中央，神與化遊，以撫四方。是故能天運地滯，輪轉而無廢，水流而不止，與物終始。風與雲蒸，雷聲雨降，並應無窮，已雕已琢。還復於樸。無爲爲之而合乎生死，無爲言之而通乎德，恬愉無矜而得乎和，有萬不同而便乎生。和陰陽，節四時，調五行，潤乎草木，浸乎金石，禽獸碩大，毫毛潤澤，鳥卵不敗，獸胎不殰，父無喪子之憂，兄無哭弟之哀，童子不孤，婦人不孀，虹蜺不見，盜賊不行，含德之所致也。天常之道，生物而不有，化成而不宰，萬物恃之而生，莫之知德，恃之而死，莫之能怨，收藏畜積而不加富，布施秉受而不益貧；忽兮怳兮，不可爲象兮，怳兮忽兮，用不詘兮，窈兮冥兮，應化無形兮，

遂兮通兮，不虛動兮，與陰陽俛仰兮〔註1〕〕。

老子曰：〔大丈夫恬然無私，澹然無慮，以天爲蓋，以地爲車，以四時爲馬，以陰陽爲御，行乎無路，遊乎無怠，出乎無門。以天爲蓋則無所不覆也，以地爲車則無所不載也，四時爲馬則無所不使也，陰陽御之則無所不備也。是故疾而不搖，遠而不勞，四支不動，聰明不損，而照見天下者，執道之要，觀無窮之地也。故天下之事不可爲也，因其自然而推之，萬物之變不可救也，秉其要而歸之〔註2〕〕。〔是以聖人內修其本，而不外飾其末，屬其精神，偃其知見，故漠然無爲而無不爲也，無治而無不治也。所謂無爲者，不先物爲也；無治者，不易自然也，無不治者，因物之相然也〔註3〕〕。

老子曰：執道以御民者，事來而循之，物動而因之，萬物之化無不應也，百事之變無不耦也。故道者，虛無、平易、清靜、柔弱、純粹素樸，此五者，道之形象也。虛無者，道之舍也，平易者，道之素也，清靜者，道之鑑也，柔弱者，道之用也。反者道之常也，柔者道之剛也，弱者道之強也，純粹素樸者道之幹也。虛者中無載也，平者心無累也，嗜欲不載，虛之至也，無所好憎，平之至也，一而不變，靜之至也，不與物雜，粹之至也，不憂不樂，德之至也。〔夫至人之治也，棄其聰明，滅其文章，依道廢智，與民同出乎公。約其所守，寡其所求，去其誘慕，除其貴欲，損其思慮。約其所守即察，寡其所求即得〔註4〕〕。〔故以中制外，百事不廢，中能得之則外能牧之。中之得也，五藏寧，思慮平，筋骨勁強，耳目聰明。大道坦坦，去身不遠，求之遠者，往而復反〔註5〕〕。

老子曰：〔聖人忘乎治人，而在乎自理。貴忘乎勢位，而在乎自得，自得即天下得我矣；樂忘乎富貴，而在乎和，知大己而小天下，幾於道矣。〔註6〕故曰：至虛極也，守靜篤也，萬物並作，吾以觀其復。〔夫道者，陶冶萬物，終始無形，寂不動，大通混冥，深閎廣大不可爲外，折毫剖芒不可爲內，無環堵之宇，而生有無之總名也。〔註7〕真人體之以虛無、平易、清靜、柔弱、

〔註1〕 卷一〈原道〉，頁1～3。
〔註2〕 卷一〈原道〉，頁5～7。
〔註3〕 卷一〈原道〉，頁15。
〔註4〕 卷一〈原道〉，頁20。
〔註5〕 卷一〈原道〉，頁21。
〔註6〕 卷一〈原道〉，頁22。
〔註7〕 卷一〈原道〉，頁30。

純粹素樸，不與物雜，至德天地之道，故謂之眞人。眞人者，知大己而小天下，貴治身而賤治人，〔不以物滑和，不以欲亂情〔註8〕〕，隱其名姓，有道則隱，無道則見，爲無爲，事無事，知不知也，〔懷天道，包天心〔註9〕〕，〔噓吸陰陽，吐故納新〔註10〕〕，〔與陰俱閉，與陽俱開〔註11〕〕，〔與剛柔卷舒，與陰陽俯仰〔註12〕〕，與天同心，與道同體，〔無所樂，無所苦，無所喜，無所怒，萬物玄同，無非無是〔註13〕〕。〔夫形傷乎寒暑燥濕之虐者，形究而神杜，神傷於喜怒思慮之患者，神盡而形有餘。故眞人用心復性，依神相扶，而得終始，是以其寢不夢，覺而不憂〔註14〕〕。

〔孔子問道，老子曰：正汝形，一汝視，天和將至；攝汝和，正汝度，神將來舍，德將爲汝容，道將爲汝居。瞳兮若新生之犢，而無求其故，形若枯木，心若死灰，眞其實知而不以曲故自持，恢恢無心可謀，明白四達，能無知乎〔註15〕〕？

老子曰：〔夫事生者應變而動，變生於時，知時者無常之行，故道可道，非常道，名可名，非常名。書者言之所生也，言出於智，智者不知，非常道也，名可名，非藏書者也。多聞數窮，不如守中，絕學無憂，絕聖棄智，民利百倍〔註16〕〕。〔人生而靜，天之性也，感物而動，性之欲也，物至而應，智之動也；智與物接，而好憎生焉；好憎成形，而智出於外，不能反已，而天理滅矣。（是故聖人不以人易天，外與物化而內不失情，故通於道者，反於清靜，究於物者，終於無爲。以恬養智，以漠合神，即乎無門，循天者與道遊也，隨人者與俗交也；事故聖人不以事滑天，不以欲亂情，不謀而當，不言而信，不慮而得，不爲而成〔註17〕）。是以處上而民不重，居前而人不害，天下歸之，奸邪畏之，以其無爭於萬物也，故莫敢與之爭〔註18〕〕。

〔註8〕卷一〈原道〉，頁13。
〔註9〕卷二十〈泰族〉，頁56。
〔註10〕卷七〈精神〉，頁67。
〔註11〕卷七〈精神〉，頁64。
〔註12〕卷一〈原道〉，頁3。
〔註13〕卷一〈原道〉，頁24。
〔註14〕卷二〈俶眞〉，頁31～32。
〔註15〕卷十二〈道應〉，頁80～81。
〔註16〕卷十二〈道應〉，頁87。
〔註17〕卷一〈原道〉，頁13～14。
〔註18〕卷一〈原道〉，頁7。

老子曰：〔夫人從欲失性，動未嘗正也，以治國則亂，以治身則穢，故不聞道者，無以反其性，不通物者，不能清靜。原人之性無邪穢，久湛於物即易，易而忘其本即合於其若性。〔註19〕〔水之性欲清，沙石穢之，人之性欲平，嗜欲害之〔註20〕〕，唯聖人能遺物反己。〔是故聖人不以智役物，不以欲滑和，其爲樂不忻忻，其於憂不惋惋〔註21〕〕，是以高而不危，安而不傾。〔故善聽言便計，雖愚者知說之，稱聖德高行，雖不肖者知慕之；說之者眾而用之者寡，慕之者多而行之者少，所以然者？擊於物而繫於俗。〔註22〕故曰：我無爲而民自化，我無事而民自富，我好靜而民自正，我無欲而民自樸。〔清靜者德之至也，柔弱者道之用也，虛無恬愉者萬物之祖也，三者行則淪於無形。無形者，一之謂也，一者，無心合於天下也。布德不溉，用之不勤，視之不見，聽之不聞，無形而有形生焉，無聲而五音鳴焉，無味而五味形焉，無色而五色成焉，故有生於無，實生於虛。音之數不過五，五音之變不可勝聽也，味之數不過五，五味之變不可勝嘗也，色之數不過五，五色之變不可勝觀也。音者宮立而五音形矣，味者甘立而五味定矣，色者白立而五色成矣，道者一立而萬物生矣。故一之理，施於四海，一之嘏，察於天地，其全也敦兮其若樸，其散也渾兮其若濁，濁而徐清，沖而徐盈，澹然若大海，氾兮若浮雲，若無而有，若亡而存。

老子曰：萬物之總，皆閱一孔，百事之根，皆出一門，故聖人一度循軌，不變其故，不易其常，放准循繩，曲因其直，直因其常。夫喜怒者道之邪也，憂悲者德之失也，好憎者心之過也，嗜欲者生之累也。人大怒破陰，大喜墜陽，薄氣發暗，驚怖爲狂，憂悲焦心，疾乃成積。人能除此五者，即合於神明。神明者，得其內也，得其內者，五藏寧，思慮平，耳目聰明，筋骨勁強，疏達而不悖，堅強而不匱，無所太過，無所不逮〔註23〕〕。〔天下莫柔弱於水，水爲道也，廣不可極，深不可測，長極無窮，遠淪無涯，息耗減益過於不訾，上天爲雨露，下地爲潤澤，萬物不得不生，百事不得不成，大苞群生而無私好，澤及蚑蟯而不求報，富贍天下而不既，德施百姓而不費，行不可得而窮極，微不可得而把握，擊之不創，刺之不傷，斬之不斷，灼之不熏，

〔註19〕卷十一〈齊俗〉，頁59。
〔註20〕卷二〈俶眞〉，頁45。
〔註21〕卷一〈原道〉，頁22。
〔註22〕卷一〈原道〉，頁23。
〔註23〕卷一〈原道〉，頁19～21。

綽約流循而不可靡散，利貫金石，強淪天下，有餘不足，任天下取與，稟受萬物而無所先後，無私無公，與天地洪同，是謂至德。夫水所以能其至德者，以其綽約潤滑也，故曰：天下之至柔，馳騁天下之至堅，無有入於無間。夫無形者，物之太祖，無音者，類之大宗〔註24〕，〔眞人者，通於靈府，與造化爲人〔註25〕〕，〔執玄德於心，而化馳如神。是故不道之道芒乎大哉，未發號施令而移風易俗，其唯心行也。萬物有所生而獨如其根，百事有所出而獨守其門，故能窮無窮，極無極，照物而不眩，響應而不知。

　老子曰：夫道德者，志弱而事強，心虛而應當。志弱者柔毳安靜，藏於不取，行於不能，澹然無爲，動不失時，故貴必以賤爲本，高必以下爲基。托小以包大，在中以制外，行柔而剛，力無不勝，故無不陵，應化揆時，莫能害之。欲剛者必以柔守之，欲強者必以弱保之，積柔即剛，積弱即強，觀其所積，以知存亡。強勝不若己者，至於若己者而格，柔勝出於己者，其力不可量，故兵強即滅，木強即折。革強而裂，齒堅於舌而先斃，故柔弱者生之幹也，堅強者死之徒。先唱者窮之路，後動者達之原。夫執道以耦變，先亦制後，後亦制先，何即？不失所以制人，人亦不能制也。所謂後者，調其數而合其時，時之變則間不容息，先之則太過，後之則不及，日迴月周，時不與人遊，故聖人不貴尺璧，而貴寸之陰，時難得而易失。故聖人隨時而舉事，因資而立功，守清道，拘雌節，因循而應變，常後而不先，柔弱以靜，安徐以定，功大靡堅，不能與爭也〔註26〕。

　老子曰：〔機械之心藏於中，即純白之不粹，神德不全於身者，不知何遠之能懷，欲害之心忘乎中者，即飢虎可尾也，而況於人乎，體道者佚而不窮，任數者勞而無功。夫法刻刑誅者，非帝王之業也，箠策繁用者，非致遠之御也，好憎繁多，禍乃相隨。故先王之法非所作也，所因也，其禁誅非所爲也，所守也，故能因即大，作即細，能守即固，爲即敗。夫任耳目以聽視者，勞心而不明，以智慮爲治者，苦心而無功。任一人之材難以至治，一人之能不足以治三畝之宅，循道理之數，因天地自然，即六合不足均也〔註27〕〕。〔聽失于非譽，目淫於彩色，禮亶不足以放愛，誠心可以懷遠〔註28〕〕。〔故兵莫

〔註24〕卷一〈原道〉，頁17～19。
〔註25〕卷一〈原道〉，頁14。
〔註26〕卷一〈原道〉，頁15～17。
〔註27〕卷一〈原道〉，頁9～10。
〔註28〕卷十一〈齊俗〉，頁61。

憪乎志，莫邪爲下，寇莫大於陰陽，而枹鼓爲細〔註29〕。所以大寇伏尸不言
節，中寇藏於山，小寇遁於民間，故曰：民多智能，奇物滋起，法令滋章，
盜賊多有。去彼取此，天殃不起，故以智治國，國之賊，不以智治國，國之
德。夫無形大，有形細，無形多，有形少，無形強，有形弱，無形實，有形
虛，有形者遂事也，無形者，作始也。遂事者成器也，作始者樸也。有形則
有聲，無形則無聲，有形產於無形，故無形者有形之始也。廣厚有名，有名
者貴全也，儉薄無名，無名者賤輕也。殷富有名，有名尊寵也，貧寡無名，
無名者卑辱也。雄牡有名，有名者章明也，雌牝無名，無名者隱約也。有餘
者有名，有名者高賢也，不足者無名，無名者任下也。有功即有名，無功即
無名，有名產於無名，無名者有名之母也。夫道有無相生也，難易相成也，
是以聖人執道虛靜，微妙以成其德。故有道即有德，有德即有功，有功即有
名，有名即復歸於道，功名長久，終身無咎。王公有功名，孤寡無功名，故
曰：聖人自謂孤寡。歸其根本，功成而不有，故有功以爲利，無名以爲用。〔古
者民童蒙，不知東西，貌不離情，言不出行，行出無容，言而不文。故衣煖
而無采，其兵鈍而無刃，行蹎蹎，視瞑瞑，鑿井而飲，耕田而食，不布施，
不求德，高不相傾，長短不相形〔註30〕，風齊於俗可隨也，事周於能易爲也，
矜僞以感世，軻行以迷眾，聖人不以爲民俗。

〈精誠〉

　　老子曰：〔天致其高，地致其厚，日月照，列星朗，陰陽和，非有爲焉，
正其道而物自然。陰陽四時非生萬物也，雨露時降非養草木也，神明接，陰
陽和，萬物生矣。夫道者，藏精於內，棲神於心，靜漠恬澹，悅穆胸中，廓
然無形，寂然無聲，官府若無事，朝廷若無人，無隱士，無逸民，無勞役，
無冤刑，天下莫不仰上之德，象主之旨，絕國殊俗莫不重譯而至，非家至而
人見之也，推其誠心，施之天下而已。故善賞罰暴者正令也，其所以能行者，
精誠也，雖令明而不能獨行，必待精誠，故總道以被民而民弗從者，精誠弗
至也〔註31〕〕。

　　老子曰：〔天設日月，列星辰，張四時，調陰陽，日以暴之，夜以息之，

〔註29〕卷十〈繆稱〉，頁41。
〔註30〕卷十一〈齊俗〉，頁53～54。
〔註31〕卷二十〈泰族〉，頁56～59。

風以乾之，雨露以濡之；其生物也，莫見其所養而萬物長，其殺物也，莫見其所喪而萬物亡，此謂神明。是故聖人象之，其起福也，不見其所以而福起，其除禍也，不見其所由而禍除，稽之不得，察之不虛，日計不足，歲計有餘，寂然無聲，一言而大動天下，是以天心動化者也。故精誠內形，氣動於天，景星見，黃龍下，鳳凰至，醴泉出，嘉穀生，河不滿溢，海不波涌；逆天暴物，即日月薄蝕，五星失行，四時相乘，晝冥宵光，山崩川涸，冬雷夏霜。天之與人，有以相通，故國之殂亡也，天文變，世俗亂，虹蜺見，萬物有以相連，精氣有以相薄，故神明之事，不可以智巧為也，不可強力致也，故大人與天地合德，與日月合明，與鬼神合靈，與四時合信，懷天心，抱地氣，執沖含和，不下堂而行四海，變易習俗，民化遷善，若出諸己，能以神化者也〔註32〕〕。

老子曰：〔夫人道者，全性保眞，不虧其身，遭急迫難，精通乎天，若乃未始出其宗者，何為而不成；死生同域，不可脅凌，又況官天地，府萬物，返造化，含至和，而已未嘗死者也。精誠形乎內，而外喻於人心，此不傳之道也。聖人在上，懷道而不言，澤及萬民，故不言之教，芒乎大哉！臣君乖心，倍譎見於天，神氣相應徵矣，此謂不言之辯，不道之道也。夫召遠者使無為焉，親近者言無事焉，唯夜行者能有之，故卻走馬以糞，車軌不接於遠方之外，是謂坐馳陸沉。夫天道無私就也，無私去也，能者有餘，拙者不足，順之者利，逆之者凶。是故以智為治者難以持國，唯同乎大和而持自然應者，為能有之。

老子曰：夫道之與德，若韋之與革，遠之即近，近之即疏，稽之不得，察之不虛。是故聖人若鏡，不將不迎，應而不藏，萬物而不傷。其得之也，乃失之也，其失之也，乃得之也，故通於大和者，闇若醇醉而甘臥以游其中，若未始出其宗，是謂大通〔註33〕〕，此假不用能成其用也。

老子曰：〔昔黃帝之治天下，調日月之行，治陰陽之氣，節四時之度，正律曆之數，別男女，明上下，使強不掩弱，眾不暴寡，民保命而不夭，歲時熟而不凶，百官正而無私，上下調而無尤，法令明而不闇，輔佐公而不阿，田者讓畔，道不拾遺，市不預賈，故於此時，日月星辰不失其行，風雨時節，五穀豐昌，鳳凰翔於庭，麒麟游於郊。虙犧氏之王天下也，枕石寢繩，殺秋

〔註32〕　卷二十〈泰族〉，頁54～56。
〔註33〕　卷六〈覽冥〉，頁43～48。

約冬，負方州，抱員天，陰陽所擁沈滯不通者窾理之，逆氣戾物傷民積厚者絕止之，其民童蒙不知東西，視瞑瞑，行蹎蹎，侗然自得，莫知其所由，浮游汎然，不知其所本，自養不知所如往；當此之時，禽獸蟲蛇無不懷其爪牙，藏其螫毒，功揍天地。至黃帝要繆乎太祖之下，然而不章其功，不揚其名，隱眞人之道，從天地之固然，何即？道德上通而智故消滅〔註34〕。

老子曰：〔天不定，日月無所載，地不定，草木無所立，身不寧，是非無所形。是故有眞人而後有眞智，其所持者不明，何知吾所謂知之非不知與？積惠重貨使萬民欣欣，人樂其生者，仁也；舉大功，顯令名，體君臣，正上下，明親疏，存危國，繼絕世，立無後者，義也；閉九竅，藏志意，棄聰明，反無識，芒然仿佯乎塵垢之外，逍遙乎無事之際，含陰吐陽而與萬物同和者，德也；是故道散而爲德，德溢而爲仁義，仁義立而道德廢矣。

老子曰：神越者言華，德蕩者行僞，至精芒乎中，而言行觀乎外，此不免以身役物也。請有愁盡而行無窮極，所守不定而外淫於世俗之風，是故聖人內修道術而不外飾仁義，知九竅四肢之宜，而游乎精神之和，此聖人之游也。

老子曰：若夫聖人之游也，即動乎至虛，遊心乎大無，馳於方外，行於無門，聽於無聲，視於無形，不拘於世，不繫於俗。故聖人所以動天下者，眞人不過，賢人所以矯世俗者，聖人不觀。夫人拘於世俗，必形繫而神泄，故不免於累，使我可拘繫者，必其命自外者矣〔註35〕。

老子曰：〔人主之思，神不馳於胸中，智不出於四域，懷其仁誠之心，甘雨以時，五穀蕃殖，春生夏長，秋收冬藏，月省時考，終歲獻貢，養民以公，威厲不誡，法省不煩，教化如神，法寬刑緩，囹圄空虛，天下一俗，莫懷奸心，此聖人之恩也。夫上好取而無量，即下貪功而無讓，民貧苦而分爭生，事力勞而無功，智詐萌生，盜賊滋彰，上下相怨，號令不行，夫水濁者魚噞，政苛者民亂，上多欲即下多詐，上煩擾即下不定，上多求即下文爭，不治其本而救之於末，無以異於鑿渠而止水，抱薪而救火。聖人事省而治，求寡而贍，不施而仁，不言而信，不求而得，不爲而成，懷自然，保至眞，抱道推誠，天下從之如響之應聲，影之像形，所修者本也。

老子曰：精神越於外，智慮蕩於內者，不能治形，神之所用者遠，則所遺者近。故不出戶以知天下，，不窺於牖以知天道，其出彌遠，其知彌少。

〔註34〕卷六〈覽冥〉，頁51～53。
〔註35〕卷二〈俶眞〉，頁39～41。

此言精誠發於內，神氣動於天也。

老子曰：冬日之陽，夏日之陰，萬物歸之而莫之使，極自然至精之感，弗召自來，不去而往，窈窈冥冥，不知所爲者而功自成；待目而照見，待言而使命，其於治難矣。皋陶喑而爲大理，天下無虐刑，何貴乎言者也；師曠瞽而爲太宰，晉國無亂政，何貴乎見者也；不言之令，不視之見，聖人所以爲師也。民之化上，不從其言，從其所行，故人君好勇，弗使鬥爭而國家多難，其漸必有劫殺之亂矣；人君好色，弗使風議而國家昏亂，其積至於淫溢之難矣，故聖人精誠別於內，好憎明於外，出言以副情，發號以明指。是故刑罰不足以移風，殺戮不足以禁奸，唯神化爲貴，精至爲神〔註36〕，〔精之所動，若春氣之生，秋氣之殺。故君子小者，其猶射者也，於此毫末，於彼尋丈矣！故理人者，慎所以感之。

老子曰：懸法設賞而不能移風易俗者，誠心不抱也，故聽其音則知其風，觀其樂即知其俗，見其俗即知其化。夫抱真效誠者，感動天地，神踰方外，令行禁止，誠通其道而達其意，雖無一言，天下萬民、禽獸、鬼神與之變化。故太上神化，其次使不得爲非，其下賞善而罰暴〔註37〕。

老子曰：大道無爲，無爲即無有，無有者不居也，不居者即處無形，無形者不動，不動者無言也，無言者即靜而無聲無形，無聲無形者，視之不見，聽之不聞，是謂微妙，是謂至神，綿綿若存，是謂天地之根。道無形無聲，故聖人強爲之形，以一字爲名。天地之道，大以小爲本，多以少爲始，天子以天地爲品，以萬物爲資，功德至大，勢名至貴，二德之美與天地配，故不可不軌大道以爲天下母。

老子曰：〔賑窮補急則名生，起利除害即功成，世無災害，雖聖無所施其德，上下和睦，雖賢無以立其功〔註38〕。〔故至人之治，含德抱道，推誠樂施，無窮之智寢說而不言，天下莫知貴其不言者，故道可道，非常道也，名可名，非常名也。著於竹帛，鑮於金石，可傳於人者，皆其麤也。三皇五帝三王，殊事而同心，異路而同歸，末世之學者，不知道之所體一，德之所總要，取成事之跡，跪坐而言之，雖博學多聞，不免於亂〔註39〕。

〔註36〕卷九〈主術〉，頁2～3。
〔註37〕卷九〈主術〉，頁4～6。
〔註38〕卷八〈本經〉，頁83。
〔註39〕卷八〈本經〉，頁85。

老子曰：〔心之精者，可以神化，而不可說道。聖人不降席而匡天下，情甚於嗔呼，故同言而信，信在言前，同令而行，誠在令外也。聖人在上，化民如神，情以先之，動於上不應於下者，情令殊也。三月嬰兒未知利害，而慈母愛之愈篤者，情也。故言之用者變，變乎小哉，下言之用者變，變乎大哉。信君子之言，忠君子之意，忠信形於內，感動應乎外，聖賢之化也。

老子曰：子之死父，臣之死君，非出死以求名也，恩心藏於中而不違其難也。君子之憯怛非正爲也，自中出者也，亦察其所行。聖人不慚於影，君子慎其獨也，舍近期遠，塞矣〔註40〕〕。故聖人在上則民樂其治，在下則民慕其意，志不忘乎欲利人也。

老子曰：〔勇士一乎，三軍皆辟，其出之誠也，唱而不和，意而不載，中必有不合者也。不下席而匡天下者，求諸己也，故說之所不至者，容貌至焉，容貌所不至者，感忽至焉，感乎心發而成形，精之至者可形接，不可以照期〔註41〕〕。

老子曰：〔言有宗，事有本，失其宗本，伎能雖多，不如寡言。害眾者倕而使斷其指，以明大巧之不可爲也。故匠人智爲，不以能以時，閉不知閉也，故必杜而後開〔註42〕〕。

老子曰：〔聖人之從事也，所由異路而同歸，存亡定傾若一，志不忘乎欲利人也。故秦楚燕魏之歌，異聲而皆樂也，九夷八狄之哭，異聲而皆哀。夫歌者樂之徵，哭者哀之效也，憯於中，發於外，故在所以感之矣。聖人之心，日夜不忘乎欲利人，其澤之所及亦遠矣〔註43〕〕。

老子曰：〔人無爲而治，有爲即傷。無爲而治者，爲無爲，爲者不能無爲也，不能無爲者，不能有爲也。人無言而神，有言也即傷。無言而神者，載無言，則傷有神之神者〔註44〕〕。

老子曰：〔名可強立，功可強成。昔者南榮趎恥聖道而獨亡於己，南見老子，受一教之言，精神曉靈，屯閔條達，勤苦十日不食，如享太牢，是以明照海內，名立後世，智略天地，察分秋毫，稱譽華語，至今不休，此謂名可

〔註40〕卷十〈繆稱〉，頁39～40。
〔註41〕卷十〈繆稱〉，頁38。
〔註42〕卷十二〈道應〉，頁103。
〔註43〕卷十九〈脩務〉，頁36～39。
〔註44〕卷十六〈說山〉，頁73。

強立也〔註45〕。故田者不強，囷倉不滿，官御不勵，誠心不精，將相不強，功烈不成，王侯懈怠，後世無名。〔至人潛行，譬猶雷霆之藏也，隨時而舉事，因資而立功，進退無難，無所不通〔註46〕。〕夫至人精誠內形，德流四方，見天下有利也，喜而不忘，天下有害也，怵若有喪。夫憂民之憂者，民亦憂其憂，樂民之樂者，民亦樂其樂，故憂以天下，樂以天下，然而不王者，未之有也。聖人之法，始於不可見，終於不可及，處於不傾之地，積於不盡之倉，載於不竭之府，出令如流水之原，使民於不爭之官，開必得之門，不爲不可成，不求不可得，不處不可久，不行不可復。大人行可說之政，而人莫不順其命，命順則從，小而致大，命逆則以善爲害，以成爲敗。夫所謂大丈夫者，內強而外明，內強如天地，外明如日月，天地無不覆載，日月無不照明。大人以善示人，不變其故，不易其常，天下聽令，如草從風，政失於春，歲星盈縮，不居其常；政失於夏，熒惑逆行；政失於秋，太白不當，出入無常；政失於冬，辰星不效其鄉，四時失政，鎮星搖蕩，日月見謫，五星悖亂，彗星出。春政不失，禾黍滋；夏政不失，雨降時；秋政不失，民殷昌；冬政不失，國家康寧。

〈九守〉

老子曰：〔天地未形，窈窈冥冥，渾而爲一，寂然清澄，重濁爲地，精微爲天，離而爲四時，分而爲陰陽，精氣爲人，粗氣爲蟲，剛柔相成，萬物乃生。精神本乎天，骨骸根于地，精神入其門，骨骸反其根，我尚何存，故聖人法天順地，不拘於俗，不誘於人，以天爲父，以地爲母，陰陽爲綱，四時爲紀。天靜以清，地定以寧，萬物逆之者死，順之者生，故靜漠者神明之宅，虛無者道之所居。夫精神者所受於天也，骨骸者所稟於地也，故曰道生一，一生二，二生三，三生萬物，萬物負陰而抱陽，沖氣以爲和。

老子曰：人受天地變化而生，一月而膏，二月血脈，三月而胚，四月而胎，五月而筋，六月而骨，七月而成形，八月而動，九月而躁，十月而生，形骸已成，五藏乃分，肝主目，腎主耳，脾主舌，肺主鼻，膽主口，外爲表，中爲裏，頭圓法天，足方象地，天有四時、五行、九曜、三百六十日，人有四支、五藏、九竅、三百六十節；天有風雨寒暑，人有取與喜怒。膽爲雲，肺爲氣，脾爲風，

〔註45〕卷十九〈脩務〉，頁45～46。
〔註46〕卷十三〈氾論〉，頁18。

腎爲雨，肝爲雷，人與天地相類，而心爲之主。耳目者，日月也，血氣者，風雨也，日月失行而薄蝕無光，風雨非時，毀折生災，五星失行，州國受其殃。天地之道，至閎以大，尚由節其章光，授其神明，人之耳目何能久燻而不息，精神何能馳騁而不乏，是故聖人守內而不失外。夫血氣者人之華也，五藏者人之精也，血氣專乎內而不外越，則胸腹充而嗜欲寡，嗜欲寡則耳目清而聽視聰達，聽視聰達謂之明；五藏能屬於心而無離，則氣意勝而行不僻，精神盛而氣不散，以聽無不聞，以視無不見，以爲無不成，患禍無由入，邪氣不能襲，故所求多者所得少，所見大者所知小。夫孔竅者，精神之戶牖，血氣者，五藏之使候，故耳目淫於聲色，即五藏動搖而不定，血氣滔蕩而不休，精神馳騁而不守，禍福之至雖如丘山，無由識之矣，故聖人愛而不越。聖人誠使耳目精明玄達，無所誘慕，意氣無失清靜而少嗜欲，五藏便寧，精神內形骸守而不越，即觀乎往事之外，來事之內，禍福之間可足見也，故其出彌遠者，其知彌少。以言精神不可使外淫也。故五色亂目，使目不明，五音入耳，使耳不聰，五味亂口，使口生創，趣舍滑心，使行飛揚，所以不能終其天年者，以其生生之厚，夫唯無以生爲者，即所以得長生，天地運而相通，萬物總而爲一，能知一即無一不知也，不能知一即無一之能知也。吾處天下亦爲一物，而物亦物也，物之與物也，何以相物；〔註47〕欲生不可事也，憎死不可辭也，賤之不可憎也，貴之不可喜也，因其資而寧之，弗敢極也，弗敢極即至極樂矣。

守　虛

老子曰：〔所謂聖人者，因時而安其位，當世而樂其業。夫哀樂者德之邪，好憎者心之累，喜怒者道之過；故其生也天行，其死也物化，靜即與陰合德，動即與陽同波。故心者形之主也，神者心之寶也，形勞而不休即蹶，精用而不已則竭，是以聖人遵之不敢越也。以無應有，必究其理，以虛受實，必窮其節，恬愉虛靜，以終其命，無所疏，無所親，抱德煬和，以順於天，與道爲際，與德爲鄰，不爲福始，不爲禍先，死生無變於己，故曰至神〔註48〕〕。神則以求無不得也，以爲無不成也。

守　無

老子曰：〔輕天下即神無累，細萬物即心不惑，齊生死則意不懾，同變化

〔註47〕卷七〈精神〉，頁59～63。
〔註48〕卷七〈精神〉，頁64～65。

則明不眩〔註49〕。〔夫至人倚不撓之柱，行無關之途，稟不竭之府，學不死之師，無往而不遂，無之而不通，屈伸俯仰，抱命不惑，而宛轉禍福，利害不足以患心。夫爲義者可迫以仁，而不可劫以兵，可正以義，而不可懸以利；君子死義，不可以富貴留也，爲義者不可以死亡恐也，又況於無爲者乎！無爲者即無累，無累之人，以天下爲影柱。上觀至人之倫，深原道德之意，下考世俗之行，乃足以羞也；夫無以天下爲者，學之建鼓也。

守 平

老子曰：尊勢厚利，人之所貪，比之身則賤，故聖人食足以充虛接氣，衣足以蓋形禦寒，適情辭餘，不貪得，不多積。清目不視，靜耳不聽，閉口不言，委心不慮，棄聰明，反太素，休精神，去知故，無好無憎，是謂大通。除穢去累，莫若未始出其宗，何爲而不成。知養生之和者，即不可懸以利，通內外之符者，不可誘以勢，無外之外至大，無內之內，至貴，能知大貴，何往而不遂。

守 易

老子曰：古之爲道者，理情性，治心術，養以和，持以適，樂道而忘賤，安德而忘貧。性有不欲，無欲而不得，心有不樂，無樂不爲，無益於性者不以累德，不便於生者不以滑和。不縱身肆意而制度，可以爲天下儀，量腹而食，制形而衣，容身而居，適情而行，餘天下而不有，委萬物而不利，〔註50〕豈爲貧富貴賤失其性命哉夫。若然者，可謂能體道矣。

守 清

老子曰：〔人受氣於天者，耳目之於聲色也，鼻口之於芳臭也，肌膚之於寒溫也，其情一也，或以死，或以生，或爲君子，或爲小人，所以爲制者異。神者智之淵也，神清則智明，智者心之府也，智公則心平，人莫鑑於流潦而鑑於澄水，以其清且靜也，故神清意平乃能形物之情，故用之者必假於不用也。夫鑑明者則塵垢不汙也，神清者嗜欲不誤也，故心有所至，則神慨然在之，反之於虛，則消躁藏息矣，此聖人之遊也。故治天下者，必達性命之情而後可也。

守 真

老子曰：夫所謂聖人者，適情而已，量腹而食，度形而衣，節乎己而貪

〔註49〕 卷七〈精神〉，頁68。
〔註50〕 卷七〈精神〉，頁72～75。

汙之心無由生也，故能有天下者，必無以天下爲也，能有名譽者，必不以越行求之，誠達性命之情，仁義因附也。若夫神無所掩，心無所載，通洞條達，澹然無事，勢利不能誘，聲色不能淫，辯者不能說，智者不能動，勇者不能恐，此眞人之遊也。夫生生者不生，化化者不化，不達此道者，雖知統天地，明照日月，辯解連環，辭潤金石，猶無益於天下也，故聖人不失所守。

守　靜

老子曰：靜漠恬惔，所以養生也，和愉虛無，所以據德也，外不亂內，即性得其宜，靜不動和，即德安其位，養生以經世，抱德以終年，可謂能體道矣。若然者，血脈無鬱滯，五藏無積氣，禍福不能矯滑，非譽不能塵垢，非有其世，孰能濟焉，有其才，不遇其時，身猶不能脫，又況無道乎；夫目察秋毫之末者，耳不聞雷霆之聲，耳調金玉之音者，目不見太山之形，故小有所志，則大有所忘。今萬物之來，擢拔吾生，攓取吾精，若泉原也，雖欲勿稟，其可得乎？今盆水若清之經日，乃能見眉睫，濁之不過一撓，即不能見方圓也，人之精神難清而易濁，猶盆水也〔註51〕。

守　法

老子曰：上聖法天，其次尚賢，其下任臣，任臣者，危亡之道也，尚賢者癡惑之原也，法天者治。天地之道也，虛靜爲主，虛無不受，靜無不持，知虛靜之道，乃能終始，故聖人以靜爲治，以動爲亂，〔故曰勿撓勿纓，萬物將自清，勿驚勿駭，萬物將自理〔註52〕〕，是謂天道也。

守　弱

老子曰：天子公侯以天下一國爲家，以萬物爲畜，懷天下之大，有萬物之多，即氣實而志驕，大者用兵侵小，小者倨傲凌下，用心奢廣，譬猶飄風暴雨，不可長久。是以聖人以道鎮之，執一無爲，而不損沖氣，見小守柔，退而勿有，法於江海。江海不爲，故功名自化，弗強，故能成其王，爲天下牝，故能神不死，自愛，故能成其貴。萬乘之勢，以萬物爲功名，權任至重，不可自輕，自輕則功名不成。夫道，大以小而成，多以少爲主，故聖人以道蒞天下，柔弱微妙者見小也，儉嗇損缺者見少也，見小故能成其大，見少故能成其美。天之道，抑高而舉下，損有餘補不足，江海處地之不足，故天下

〔註51〕卷二〈俶眞〉，頁45～49。
〔註52〕卷十〈繆稱〉，頁52。

歸之奉之，聖人卑謙，清靜辭讓者見下也，虛心無有者見不足也，見下故能
致其高，見不足故能成其賢，矜者不立，奢者不長，強梁者死，滿日則亡，
飄風暴雨不終日，小谷不能須臾盈，飄風暴雨行強梁之氣，故不能久而滅，
小谷處強梁之地，故不得不奪。是以聖人執雌牝，去奢驕，不敢行強梁之氣，
執雌牝，故能立其雄牡，不敢奢驕，故能長久。

　　老子曰：〔天道極即反，盈即損〔註53〕〕，日月是也。故聖人自損而沖氣
不敢自滿，日進以牝，功德不衰，天道然也，人之情性皆好高而惡下，好得
而惡亡，好利而惡病，好尊而惡卑，好貴而惡賤，眾人為之，故不能成，執
之，故不能得。是以聖人法天，弗為而成，弗執而得，與人同情而異道，故
能長久。〔故三皇五帝有戒之器，命曰侑卮，其沖即正，其盈即覆。夫物盛則
衰，日中則移，月滿則虧，樂終而悲，是故聰明廣智守以愚，多聞博辯守以
儉，武力勇毅守以畏，富貴廣大守以狹，德施天下守以讓，此五者，先王所
以守天下也。服此道者不欲盈，夫唯不盈，是以弊不新成。〔註54〕〕。

　　老子曰：〔聖人與陰俱閉，與陽俱開，能至於無樂也，即無不樂也，無不
樂即至樂極矣。是以內樂外，不以外樂內，故有自樂也，即有自志，貴乎天
下。所以然者，因天下而為天下之要也，不在於彼而在於我，不在於人而在
於身，身得則萬物備矣。故達於心術之論者，即嗜欲好憎外矣，是故無所喜，
無所怒，無所樂，無所苦，萬物玄同，無非無是。故士有一定之論，女有不
易之行，不待勢而尊，不須財而富，不須力而強，不利貨財，不貪世名，不
以貴為安，不以賤為危，形神氣志各居其宜。夫形者生之舍也，氣者生之元
也，神者生之制也，一失其位即三者傷矣，故以神為主者形從而利，以形為
制者神從而害。其生貪饕多欲之人，顛冥乎勢利，誘慕乎名位，幾以過人之
智，位高於世，即精神日耗以遠，久淫而不還，形閑中拒，即無由入矣，是
以時有盲忘自失之患。夫精神志氣者，靜而日充以壯，躁而日耗以老，是故
聖人持養其神，和弱其氣，平夷其形，而與道浮沉，如此則萬物之化無不偶
也，百事之變無不應也〔註55〕〕。

守　樸

　　老子曰：〔所謂真人者，性合乎道也。故有而若無，實而若虛，治其內不

〔註53〕卷二十〈泰族〉，頁62。
〔註54〕卷十二〈道應〉，頁105。
〔註55〕卷一〈原道〉，頁22～29。

治其外，明白太素，無為而復樸。體本抱神，以遊天地之根，芒然仿佯塵垢之外，逍遙乎無事之業。機械智巧，不載於心，審於無假，不與物遷，見事之化，而守其宗。心意專於內，通達禍福於一，居不知所為，行不知所之。不學而知，弗視而見，弗為而成，弗治而辯，感而應，迫而動，不得已而往，如光之耀，如影之效，以道為循，有待而然，廓然而虛，清靜而無，以千生為一化，以萬異為一宗。有精而不使，有神而不用，守大渾之樸，立至精之中，其寢不夢，其智不萌，其動無形，其靜無體，存而若亡，生而若死，出入無間，役使鬼神，精神之所能登假於道者也。使精神暢達而不失於元，日夜無隙而與物為春，即是合而生時於心者也。故形有靡而神未嘗化，以不化應化，千變萬轉而未始有極。化者復歸於無形也，不化者與天地俱生也，故生生者未嘗生，其所生者即化，化化者未嘗化，其所化者即化，此真人之遊也，〔註56〕純粹之道也。

〈符言〉

老子曰：〔道至高無上，至深無下，平乎準，直乎繩，圓乎規，方乎矩，包裹天地而無表裏，洞同覆蓋而無所礙，是故體道者不怒不喜，其坐無慮，寢而不夢，見物而名，事至而應〔註57〕〕。

老子曰：〔欲尸名者必生事，事生即舍公而就私，倍道而任己，見譽而為善，立名而為賢，即治不順理而事不順時，治不順理則多責，事不順時則無功，妄為要中，功成不足以塞責，事敗足以滅身〔註58〕〕。

老子曰：〔無為名尸，無為謀府，無為事任，無為智主。藏於無形，行於無怠，不為福先，不為禍始；始於無形，動於不得已，欲福先無禍，欲利先遠害。故無為而寧者，失其所寧即危，無為而治者，失其所治即亂〔註59〕〕。故不欲碌碌如玉，落落如石。其文好者皮必剝，其角美者身必殺，甘泉必竭，直木必伐，華榮之言後為怨，石有玉傷其山，黔首之患固在言前。

老子曰：時之行，動以從，不知道者福為禍。天為蓋，地為軫，善用道者終無盡，地為軫，天為蓋，善用道者終無害。陳彼五行必有勝，天之所覆

〔註56〕卷七〈精神〉，頁65～67。
〔註57〕卷十〈繆稱〉，頁35。
〔註58〕卷十四〈詮言〉，頁36～37。
〔註59〕卷十四〈詮言〉，頁31。

無不稱，故知不知，上，不知知，病也。

老子曰：〔山生金，石生玉，反相剝；木生蟲，還自食；人生事，還自賊〔註60〕〕。夫好事者未嘗不中，爭利者未嘗不窮，〔善游者溺，善騎者墮，各以所好，反自爲禍。得在時，不在爭，治在道，不在聖，土處下，不爭高，故安而不危，水流下，不爭疾，故去而不遲〔註61〕〕。是以聖人無執故無失，無爲故無敗。

老子曰：一言不可窮也，二言天下宗也，三言諸侯雄也，四言天下雙也。貞信則不可窮，道德則天下宗，舉賢德諸侯雄，惡少愛眾天下雙。

老子曰：人有三死，非命亡焉：飲食不節，簡賤其身，病共殺之；樂得無已，好求不止，刑共殺之；以寡犯眾，以弱凌強，兵共殺之。

老子曰：〔其施厚者其報美，其怨大者其禍深，薄施而厚望，畜怨而無患者，未之有也。察其所以往者，即知其所以來矣〔註62〕〕。

老子曰：〔原天命，治心術，理好憎，適情性，即治道通矣。原天命即不惑禍福，治心術即不妄喜怒，理好憎即不貪無用，適情性即欲不過節。不惑禍福即動靜順，理不妄喜怒即賞罰不阿，不貪無用即不以欲害性，欲不過節即養生知足，凡此四者，不求於外，不假於人，反己而得矣〔註63〕〕。

老子曰：〔不求可非之行，不憎人之非己，修足譽之德，不求人之譽己。不能使禍無至，信己之不迎也，不能使福必來，信己之不讓也。禍之至非己之所生，故窮而不憂，福之來非己之所成，故通而不矜，是故閒居而樂，無爲而治。

老子曰：道者守其所已有，不求其所以未有，求其所未得即所有者亡，循其所已有即所欲者至。治未固於不亂，而事爲治者必危，行者未免於無非，而急求名者必剉，故福莫大於無禍，利莫大於不喪。故物或益之而損，損之而益。夫道不可以勸就利者，而可以安神避害，故嘗無禍不嘗有福，嘗無罪不嘗有功。道曰芒芒昧昧，從天之威，與天同氣，無思慮也，無設儲也，來者不迎，去者不將，人雖東西南北，獨立中央。故處眾枉，不失其直，與天下並流，不離其域；不爲善，不避醜，遵天之道；不爲始，不專己，循天之

〔註60〕卷十七〈說林〉，頁113。
〔註61〕卷一〈原道〉，頁14。
〔註62〕卷十〈繆稱〉，頁36。
〔註63〕卷十四〈詮言〉，頁32～33。

理，不豫謀，不棄時，與天爲期；不求得，不辭福，從天之則；內無奇福，外無奇禍，故禍福不生焉，焉有人賊，故至德言同輅，事同福，上下一心，無歧道旁見者，退之於邪，開道之於善，而民向方矣。

老子曰：爲善即勸，爲不善即觀，勸即生責，觀即生患，故道不可以進而求名，可以退而修身。故聖人不以行求名，不以知見求譽，治隨自然，己無所與，爲者有不成，求者有不得，人有窮而道無通，有智而無爲與無智同功，有能而無事與無能同德，有智若無智，有能若無能，道理達而人才滅矣。人與道不兩明，人愛名即不用道，道勝人即名息，道息人名章即危亡。

老子曰：使信分財，不如定分而探籌，何則？有心者之於平，不如無心者。使廉士守財，不如閉戶而全封，以爲有欲者之於廉，不如無欲者也。人舉其疵則怨，鑑見其醜則自善，人能接物而不與己，則免於累矣。

老子曰：凡事人者，非以寶幣，必以卑辭。幣單而欲不厭，卑體免辭，論說而交不結，約束誓盟，約定而反先日，是以君子不外飾仁義，而內修道術，修其境內之事，盡其地方之廣，勸民守死，堅其城郭，上下一心，與之守社稷，即爲民者不伐無罪，爲利者不攻難得，此必全之道，必利之理。

老子曰：聖人不勝其心，眾人不勝其欲。君子行正氣，小人行邪氣。內便於性，外合於義，循理而動，不繫於物者，正氣也。推於滋味，淫於聲色，發於喜怒，不顧後患者，邪氣也。邪與正相傷，欲與性相害，不可兩立，一起一廢，故聖人損欲而從性。目好色，耳好聲，鼻好香，口好味，合而說之，不離利害嗜欲也。耳目鼻口不知所欲，皆心爲之制，各得其所由，由此觀之，欲不可勝亦明矣。

老子曰：治身養性者，節寢處，適飲食，和喜怒，便動靜，內在己者得，而邪氣無由入。飾其外，傷其內，扶其情者害其神，見其文者蔽其眞。夫須臾無忘其爲賢者，必困其性，百步之中無忘其爲容者，必累其形，故羽翼美者傷其骸骨，枝葉茂者害其根荄，能兩美者天下無之。

老子曰：天有明不憂民之晦也，地有財不憂民之貧也，至德道者若丘山，嵬然不動，行者以爲期，直己而足物，不爲人賜，用之者亦不受其德，故安而能久。天地無與也，故無奪也，無德也，無怨也。善怒者必多怨，善與者必善奪，唯隨天地之自然而能勝理。故譽見即毀隨之，善見即惡從之，利爲害始，福爲禍先，不求利即無害，不求福即無禍，身以全爲常，富貴其寄也。

老子曰：聖人無屈奇之服，詭異之行，服不雜，行不觀，通而不華，窮

而不懼，榮而不顯，隱而不辱，異而不怪，同用無以名之，是謂大通〔註64〕。

老子曰：〔道者直己而待命，時之至不可迎而反也，時之去不可足而援也，故聖人不進而求，不退而讓。隨時三年，時去我走，去時三年，時在我後，無去無就，中立其所。天道無親，唯德是與，福之至非己之所求，故不伐其功，禍之來非己之所生，故不悔其行。中心其恬，不累其德，狗吠不驚，自信其情，誠無非分，故通道者不惑，知命者不憂。帝王之崩，藏骸於野，其祭也祀之於明堂，神貴於形也。故神制形則從，形勝神則窮，聰明雖用，必反諸神，謂之大通。

老子曰：古之存己者，樂德而忘賤，故名不動志，樂道而忘貧，故利不動心。是以謙而能樂，靜而能澹。以數算之壽，憂天下之亂，猶憂河水之涸，泣而益之也。故不憂天下之亂，而樂其身治者，可與言道矣〔註65〕。

老子曰：〔人有三怨，爵高者人妒之，官大者主惡之，祿厚者人怨之。夫爵益高者意益下，官益大者心益小，祿益厚者施益博，修此三者怨不作。故貴以賤爲本，高以下爲基。〔註66〕

老子曰：〔言者所以通己於人也，聞者所以通於己也，既闇且聾，人道不通。故有闇聾之病者，莫知事通，豈獨形骸有闇聾哉！心亦有之塞也，莫知所通，此闇聾之類也。夫道之爲宗也，有形者皆生焉，其爲親也亦戚矣；饗穀食氣者皆壽焉，其爲君也亦惠矣；諸智者學焉，其爲師也亦明矣。人皆以無用害有用，故知不博而日不足，以博弈之日問道，聞見深矣，不聞與不問，猶闇聾之比於人也〔註67〕。

老子曰：人之情心服於德，不服於力，德在與不在來，是以聖人之欲貴於人者，先貴於人，欲尊於人者，先尊於人，欲勝人者，先自勝，欲卑人者，先自卑，故貴賤尊卑，道以制之。夫古之聖王以其言下人，以其身後人，即天下樂推而不厭，戴而不重，此德重有餘而氣順也，故知與之爲取，後之爲先，即幾於道矣。

老子曰：〔德少而寵多者譏，才下而位高者危，無大功而有厚祿者微，故物或益之而損，或損之而益。眾人皆知利利，而不知病病，唯聖人知病之爲

〔註64〕卷十四〈詮言〉，頁34～43。
〔註65〕卷十四〈詮言〉，頁47～48。
〔註66〕卷十二〈道應〉，頁93。
〔註67〕卷二十〈泰族〉，頁74～75。

利，利之為病。故再實之木其根必傷，多藏之家其後必殃，夫大利者反為害，天之道也〔註68〕〕。

老子曰：〔小人從事曰苟得，君子從事曰苟義。為善者非求名者也，而名從之，名不與利期，而利歸之，所求者同，所極者異，故動有益則損隨之。〔註69〕〕〔言無常是，行無常宜者，小人也；察於一事，通於一能，中人也；兼覆而并有之，技能而才使之者，聖人也〔註70〕〕。

老子曰：〔生所假也，死所歸也，故世治即以義衛身，世亂即以身衛義，死之日，行之終也，故君子慎一用之而已矣〔註71〕〕。〔故生受於天也，命所遭於時也，有其才不遇其世，天也，求之有道，得之在命。君子能為善，不能必得其福，不忍而為非，而未必免於禍。故君子逢時即進，得之以義，何幸之有！不時即退，讓之以禮，何不幸之有！故雖處貧賤而猶不悔者，得其所貴也〔註72〕〕。

老子曰：人有順逆之氣生於心，心治則氣順，心亂則氣逆。心之治亂在於道德，得道則心治，失道則心亂，心治則交讓，心亂則交爭，讓則有德，爭則生賊。有德則氣順，賊生則氣逆，氣順則自損以奉人，氣逆則損人以自奉，二氣者可道已而制也。天之道其猶響之報聲也，德積則福生，禍積則怨生。宦敗於官茂，孝衰於妻子，患生於憂解，病甚於且瘉，故慎終如始，無敗事也。

老子曰：〔舉枉與直，如何不得，舉直與枉，勿與遂往，所謂同汙而異泥者〔註73〕〕。

老子曰：〔聖人同死生，愚人亦同死生，聖人同死生明於分理，愚人同死生不知利害之所在，道懸天，物布地，和在人，人主不和即天氣不下，地氣不上，陰陽不調，風雨不時，人民疾飢〔註74〕〕。

老子曰：〔得萬人之兵，不如聞一言之當，得隋侯之珠，不如得事之所由，得和氏之璧，不如得事之所適〔註75〕〕。天下雖大，好用兵者亡，國雖安，好

〔註68〕卷十八〈人間〉，頁2～4。
〔註69〕卷十〈繆稱〉，頁40～41。
〔註70〕卷十〈繆稱〉，頁52。
〔註71〕卷十〈繆稱〉，頁43。
〔註72〕卷十〈繆稱〉，頁46～47。
〔註73〕卷十六〈說山〉，頁85～86。
〔註74〕卷十六〈說山〉，頁88。
〔註75〕卷十六〈說山〉，頁87。

戰者危，故小國寡民，使有伯什之器而勿用。

　　老子曰：〔能成霸王者，必勝者也，能勝敵者，必強者也。能強者，必用人力者也，能用人力者，必得人心者也，能得人心者，必自得者也，自得者，必柔弱者。能勝不如己者，至於若己者而格，柔勝出於若己者，其事不可度，故能眾不勝能成大勝者也。〔註76〕

〈道德〉

　　文子問道，老子曰：學問不精，聽道不深。凡聽者，將以達智也，將以成行也，將以致功名也，不精不明，不深不達。故上學以神聽，中學以心聽，下學以耳聽；以耳聽者，學在皮膚，以心聽者，其學在肌肉，以神聽者，其學在骨髓。故聽之不深，即知之不明，知之不明，即不能盡其精，不能盡其精，即行之不成。凡聽之理，虛心清靜，損氣無盛，無思無慮，目無妄視，耳無苟聽。專精積蓄，內意盈并，既以得之，必固守之，必長久之。夫道者，原產有始，始於柔弱，成於剛強，始於短寡，成於眾長，十圍之木，始於把，百仞之臺，始於下，此天之道也。聖人法之，卑者所以自下也，退者所以自後也，儉者所以自小也，損者所以自少也，卑則尊，退則先，儉則廣，損則大，此天道所成也。天道者，德之元，天之根，福之門，萬物待之而生，待之而成，待之而寧。夫道，無為無形，內以修身，外以治人，功成事立，與天為鄰，無為而無不為，莫知其情，莫知其真，其中有信。天子有道則天下服，長有社稷，公侯有道則人民和睦，不失其國，士庶有道則全其身，保其親；強大有道，不戰而克，小弱有道，不爭而得，舉事有道，功成得福，君臣有道則忠惠，父子有道則慈孝，士庶有道則相愛；故有道則知，無道則苛。由是觀之，道之於人，無所不宜也。夫道者，小行之小得福，大行之大得福，盡行之天下服，服則懷之，故帝者，天下之適也，王者，天下之往也，不適不往，不可謂帝王。故帝王不得人不能成，得人失道亦不能守。夫失道者，奢泰驕佚，慢倨矜傲，見餘自顯自明，執雄堅強，作難結怨，為兵主，為亂者；小人行之，身受大殃，大人行之，國家滅亡，淺及其身，深及子孫。夫罪莫大於無道，怨莫深於無德，天道然也。

　　老子曰：〔夫行道者，使人雖勇，刺之不入，雖巧，擊之不中；夫刺之不

〔註76〕卷十四〈詮言〉，頁33。

入，擊之不中，而猶辱也。未若使人雖勇不敢刺，雖巧不敢擊。夫不敢者，非無其意也，未若使人無其意，夫無其意者，未有愛利害之心也，不若使天下丈夫女子莫不懽然皆欲愛利之，若然者，無地而為君，無官而為長，天下莫不願安樂之，故勇於敢則殺，勇於不敢則活〔註77〕。

文子問德。老子曰：畜之養之，遂之長之，兼利無擇，與天地合，此之謂德。何謂仁？曰：為上不矜其功，為下不羞其病，於大不矜，於小不偷，兼愛無私，久而不衰，此之謂仁也。何謂義？曰：為上則輔弱，為下則守節，達不肆意，窮不易操，一度順理，不私枉橈，此之謂義也。何謂禮？曰：為上則恭嚴，為下則卑敬，退讓守柔，為天下雌，立於不敢，設於不能，此之謂禮也。故修其德則下從令，修其仁則下不爭，修其義則下平正，修其禮則下尊敬，四者既修，國家安寧。故物生者道也，長者德也，愛者仁也，正者義也，敬者禮也。不畜不養，不能遂長，不慈不愛，不能成遂，不正不匡，不能久長，不敬不寵，不能貴重。故德者民之所貴也，仁者民之所懷也，義者民之所畏也，禮者民之所敬也，此四者，文之順也，聖人之所以御萬物也。君子無德則下怨，無仁則下爭，無義則下暴，無禮則下亂，四經不立，謂之無道，無道不亡者，未之有也。

老子曰：〔至德之世，賈便其市，農樂其野，大夫安其職，處士修其道，人民樂其業，是以風雨不毀折，草木不夭死，河出圖，洛出書。及世之衰也，賦斂無度，殺戮無止，刑諫者，殺賢士，是以山崩川涸，蠕動不息，墊無百蔬。故世治則愚者不得獨亂，世亂則賢者不能獨治，聖人和愉寧靜，生也，至德道行，命也，故生遭命而後能行，命得時而後能明，必有其世而後有其人〔註78〕。

文子問聖智。老子曰：聞而知之，聖也，見而知之，智也。聖人嘗聞禍福所生而擇其道，智者嘗見禍福成形而擇其行，聖人知天道吉凶，故知禍福所生；智者先見成形，故知禍福之門。聞未生聖也，先見成形智也，無聞見者愚迷。

老子曰：〔君好義（智）則信時而任己，棄數而用惠，物博智淺，以淺瞻博，未之有也。獨任其智失必多矣，好智，窮術也，好勇，危亡之道也，好與則無定分，上之分不定，則下之望無止，若多斂則與民為讎，少取而多與，其數無有，故好與，來怨之道。由是觀之，財不足任，道術可因，明矣〔註79〕。

〔註77〕卷十二〈道應〉，頁82～83。
〔註78〕卷二〈俶真〉，頁50～51。
〔註79〕卷十四〈詮言〉，頁38～39。

文子問曰：古之王者，以道蒞天下，爲之奈何？老子曰：執一無爲，因天地與之變化，天下，大器也，不可執也，不可爲也，爲者敗之，執者失之。執一者，見小也，見小故能成其大也，無爲者，守靜也，守靜能爲天下正。處大，滿而不溢，居高，貴而無驕，處大不溢，盈而不虧，居上不驕，高而不危。盈而不虧，所以長守富也，高而不危，所以長守貴也，富貴不離其身，祿及子孫，古之王道具於此矣。

老子曰：〔民有道所同行，有法所同守，義不能相固，威不能相必，故立君以一之。君執一即治，無常即亂。君道者，非所以有爲也，所以無爲也，智者不以德爲事，勇者不以力爲暴，仁者不以位爲惠，可謂一矣。一也者，無適之道也，萬物之本也。君數易法，國數易君，人以其位達其好憎，下之任懼不可勝理，故君失一，其亂甚於無君也，君必執一而後能群矣〔註80〕〕。

文子問曰：王道有幾？老子曰：一而已矣。文子曰：古有以道王者，有以兵王者，何其一也？曰：以道王者德也，以兵王者亦德也。用兵有五，有義兵、有應兵、有忿兵、有貪兵、有驕兵；誅暴救弱謂之義，敵來加己不得已而用之謂之應，爭小故不勝其心謂之忿，利人土地、欲人財貨謂之貪，恃其國家之大，矜其人民之眾，欲見賢於敵國者謂之驕；義兵王，應兵勝，忿兵敗，貪兵死，驕兵滅，此天道也。

老子曰：〔釋道而任智者危，棄數而用才者困，故守分循理，失之不憂，得之不喜。成者非所爲，得者非所求，入者有受而無取，出者有授而無與，因春而生，因秋而殺，所生不德，所殺不怨，則幾於道矣〔註81〕〕。

文子問曰：王者得其歡心爲之奈何？老子曰：若江海即是也，淡兮無味，用之不既，先小而後大。夫欲上人者，必以其言下之，欲先人者，必以其身後之，天下必效其歡愛，進其仁義，而無苛氣，居上而民不重，居前而眾不害，天下樂推而不厭，雖絕國殊俗，蜎飛蠕動，莫不親愛，無之而不通，無往而不遂，故爲天下貴。

老子曰：〔執一世之法籍，以非傳代之俗，譬猶膠柱調瑟〔註82〕〕。〔聖人者，應時權變，見形施宜，世異則事變，時移則俗易，論世立法，隨時舉事。上古之王，法度不同，非古相返也，時務異也，是故其不法已成之法，而法

〔註80〕卷十四〈詮言〉，頁38。
〔註81〕卷十四〈詮言〉，頁34。
〔註82〕卷十一〈齊俗〉，頁63。

其所以爲法者，與化推移。聖人法之可觀也，其所以作法不可原也，其言可聽也，其所以言不可形也。三皇五帝輕天下，細萬物，齊死生，同變化，抱道推誠，以鏡萬物之情，上與道爲友，下與化爲人。今欲學其道，不得其清明，玄聖守其法籍，行其憲令，必不能以爲治也〔註83〕。

文子問政。老子曰：御之以道，養之以德，無示以賢，無加以力；損而執一，無處可利，無見可欲，方而不割，廉而不劌，無矜無伐。御之以道則民附，養之以德則民服，無示以賢則民足，無加以力則民朴。無示以賢者，儉也；不加以力，不敢也。下以聚之，儉以取之，儉以自全，不敢自安。不下則離散，弗養則背叛，示以賢則民爭，加以力則民怨。離散則國勢衰，民背叛則上無威，人爭則輕爲非，下怨其上則位危，四者誠修，正道幾矣。

老子曰：〔上言者下用也，下言者上用也，上言者常用也，下言者權用也，唯聖人爲能知權。言而必信，期而必當，天下之高行，直而証父，信而死女，孰能貴之。故聖人論事之曲直，與之屈伸，無常儀表，祝則名君，溺則捽父，勢使然也。夫權者，聖人所以獨見，夫先迕而後合者之謂權，先合而後迕者不知權，不知權者，善反醜矣〔註84〕。

文子問曰：夫子之言，非道德無以治天下，上世之王，繼嗣因業，亦有無道，各沒其世而無禍敗者，何道以然？老子曰：自天子以下至于庶人，各自生活，然其活有厚薄，天下時有亡國破家，無道德之故也。有道德則夙夜不懈，戰戰兢兢，常恐危亡，無道德則縱欲怠惰，其亡無時。使桀紂循道行德，湯武雖賢，無所建其功也。夫道德者，所以相生養也，所以相畜長也，所以相親愛也，所以相敬貴也。夫聲蟲雖愚，不害其所愛，誠使天下之民皆懷仁愛之心，禍災何由生乎！夫無道而無禍害者，仁未絕，義未滅也；仁雖未絕，義雖未滅，諸侯以輕其上矣，諸侯輕上則朝廷不恭，縱令不順，仁絕義滅，諸侯背叛，眾人力政，強者陵弱，大者侵小，民人以攻擊爲業，災害生，禍亂作，其亡無日，何期無禍也。

老子曰：法煩刑峻即民生詐，〔上多事則下多態，求多即得寡，禁多即勝少〔註85〕。以事生事，又以事止事，譬猶揚火而使無焚也，以智生患，又以智備之，譬猶撓水而欲求清也。

〔註83〕卷十一〈齊俗〉，頁65～66。
〔註84〕卷十三〈氾論〉，頁15～17。
〔註85〕卷九〈主術〉，頁3。

老子曰：〔人主好仁，即無功者賞，有罪者釋；好刑，即有功者廢，無罪者及。無好憎者，誅而無怨，施而不德，放準循繩，身無與事，若天若地，何不覆載。合而和之，君也，別而誅之，法也，民以受誅無所怨憾，謂之道德〔註86〕〕。

老子曰：〔天下是非無所定，世各是其所善，而非其所惡。夫求是者，非求道理也，求合於己者也，非去邪也，去迕於心者。今吾欲擇是而居之，擇非而去之，不知世所謂是非也。故治大國若烹小鮮，勿撓而矣。夫趨合者，即言中而益親，身疏而謀當，即見疑。今吾欲正身而待物，何知世之所從規我者乎，吾若與俗遽走，猶逃雨無之而不濡。欲在於虛，則不能虛，若夫不爲虛，而自虛者，此所欲而無不致也。故通於道者如車軸，不運於己，而與轂致於千里，轉於無窮之原也。故聖人體道反至，不化以待化，動而無爲〔註87〕〕。

老子曰：〔夫極戰而數勝者，則國必亡，亟戰即民罷，數勝則主驕，以驕主使罷民，則國不亡者則寡矣。主驕則恣，恣則極物，民罷則怨，怨則極慮，上下俱極而不亡者，未之有也。故功遂身退，天之道也〔註88〕〕。

平王問文子曰：吾聞子得道於老聃，今賢人雖有道，而遭淫亂之世，以一人之極，而欲化久亂之民，其庸能乎？文子曰：夫道德者，匡邪以爲正，振亂以爲治，化淫敗以爲樸，淳德復生，天下安寧，要在一人。人主者，民之師也，上者，下之儀也，上美之則下食之，上有道德則下有仁義，下有仁義則無淫亂之世矣。積德成王，積怨成亡，積石成山，積水成海，不積而能成者，未之有也。積道德者，天與之，地助之，鬼神輔之，鳳凰翔其庭，麒麟遊其郊，蛟龍宿其沼。故以道蒞天下，天下之德也，無道蒞天下，天下之賊也。以一人與天下爲仇，雖欲長久，不可得也，堯舜以是昌，桀紂以是亡。平王曰：寡人聞命矣。

〈上德〉

老子曰：〔主者，國之心也，心治則百節皆安，心擾即百節皆亂，故其身治者，支體相遺也，其國治者，君臣相忘也〔註89〕〕。〔老子學於常樅，見舌而守柔，仰視屋樹，退而因川，觀影而知持後。故聖人虛無因循，常後而不

〔註86〕卷十四〈詮言〉，頁 42～43。
〔註87〕卷十一〈齊俗〉，頁 68～70。
〔註88〕卷十二〈道應〉，頁 84～85。
〔註89〕卷十〈繆稱〉，頁 35。

先，譬若積薪，燎後者處上〔註90〕〕。

老子曰：〔鳴鐸以聲自毀，膏燭以明自煎，虎豹之文來射，猿狖之捷來格，故勇武以強梁死，辯士以智能困。能以智知，未能以智不知，如勇於一能，察於一辭，可與曲說，未可與廣應〔註91〕〕。

老子曰：〔道以無爲爲體，視之不見其形，聽之不聞其聲，謂之幽冥。幽冥者，所以論道，而非道也。夫道者，內視而自反，故人不小覺，不大迷，不小惠，不大愚。莫鑑於流潦，而鑑於止水，以其內保之，止而不外蕩。日望月奪光，陰不可以承陽，日出星可見，不能與之爭光，末不可以強於本，枝不可以大於幹，上重下輕，其覆必易。一淵不兩蛟，一雌不二雄，一即定，兩即爭。玉在山而草木潤，珠生淵而岸不枯，蚯蚓無筋骨之強，爪牙之利，上食晞堁，下飲黃泉，用心一也。清之爲明，杯水可見眸子，濁之爲害，河水不見太山〔註92〕〕，〔蘭芷不爲莫服而不芳，舟浮江海不爲莫乘而沉，君子行道不爲莫知而止，性之有也〔註93〕〕。〔以清入濁必困辱，以濁入清必覆傾，天二氣即成虹，地二氣即泄藏，人二氣即生病，陰陽不能常，且冬且夏，月不知晝，日不知夜〔註94〕〕。〔川廣者魚大，山高者木修，地廣者德厚，故魚不可以無餌釣，獸不可以空器召。山有猛獸，林木爲之不斬，園有螫蟲，葵藿爲之不採，國有賢臣，折衝千里〔註95〕〕，〔通於道者若車軸轉於轂中，不運於己，與之千里，終而復始，轉於無窮之原也〔註96〕〕。〔故舉枉與直，何如不得，舉直與枉，勿與遂往〔註97〕〕。

〔有鳥將來，張羅而待之，得鳥者羅之一目，今爲一目之羅，則無時得鳥，故事或不可前規，物或不可預慮，故聖人畜道待時也〔註98〕〕。〔故欲致魚者先通谷，欲來鳥者先樹木，水積而魚聚，木茂而鳥集；爲魚得者，非挈而入淵也，爲猿得者，非負而上木也，縱之所利而已〔註99〕〕。〔足所踐者淺，

〔註90〕卷十〈緣稱〉，頁48～49。
〔註91〕卷十〈緣稱〉，頁49。
〔註92〕卷十六〈說山〉，頁71～73。
〔註93〕卷十六〈說山〉，頁75。
〔註94〕卷十六〈說山〉，頁77。
〔註95〕卷十六〈說山〉，頁77～78。
〔註96〕卷十一〈齊俗〉，頁70。
〔註97〕卷十六〈說山〉，頁85～86。
〔註98〕卷十六〈說山〉，頁87。
〔註99〕卷十六〈說山〉，頁89。

然待所不踐而後能行，心所知者褊，然待所不知而後能明〔註100〕。〔川竭而谷虛，丘夷而淵塞，唇亡而齒寒，河水深而壞在山。水靜則清，清則平，平則易，易則見物之形，形不可併，故可以為正〔註101〕。〔使葉落者，風搖之也，使水濁者，物撓之也〔註102〕〕，〔璧鍰之器，礛䃴之功也，莫邪斷割，砥礪之力也，；虷與驥致千里而不飛，無裹糧之資而不飢，狡兔得而獵犬烹，高鳥盡而良弓藏，名成功遂身退，天道然也。怒出於不怒，為出於不為，視於無有則得所見，聽於無聲則得所聞〔註103〕〕。〔飛鳥反鄉，兔走歸窟，狐死首丘，寒螀得木，各依其所生也〔註104〕〕。

〔水火相憎，鼎鬲在其間，五味以和，骨肉相愛也，讒人間之，父子相危也〔註105〕〕。〔犬豕不擇器而食，俞肥其體，故近死，鳳凰翔於千仞，莫之能致。椎固百內，而不能自椓，目見百步之外，不能見其眥〔註106〕〕。因高為山即安而不危，困下為淵即深而魚鱉歸焉。〔溝池潦即溢，旱即枯，河海之源淵深而不竭〔註107〕〕，〔鱉無耳而目不可以蔽精於明也，瞽無目而耳不可以蔽精於聰也〔註108〕〕。混混之水濁，可以濯吾足乎？泠泠之水清，可以濯吾纓乎？〔蔛之為縞也，或為冠也，或為絑，冠則戴枝之，絑則足蹍之〔註109〕〕。〔金之勢勝木，一刃不能殘一林，土之勢勝水，一掬不能塞江河，水之勢勝火，一酌不能救一車之薪，冬有雷，夏有霆，寒暑不變其節，霜雪麃麃，日出而流。傾易覆也，倚易斜也，幾易助也，濕易雨也〔註110〕〕，〔蘭芷以芳，不得見霜，蟾蜍辟兵，壽在五月之望〔註111〕〕。〔精泄者中易殘，華非時者不可食〔註112〕〕。

〔舌之與齒，孰先弊焉？繩之與矢，孰先直焉？使影曲者形也，使響濁者

〔註100〕卷十七〈說林〉，頁 95。
〔註101〕卷十七〈說林〉，頁 97。
〔註102〕卷十七〈說林〉，頁 102。
〔註103〕卷十七〈說林〉，頁 97。
〔註104〕卷十七〈說林〉，頁 95。
〔註105〕卷十七〈說林〉，頁 97。
〔註106〕卷十七〈說林〉，頁 95。
〔註107〕卷十七〈說林〉，頁 98。
〔註108〕卷十七〈說林〉，頁 103。
〔註109〕卷十七〈說林〉，頁 97。
〔註110〕卷十七〈說林〉，頁 98。
〔註111〕卷十七〈說林〉，頁 99。
〔註112〕卷十七〈說林〉，頁 100～101。

聲也。與死同病者，難爲良醫，與亡國同道者，不可爲忠謀。使倡吹竽，使工捻竅，雖中節，不可使決，君形亡焉〔註113〕。〔聾者不歌，無以自樂，盲者不觀，無以接物〔註114〕〕。〔步於林者，不得直道，行於險者，不得履繩〔註115〕〕，海內其所出，故能大。〔日不並出，狐不二雄，神龍不匹，猛獸不群，鷙鳥不雙〔註116〕〕，〔蓋非橑不蔽日，輪非輻不追疾，橑輪未足恃也〔註117〕〕。〔張弓而射，非弦不能發，發矢之爲射，十分之一〔註118〕〕。〔飢馬在廄，漠然無聲，投芻其旁，爭心乃生〔註119〕〕。〔三寸之管無當，天下不能滿，十石而有塞，百斗而足〔註120〕〕。〔循繩而斷即不過，懸衡而量即不差，懸古法以類有時，而遂杖格之屬，有時而施，是而行之，謂之斷，非而行之，謂之亂〔註121〕〕。

〔農夫勞而君子養，愚者言而智者擇，見之明白，處之如玉石，見之黯黮，必留其謀〔註122〕〕。〔百星之明，不如一月之光，十牖畢開，不如一戶之明〔註123〕〕。〔蝮蛇不可爲足，虎不可爲翼〔註124〕〕。〔今有六尺之廣，臥而越之，下才不難，立而逾之，上才不易，勢施異也〔註125〕〕。〔助祭者得嘗，救鬥者得傷，蔽於不祥之木，爲雷霆所撲〔註126〕〕。〔日月欲明，浮雲蔽之，河水欲清，沙土穢之，叢蘭欲修，秋風敗之，人性欲平，嗜欲害之，蒙塵而欲無眯，不可得絜。黃金龜紐，賢者以爲佩，土壤布地，能者以爲富，故與弱者金玉，不如與之尺素。轂虛而中立三十輻，各盡其力，使一輻獨入，眾輻皆棄，何近遠之能至〔註127〕〕？〔橘柚有鄉，萑葦有叢，獸同足者相從游，鳥同翼者相從翔。欲觀九州之地，足無千里之行，無政教之原，而欲爲萬民

〔註113〕卷十七〈說林〉，頁99～100。
〔註114〕卷十七〈說林〉，頁104。
〔註115〕卷十〈繆稱〉，頁49。
〔註116〕卷十七〈說林〉，頁104。
〔註117〕卷十七〈說林〉，頁98。
〔註118〕卷十七〈說林〉，頁104。
〔註119〕卷十七〈說林〉，頁103。
〔註120〕卷十七〈說林〉，頁102。
〔註121〕卷十七〈說林〉，頁104。
〔註122〕卷十七〈說林〉，頁112。
〔註123〕卷十七〈說林〉，頁113。
〔註124〕卷十七〈說林〉，頁103。
〔註125〕卷十七〈說林〉，頁105。
〔註126〕卷十七〈說林〉，頁106。
〔註127〕卷十七〈說林〉，頁106～107。

上者，難矣！兒兒者獲，提提者射，故大白若辱，廣德若不足〔註128〕。

〔君子有酒，小人鞭缶，雖不可好，亦可以醜，人之性，便衣綿帛，或射之即被甲，為所不便，以得其便也。三十輻共一轂，各直一鑿，不得相入，猶人臣各守其職也。善用人者，若蚈之足，眾而不相害，若舌之與齒，堅柔相磨而不相敗。石生而堅，芷生而芳，少而有之，長而逾明。扶之與提，謝之與讓，得之與失，諾之與已，相去千里。再生者不獲，華太早者不須霜而落。汙其准，粉其頰，腐鼠在阼，燒薰於堂，入水而增濡，懷臭而求芳，雖善者不能為工。冬冰可折，夏木可結，時難得而易失。木方盛，終日採之而復生，秋風下霜，一夕而零〔註129〕。〔質的張而矢射集，林木茂而斧斤入，非或召之也，形勢之所致。乳犬之噬虎，伏雞之搏狸，恩之所加，不量其力。夫待利而登溺者，必以將溺利之矣，舟能浮能沈，愚者不知足焉。驥驅之不進，引之不止，人君不以求道里〔註130〕。

〔水雖平，必有波，衡雖正，必有差，尺雖齊，必有危，非規矩不能定方圓，非準繩無以正曲直，用規矩者，亦有規矩之心。太山之高，倍而不見，秋毫之末，視之可察〔註131〕。〔竹木有火，不鑽不薰，土中有水，不掘不出〔註132〕，〔矢之疾不過二里，跬步不休，跛鱉千里，累凷不止，丘山從成〔註133〕。〔臨河欲魚，不若歸而織網〔註134〕。〔弓先調而後求勁，馬先順而後求良，人先信而後求能。巧冶不能消木，良匠不能斫冰〔註135〕，物有不可如之何，君子不留意。〔使人無渡河可，使無波不可，無日不辜，甀終不墮井矣〔註136〕。〔刺我行者，欲我交，呰我貨者，欲我市〔註137〕，〔行一棋不足見知，彈一弦不足以為悲〔註138〕。〔今有一炭然，掇之爛指，相近也，萬石俱薰，去之十步而不死，同氣而異積也〔註139〕。〔有榮華者必

〔註128〕卷十七〈說林〉，頁107～108。
〔註129〕卷十七〈說林〉，頁108～110。
〔註130〕卷十七〈說林〉，頁113。
〔註131〕卷十七〈說林〉，頁113。
〔註132〕卷十七〈說林〉，頁105。
〔註133〕卷十七〈說林〉，頁113。
〔註134〕卷十七〈說林〉，頁110。
〔註135〕卷十七〈說林〉，頁113。
〔註136〕卷十七〈說林〉，頁109。
〔註137〕卷十七〈說林〉，頁111。
〔註138〕卷十七〈說林〉，頁102。
〔註139〕卷十七〈說林〉，頁105。

有愁悴，上有羅紈下必也麻纜〔註140〕〕，〔木大者根瞿，山高者基扶〔註141〕〕。

老子曰：〔鼓不藏聲，故能有聲，鏡不沒形，故能有形；金石有聲，不動不鳴，管籥有音，不吹無聲；是以聖人內藏，不爲物唱，事來而制，物至而應〔註142〕〕。天行不已，終而復始，故能長久，輪得其所轉，故能致遠，天行一不差，故無過矣。天氣下，地氣上，陰陽交通，萬物齊同，君子用事，小人消亡，天地之道也。天氣不下，地氣不上，陰陽不通，萬物不昌，小人得勢，君子消亡，五穀不植，道德內藏。天之道褒多益寡，地之道損高益下，鬼神之道驕溢與下，人之道多者不與，聖人之道卑而莫能上也。天明日明，而後能照四方，君明臣明，域中乃安，域有四明，乃能長久，明其施明者，明其化也，天道爲文，地道爲理，一之爲和，時爲之使，以成萬物，命之曰道。大道坦坦，去身不遠，修之於身，其德乃眞，修之於物，其德不絕。天覆萬物，施其德而養之，與而不取，故精神歸焉；與而不取者，上德也，是以有德。高莫高於天也，下莫下於澤也，天高澤下，聖人法之，尊卑有敘，天下定矣。地載萬物而長之，與而取之，故骨骸歸焉；與而取者，下德也，下德不失德，是以無德。地承天，故定寧，地定寧，萬物形，地廣厚，萬物聚，定寧無不載，廣厚無不容，地勢深厚，水泉入聚，地道方廣，故能久長，聖人法之，德無不容。

陰難陽，萬物昌，陽復陰，萬物湛，物昌無不贍也，物湛無不樂也，物樂則無不治矣。陰害物，陽自屈，陰進陽退，小人得勢，君子避害，天道然也。陽氣動，萬物緩而得其所，是以聖人順陽道，夫順物者，物亦順之，逆物者，物亦逆之，故不失物之情性。洿澤盈，萬物節成，洿澤枯，萬物莕，故雨澤不行，天下荒亡。陽上而復下，故爲萬物主，不長有，故能終而復始，終而復始，故能長久，能長久，故爲天下母。陽氣畜而後能施，陰氣積而後能化，未有不畜積而能化者也，故聖人愼所積。陽滅陰，萬物肥，陰滅陽，萬物衰，故王公尚陽道則萬物昌，尚陰道則天下亡。陽不下陰，則萬物不成，君不下臣，德化不行，故君下臣則聰明，不下臣則闇聾。日出於地，萬物蕃息，王公居民上，以明道德，日出於地，萬物休息，小人居民上，萬物逃匿。雷之動也萬物啓，雨之潤也萬物解，大人施行，有似於此，陰陽之動有常節，

〔註140〕卷十七〈說林〉，頁112。
〔註141〕卷十七〈說林〉，頁114。
〔註142〕卷十四〈詮言〉，頁41。

大人之動不極物。雷動地，萬物緩，風搖樹，草木敗，大人去惡就善，民不遠徙，故民有去就也，去無甚，就少愈多。風不動，火不出，大人不言，小人無述，火之出也必待薪，大人之言必有信，有信而真，何往不成。河水深，壞在山，丘陵高，下入淵，陽氣盛，變為陰，陰氣盛，變為陽，故欲不可盈，樂不可極。忿無惡言，怒無作色，是謂計得。火上炎，水下流，聖人之道，以類相求。聖人偲陽天下和同，偲陰天下溺沉。

老子曰：〔積薄成厚，積卑成高，君子日汲汲以成煇，小人日快快以至辱，其消息也雖未能見，故見善如不及，宿不善如不祥。苟向善，雖過無怨，苟不向善，雖忠來惡，故怨人不如自怨，勉求諸人，不如求諸己。聲自召也，類自求也，名自命也，人自官也，無非己者，操銳以刺，操刃以擊，何怨於人，故君子慎其微〔註143〕。萬物負陰而抱陽，沖氣以為和，和居中央，是以木實生於心，草實生於莢，卵胎生於中央，不卵不胎，生而須時。〔地平則水不流，輕重均則衡不傾，物之生化也，有感以然〔註144〕〕。

老子曰：〔山致其高而雲雨起焉，水致其深而蛟龍生焉，君子致其道而德澤流焉。夫有陰德者必有陽報，有隱行者必有昭名，樹黍者不穫稷，樹怨者無報德。〔註145〕

〈微明〉

老子曰：〔道可以弱，可以強，可以柔，可以剛，可以陰，可以陽，可以幽，可以明，可以苞裹天地，可以應待無方。知之淺不知之深，知之外不知之內，知之蠡不知之精，知之乃不知，不知乃知之，孰知知之為不知，不知之為知乎！夫道不可聞，聞而非也，道不可見，見而非也，道不可言，言而非也，孰知形之不形者乎！故天下皆知善之為善也，斯不善矣！知者不言，言者不知。

文子問曰：人可以微言乎？老子曰：何為不可，唯知言之謂乎？夫知言之謂者，不以言言也。爭魚者濡，逐獸者趨，非樂之也，故至言去言，至為去為，淺知之人，所爭者末矣，夫言有宗，事有君，夫為無知，是以不吾知。

文子問曰：為國亦有法乎？老子曰：今夫挽車者，前呼邪軒，後亦應之，

〔註143〕卷十〈繆稱〉，頁42。
〔註144〕卷十六〈說山〉，頁92。
〔註145〕卷十八〈人間〉，頁8。

此挽車勸力之歌也，雖鄭衛胡楚之音，不若此之義也。治國有禮，不在文辭，法令滋彰，盜賊多有。

老子曰：道無正而可以爲正，譬若山林而可以爲材。材不及山林，山林不及雲雨，雲雨不及陰陽，陰陽不及和，和不及道。道者，所謂無狀之狀，無物之象也，無達其意，天地之間，可陶冶而變化也〔註146〕。

老子曰：〔聖人立教施政，必察其終始，見其造恩，故民知書則德衰，知數而仁衰，知券契而信衰，知機械而實衰。瑟不鳴而二十五弦各以其聲應，軸不運於己而三十輻各以其力旋，弦有緩急，然後能成曲，車有勞佚，然後能致遠，使有聲者，乃無聲者也，使有轉者，乃無轉也。上下異道，易治即亂，位高而道大者從，事大而道小者凶。小德害義，小善害道，小辯害智，苟削傷德。大正不險，故民易導，至治優游，故下不賊，至忠復素，故民無僞匿。

老子曰：相作之法立，則百姓怨，減爵之令張，則功臣叛，故察於刀筆之跡者，不知治亂之本，習於行陣之事者，不知廟戰之權。聖人先福於重關之內，慮患於冥冥之外，愚者惑於小利而忘大害，故事有利於小而害於大，得於此而忘於彼。故仁莫大於愛人，智莫大於知人，愛人即無怨刑，知人即無亂政〔註147〕。

老子曰：〔江河之大，溢不過三日，飄風暴雨，日中不出須臾止。德無所積而不憂者，亡其及也，夫憂者所以昌也，喜者所以亡也，故善者，以弱爲強，轉禍爲福，道沖而之又不滿也〔註148〕。

老子曰：〔清靜恬和，人之性也，儀表規矩，事之制也，知人之性則自養不悖，知事之制則其舉措不亂。發一號，散無竟，總一管，謂之心；見本而知末，執一而應萬，謂之術；居知所以，行知所之，事知所乘，動知所止，謂之道。使人高賢稱譽己者，心之力也，使人卑下誹謗己者，心之過也，言出於口，不可止於人，行發於近，不可禁於遠。事者難成易敗，名者難立易廢，凡人皆輕小害，易微事，以至於大患。夫禍之至也，人自生之，福之來也，人自成之，禍與福同門，利與害同鄰，自非至精，莫之能分，是故智慮者，禍福之門戶也，動靜者，利害之樞機也，不可不愼察也〔註149〕。

〔註146〕卷十二〈道應〉，頁78～80。
〔註147〕卷二十〈泰族〉，頁77～80。
〔註148〕卷十二〈道應〉，頁81～82。
〔註149〕卷十八〈人間〉，頁1～2。

老子曰：〔人皆知治亂之機，而莫知全生之具，故聖人論世而爲之事，權事而爲之謀。聖人能陰能陽，能柔能剛，能弱能強，隨時動靜，因資而立功，睹物往而知其反，事一而察其變，化則爲之象，運則爲之應，是以終身行之無所困。故事或可言而不可行者，或可行而不可言者，或易爲而難成者，或難成而易敗者。所謂可行而不可言者，取舍也，可言而不可行者，詐僞也，易爲而難成者，事也，難成而易敗者，名也。此四者，聖人之所留心也，明者之所獨見也。

老子曰：道者敬小微，動不失時，百射重戒，禍乃不滋，計福勿及，慮禍過之，同日被霜，蔽者不傷，愚者有備與智者同功。夫積愛成福，積憎成禍，人皆知救患，莫知使患無生，夫使患無生易，施於救患難。今人不務使患無生，而務施救於患，雖神人不能爲謀。患禍之所由來，萬萬無方，聖人深居以避患，靜默以待時，小人不知禍福之門，動而陷於刑，雖曲爲之備，不足以全身。故上士先避患而就利，先遠辱而後求名，故聖人常從事於無形之外，而不留心於已成之內，是以禍患無由至，非譽不能塵垢﹝註 150﹞〕。

老子曰：〔凡人之道，心欲小，志欲大，智欲圓，行欲方，能欲多，事欲小。所謂心欲小者，慮患未生，戒禍愼微，不敢縱其欲也。志欲大者，兼包萬國，一齊殊俗，是非輻輳中爲之轂也。智圓者，終始無端，方流四遠，淵泉而不竭也。行方者，直立而不撓，素白而不汙，窮不易操，達不肆志也。能多者，文武備具，動靜中儀，舉錯廢置，曲得其宜也。事少者，秉要以偶眾，執約以治廣，處靜以持躁也。故心小者，禁於微也；志大者，無不懷也；智圓者，無不知也；行方者，有不爲也；能多者，無不治也；事少者，約所持也，故聖人之於善也，無小而不行，其於過也，無微而不改。行不用巫覡，而鬼神不敢先，可謂至貴矣。然而戰戰慄慄，日愼一日，是以無爲而一之成也。愚人之智，固已少矣，而所爲之事又多，故動必窮。故以政教化，其勢易而必成，以邪教化，其勢難而必敗，舍其易而必成，從事於難而必敗，愚惑之所致﹝註 151﹞〕。

老子曰：〔福之起也綿綿，禍之生也紛紛，禍福之數微而不可見，聖人見其始終，故不可不察。明主之賞罰，非以爲己，以爲國也，適於己而無功於國者，不施賞焉，逆於己而便於國者，不加罰焉。故義載乎宜謂之君子，遺

﹝註 150﹞卷十三〈氾論〉，頁 18～19。
﹝註 151﹞卷九〈主術〉，頁 29～32。

－143－

義之宜謂之小人。通智得而不勞,其次勞而不病,其下勞而亦病。古之人味而不舍也,今之人舍而不味也〔註152〕〕。〔紂爲象箸而箕子唏,魯人偶人葬而孔子嘆,見其所始,即知其所終〔註153〕〕。

老子曰:〔仁者人之所慕也,義者人之所高也,爲人所慕,爲人所高,或身死國亡者,不周於時也,故知義而不知世權者,不達於道也。五帝貴德,三王用義,五伯任力,今取帝王之道,施五伯之世,非其道也。故善否同,非譽在俗,趨行等,逆順在時。知天之所爲,知人之所行,即有以經於世矣;知天而不知人,即無以與俗交,知人而不知天,即無以與道游。直志適情,即堅強賊之,以身役物,即陰陽食之。得道之人,外化而內不化,外化所以知人也,內不化所以全身也,故內有一定之操,而外能曲伸,與物推移,萬舉而不陷,所貴乎道者,貴其龍變也。守一節,推一行,雖以成滿猶不易,拘於小好而塞於大道〔註154〕〕。〔道者,寂寞以虛無,非有爲於物也,不以有爲於己也,是故舉事而順道者,非道者之所爲也,道之所施也。天地之所覆載,日月之所照明,陰陽之所煦,雨露之所潤,道德之所扶,皆同一和也。是故能載大圓者履大方,鏡太清者眎大明,立太平者處大堂,能游於冥冥者,與日月同光,無形而生於有形。是故真人託期於靈臺,而歸居於物之初,視於冥冥,聽於無聲,冥冥之中獨有曉焉,寂寞之中獨有照焉。其用之乃不用,不用而後能用之也,其知之乃不知,不知而後能知之也〔註155〕〕。〔道者,物之所道也,德者,生之所扶也,仁者,積恩之證也,義者,比於心而合於眾適者也。道滅而德興,德衰而仁義生,故上世道而不德,中世守德而不懷,下世繩繩唯恐失仁義。故君子非義無以生,失義則失其所以生,小人非利無以活,失利則失其所以活,故君子懼失義,小人懼失利,觀其所懼,禍福異矣〔註156〕〕。

老子曰:〔事或欲利之,適足以害人,或欲害之,乃足以利之。夫病濕而強食之熱,病渴而強飲之寒,此眾人之所養也,而良醫所以爲病也。悅於目,悅於心,愚者之所利,有道者之所避。聖人者,先迎而後合,眾人先合而後迕,故禍福之門,利害之反,不可不察也。

〔註152〕卷十〈繆稱〉,頁47。
〔註153〕卷十〈繆稱〉,頁50。
〔註154〕卷十八〈人間〉,頁25~27。
〔註155〕卷二〈俶真〉,頁36。
〔註156〕卷十〈繆稱〉,頁36。

老子曰：有功離仁義者即見疑，有罪有仁義者必見信〔註157〕，〔故有仁義者，事之常順也，天下之尊爵也。雖謀得計當，慮患解圖國存，有事有離仁義者，其功必不遂也；言雖無中於策，其計無益於國，而心周於君，合於仁義者，身必存。故曰言百計常不當者，不若舍趨而審仁義也〔註158〕〕。

老子曰：〔教本乎君子，小人被其澤，利本乎小人，君子享其功，使君子小人各得其宜，則通功易食而道達矣。人多欲即傷義，多憂即害智，故治國，樂所以存，虐國，樂所以亡。水下流而廣大，君下臣而聰明，君不與臣爭而治道通，故君，根本也，臣，枝葉也，根本不美而枝葉茂者，未之有也〔註159〕〕。

老子曰：〔慈父之愛子者，非求其報，不可內解於心；聖主之養民，非為己用也，性不得已也；及恃其力，賴其功勳而必窮，有以為則恩不接矣。故用眾人之所愛，則得眾人之力，舉眾人之所喜，則得眾人之心，故見其所始，則知其所終〔註160〕〕。

老子曰：〔人以義愛，黨以群強，是故得之所施者博，則威之所行者遠，義之所加者薄，則武之所制者小。〔註161〕

老子曰：〔以不義得之，又不布施，患及其身，不能為人，又蕪以自為，可謂愚人，無以異於梟愛其子也，故持而盈之，不如其已，揣而銳之，不可長保〔註162〕〕。德之中有道，道之中有德，其化不可極，陽中有陰，陰中有陽，萬事盡然，不可勝明。福至祥存，禍至祥先，見祥而不為善，則福不來，見不祥而行善，則禍不至，〔利與害同門，禍與福同鄰，非神聖人莫之能分〔註163〕〕，故曰禍兮福所倚，福兮禍所伏，孰知其極。人之將疾也，必先甘魚肉之味，國之將亡也，必先惡忠臣之語，故疾之將死者，不可為良醫，國之將亡者，不可為忠謀。修之身，然後可以治民，居家理治，然後可移官長，故曰修之身，其德乃真，修之家，其德乃餘，修之國，其德乃豐。民之所以生活，衣與食也，事周於衣食則有功，不周於衣食則無功，事無功德不長。故隨時而不成，無更其刑，順時而不成，無更其理，時將復起，是謂道紀。帝王富其民，霸王富其

〔註157〕卷十八〈人間〉，頁5～7。
〔註158〕卷十八〈人間〉，頁11～12。
〔註159〕卷十〈繆稱〉，頁44～46。
〔註160〕卷十〈繆稱〉，頁40。
〔註161〕卷十〈繆稱〉，頁49。
〔註162〕卷十二〈道應〉，頁80。
〔註163〕卷十八〈人間〉，頁2。

地，危國富其吏，治國若不足，亡國困倉虛，故曰上無事而民自富，上無爲而民自化，起師十萬，日費千金，師旅之後，必有凶年，故兵者不祥之器也，非君子之寶也。和大怨必有餘怨，奈何其爲不善也。古者親近不以言，來遠不以言，使近者悅，遠者來。與民同欲則和，與民同守則固，與民同念者知，得民力者富，得民譽者顯，行有召寇，言有致禍，無先人言，後人已。附耳之語，流聞千里，言者禍也，舌者機也，出言不當，駟馬不追。昔者中黃子曰：天有五方，地有五行，聲有五音，物有五味，色有五章，人有五位，故天地之間有二十五人也。上五有神人、眞人、道人、至人、聖人，次五有德人、賢人、智人、善人、辯人，中五有公人、忠人、信人、義人、禮人，次五有士人、工人、虞人、農人、商人，下五有眾人、奴人、愚人、肉人、小人，上五之與下五，猶人之與牛馬也。聖人者以目視，以耳聽，以口言，以足行。眞人者，不視而明，不聽而聰，不行而從，不言而公。〔故聖人所以動天下者，眞人未嘗過焉，賢人所以矯世俗者，聖人未嘗觀焉〔註164〕〕。〔所謂道者，無前無後，無左無右，萬物玄同，無是無非〔註165〕〕。

〈自然〉

老子曰：清虛者，天之明也，無爲者，治之常也，去恩慧，舍聖智，外賢能，廢仁義，滅事故，棄佞辯，禁姦僞，則賢不肖者齊於道矣。靜則同，虛則通，至德無爲，萬物皆容，虛靜之道，天長地久，神微周盈，於物無宰。十二月運行，周而復始，金木水火土，其勢相害，其道相待。故至寒傷物，無寒不可，至暑傷物，無暑不可，故可與不可皆可。是以大道無所不可，可在其理，見可不趨，見不可不去，可與不可，相爲左右，相爲表裏。凡事之要，必從一始，時爲之紀，自古及今，未嘗變易，謂之天理。上執大明，下用其光，道生萬物，理於陰陽，化爲四時，分爲五行，各得其所，與時往來，法度有常，下及無能，上道不傾，群臣一意，天地之道無爲而備，無求而得，是以知其無爲而有益也。

老子曰：〔樸，至大者無形狀，道，至大者無度量，故天圓不中規，地方不中矩。往古來今謂之宙，四方上下謂之宇，道在中而莫知其所，故見不遠者，不可與言大，知不博者，不可與論至。夫稟道與物通者，無以相非，故

〔註164〕卷二〈傲眞〉，頁41。
〔註165〕卷一〈原道〉，頁18。

三皇五帝法籍殊方，其得民心一也。若夫規矩勾繩，巧之具也，而非所以巧也；故無弦雖師文不能成其曲，徒弦則不能獨悲，故弦悲之具也，而非所以為悲也；至於神和，遊於心手之間，放意寫神，論變而形於弦者，父不能以教子，子亦不能受之於父，此不傳之道也。故蕭者形之君也，而寂寞者，音之主也〔註166〕〕。

　　老子曰：天地之道，以德為主，道為之命，物以自正。至微甚內，不以事貴，故不待功而立，不以位為尊，不待名而顯，不須禮而莊，不用兵而強。故道立而不教，明照而不察，道立而不教者，不奪人能也，明照而不察者，不害其事也。夫教道者，逆於德，害於物，故陰陽四時，金木水火土，同道而異理，萬物同情而異形。智者不相教，能者不相受，故聖人立法，以導民之心，各使自然，故生者無德，死者無怨。天地不仁，以萬物為芻狗，聖人不仁，以百姓為芻狗。夫慈愛仁義者，近狹之道也，狹者入大而迷，近者行遠而惑，聖人之道，入大不迷，行遠不惑，常虛自守，可以為極，是謂天德。

　　老子曰：〔聖人天覆地載，日月照臨，陰陽和，四時化，懷萬物而不同，無故無新，無疏無親，故能法天者，天不一時，地不一材，人不一事，故緒業多端，趨行多方。故用兵者，或輕或重，或貪或廉，四者相反，不可一也，輕者欲發，重者欲止，貪者欲取，廉者不利非其有也。故勇者可令進鬥，不可令持堅，重者可令固守，不可令凌敵，貪者可令攻取，不可令分財，廉者可令守分，不可令進取，信者可令持約，不可令應變，五者，聖人兼用而材使之。夫天地不懷一物，陰陽不產一類，故海不讓水潦以成其大，山林不讓枉橈以成其崇，聖人不辭負薪之言以廣其名。夫守一隅而遺萬方，取一物而棄其餘，則所得者寡，而所治者淺矣〔註167〕〕。

　　老子曰：〔天之所覆，地之所載，日月之所照，形殊性異，各有所安，樂所以為樂者，乃所以為悲也，安所以為安者，乃所以為危也。故聖人之牧民也，使各便其性，安其居，處其宜，為其所能，周其所適，施其所宜，如此即萬物一齊，無由相過。天下之物，無貴無賤，因其所貴而貴之，物無不貴，因其所賤而賤之，物無不賤，故不尚賢者，言不放魚於木，不沉鳥於淵。昔堯之治天下也，舜為司徒，契為司馬，禹為司空，后稷為田疇，奚仲為工師，其導民也，水處者漁，林處者采，谷處者牧，陵處者田，地宜事，事宜其械，械宜其材，

〔註166〕卷十一〈齊俗〉，頁66～68。
〔註167〕卷二十〈泰族〉，頁62～64。

皋澤織网，陵阪耕田，如是則民得以所有易所無，以所工易所拙。是以離叛者寡，所從者眾，若風之過簫，忽然而感之，各以清濁應，物莫就其所利，避其所害。是以鄰國相望，雞狗之音相聞，而足跡不接於諸侯之境，車軌不結於千里之外，皆安其居也。故亂國若盛，治國若虛，亡國若不足，存國若有餘，虛者，非無人也，各守其職也；盛者，非多人也，皆徼於末也，有餘者，非多財也，欲節而事寡也，不足者，非無貨也，民鮮而費多也；故先王之法，非所作也，所因也，其禁誅，非所為也，所守也，上德之道也〔註168〕。

老子曰：〔以道治天下，非易人性也，因其所有而條暢之，故因即大，作即小。古之瀆水者，因水之流也，生稼者，因地之宜也，征伐者，因民之欲也，能因則無敵於天下矣。物必有自然而人事有治也，故先王之制法，因民之性而為之節文，無其性，不可使順教，無其資，不可使遵道。人之性有仁義之資，其非聖人為之法度，不可使向方，因其所惡以禁姦，故刑罰不用，威行如神，因其性即天下聽從，拂其性即法度張而不用。道德者則功名之本也，民之所懷也，民懷之則功名立〔註169〕。古之善為君者法江海，江海無為以成其大，窺下以成其廣，故能長久，為天下谿谷，其德乃足，無為故能取百川，不求故能得，不行故能至，是以取天下而無事。不自貴故富，不自見故明，不自矜故長，處不有之地，故為天下王，不爭故莫能與之爭，終不為大故能成其大，江海近於道，故能長久，與天地相保。王公修道，則功成不有，不有即強固，強固而不以暴人，道深即德深，德深即功名遂成，此謂玄德，深矣！遠矣！其與物反矣。天下有始，莫知其理，唯聖人能知所以，非雄非雌，非牝非牡，生而不死，天地以成，陰陽以形，萬物以生。故陰與陽，有圓有方，有短有長，有存有亡，道為之命，幽沉而無事，於心甚微，於道甚當，死生同理，萬物變化，合於一道。簡生忘死，何往不壽，去事與言，慎無為也。守道周密，於物不宰，至微無形，天地之始，萬物同於道而殊形，至微無物，故能周恤，至大無外，故為萬物蓋，至細無內，故為萬物貴。道之存生，德之安形，至道之度，去好去惡，無有知故，易意和心，無以道迕。夫天地專而為一，分而為二，反而合之，上下不失；專而為一，分而為五，反而合之，必中規矩。夫道至親不可疏，至近不可遠，求之近者，往而復反。

〔註168〕卷十一〈齊俗〉，頁56～59。
〔註169〕卷二十〈泰族〉，頁59～60。

　　老子曰：帝者有名，莫知其情，帝者貴其德，王者尚其義，霸者通於理。
聖人之道，於物無有，道狹然後任智，德薄然後任形，明淺然後任察。任智
者中心亂，任刑者上下怨，任察者下求善以事上即弊。是以聖人因天地以變
化，其德乃天覆而地載，道之以時，其養乃厚，厚養即治，雖有神聖，夫何
以易之。去心智，省刑罰，反清靜，物將自正。〔道之爲君如尸，儼然玄默，
而天下受其福，一人被之不褒，萬人被之不褊。是故重爲慧，重爲暴，即道
迂矣。爲惠者布施也，無功而厚賞，無勞而高爵，即守職懈於官，而遊居者
亟於進矣。夫暴者妄誅，無罪而死亡，行道者而被刑，即修身不勸善，而爲
邪行者輕犯上矣。故爲惠者即生姦，爲暴者即生亂，姦亂之俗，亡國之風也。
故國有誅者而主無怒也，朝有賞者而君無與也，誅者不怨君，罪之當也，賞
者不德上，功之致也；民之誅賞之來，皆生於身，故務功修業，不受賜於人，
是以朝廷蕪而無跡，田墅辟而無穢，故太上，下知而有知〔註170〕〕。〔王道者，
處無爲之事，行不言之教，清靜而不動，一度而不搖，因循任下，責成而不
勞，謀無失策，舉無過事，言無文章，行無儀表，進退應時，動靜循理，美
醜不好憎，賞罰不喜怒，名各自命，類各自以，事由自然，莫出於己；若欲
狹之，乃是離之，若欲飾之，乃是賊之。天氣爲魂，地氣爲魄，反之玄妙，
各處其宅，守之勿失，上通太一，太一之精，通合於天。天道嘿嘿，無容無
則，大不可極，深不可測，常與人化，智不能得〔註171〕〕，輪轉無端，化遂如
神，虛無因循，常後而不先。〔其聽治也，虛心弱志，清明不闇，是故群臣輻
湊並進，無愚智賢不肖，莫不盡其能，君得所以制臣，臣得所以事君，即治
國之所以明矣。

　　老子曰：知而好問者聖，勇而好問者勝，乘眾人之智者即無不任也，用
眾人之力者即無不勝也，用眾人之力者，烏獲不足恃也，乘眾人之勢者，天
下不足用也。無權不可爲之勢，而不循道理之數，雖神聖人不能以成名。故
聖人舉事，未嘗不因其資而用之也，有一功者處一位，有一能者服一事，力
勝其任，即舉者不重也，能勝其事，即爲者不難也。聖人兼而用之，故人無
棄人，物無棄材〔註172〕〕。

　　老子曰：〔所謂無爲者，非謂其引之不來，推之不去，迫而不應，感而不

〔註170〕卷九〈主術〉，頁 9～10。
〔註171〕卷九〈主術〉，頁 1～2。
〔註172〕卷九〈主術〉，頁 10～12。

動，堅滯而不流，卷握而不散，謂其私志不入公道，嗜欲不挂正術，循理而舉事，因資而立功，推自然之勢，曲故不得容，事成而身不伐，功立而名不有；若夫水用舟，沙用𨋬，泥用輴，山用樏，夏瀆多陂，因高為山，因下為池，非吾所為也〔註173〕。聖人不恥身之賤，惡道之不行也，不憂命之短，憂百姓之窮也，故常虛而無為，抱素見樸，不與物雜。

老子曰：〔古之立帝王者，非以奉養其欲也，聖人踐位者，非以逸樂其身也，為天下之民，強陵弱，眾暴寡，詐者欺愚，勇者侵怯；又為其懷智詐不以相教，積財不以相分，故立天子以齊一之。為一人之明，不能遍照四海，故立三公九卿以輔翼之。為絕國殊俗，不得彼澤，故立諸侯以教誨之。是以天地四時無不應也，官無隱事，國無遺利，所以衣寒食飢，養老弱，息勞倦，無不以也。神農形悴，堯瘦臒，舜黧黑，禹胼胝，伊尹負鼎而干湯，呂望鼓刀而入周，百里奚傳賣，管仲束縛，孔子無黔突，墨子無煖席，非以貪祿慕位，將欲事起天下之利，除萬民之害也。自天子至於庶人，四體不動，思慮不困，於事求贍者，未之聞也。〔註174〕〕

老子曰：所謂天子者，有天道以立天下也。立天下之道，執一以為保，反本無為，虛靜無有，忽恍無際，遠無所止，視之無形，聽之無聲，是謂大道之經。

老子曰：〔大道者，體圓而法方，背陰而抱陽，左柔而右剛，履幽而載明，變化無常，得一之原，以應無方，是謂神明。天圓而無端，故不得觀其形，地方而無涯，故莫窺其門，天化遂無形狀，地生長無計量。夫物有勝，唯道無勝，所以無勝者，以其無常形勢也，輪轉無窮，象日月之運行，若春秋之代謝，日月之晝夜，終而復始，明而復晦，制形而無形，故功可成，物物而不物，故勝而不屈。廟戰者帝，神化者王，廟戰者法天道，神化者明四時，修正於境內，而遠方懷德，制勝於未戰，而諸侯賓服也。古之得道者，靜而法天地，動而順日月，喜怒合四時，號令比雷霆，音氣不戾八風，詘申不獲五度。因民之欲，乘民之力，為之去殘除害，夫同利者相死，同情者相成，同行者相助，循己而動，天下為鬥。故善用兵者，用其自為用，不能用兵者，用其為己用，用其自為用，天下莫不可用，用其為己用，無一人之可用也〔註175〕。

〔註173〕卷十九〈修務〉，頁36。
〔註174〕卷十九〈修務〉，頁34～35。
〔註175〕卷十五〈兵略〉，頁51～53。

〈下德〉

老子曰：〔治身，太上養神，其次養形，神清意平，百節皆寧，養生之本也；肥肌膚，充腹腸，供嗜欲，養生之末也。治國，太上養化，其次正法，民交讓爭處卑，財利爭受少，事利爭就勞，日化上而遷善，不知其所以然，治之本也。利賞而勸善，畏刑而不敢爲非，法令正於上，百姓服於下，治之末也，上世舉本，而下世事末。

老子曰：欲治之主不世出，可與治之臣不萬一，以不世出求不萬一，此至治所以千歲不萬一也。蓋霸王之功不世立也，順其善意，防其邪心，與民同出一道，則民可善，風俗可美。所貴聖人者，非貴其隨罪而作刑也，貴其知亂之所生也。若開其銳端，而縱之放僻淫佚，而棄之以法，隨之以刑，雖殘賊天下不能禁其姦矣〔註176〕。

老子曰：〔身處江海之上，心在魏闕之下，即重生，重生即輕利矣。猶不能自勝，即從之，神無所害也，不能自勝，而強不從，是謂重傷，重傷之人，無壽類矣。故曰：知和曰常，知常曰明，益生曰祥，心使氣曰強，是謂玄同，用其光，復歸其明〔註177〕。

老子曰：〔天下莫易於爲善，莫難於爲不善。所謂爲善者，靜而無爲，適情辭餘，無所誘惑，循性保真，無變於己，故曰爲善易也。所謂爲不善難者，篡殺矯詐躁而多欲，非人之性也，故曰爲不善難也。今之以爲大患者，由無常厭度量生也，故利害之地，禍福之際，不可不察。聖人無欲也，無避也，事或欲之，適足以失之，事或避之，適足以就之，志有所欲，即忘其所爲，是以聖人審動靜之變，而適受與之度，理好憎之情，和喜怒之節。夫動靜得即患不侵也，受與適即罪不累也，理好憎即憂不近也，和喜怒即怨不犯也。體道之人，不苟得，不讓禍，其有不棄，非其有不制，恒滿而不溢，常虛而易贍。故自當以道術度量，即食充虛，衣圉寒，足以溫飽七尺之形，無道術度量，而以自要尊貴，即萬乘之勢不足以爲快，天下之富不足以爲樂〔註178〕〕，故聖人心平志易，精神內守，物不能惑。

老子曰：〔勝人者有力，自勝者強。能強者，必用人力者也，能用人力者，必得人心者也，能得人心者，必自得者也，未有得己而失人者也，未有失己而

〔註176〕卷二十〈泰族〉，頁66～67。

〔註177〕卷十二〈道應〉，頁86。

〔註178〕卷十三〈氾論〉，頁25～26。

得人者也。故為治之本，務在安人，安人之本，在於足用，足用之本，在於不奪時，不奪時之本，在於省事，省事之本，在於節用，節用之本，在於去驕，去驕之本，在於虛無，故知生之情者，不務生之所無以為，知命之情者，不憂命之所無奈何。目悅五色，口惟滋味，耳淫五聲，七竅交爭，以害一性，日引邪欲竭其天和，身且不能治，奈治天下何！所謂得天下者，非謂其履勢位，稱尊號，言其運天下心，得天下力也；有南面之名，無一人之譽，此失天下也。故紂桀不為王，湯武不為放，故天下得道，在守四夷，天下失道，守在諸侯；諸侯得道，守在四境，諸侯失道，守在左右。故曰無恃其不吾奪也，恃吾不可奪也，行可奪之道，而非篡弒之行，無益於持天下矣〔註179〕。

老子曰：〔善治國者，不變其故，不易其常。夫怒者逆德也，兵者凶器也，爭者人之所亂也，陰謀逆德，好用凶器，治人之亂，逆之至也。非禍人不能成禍，不如挫其銳，解其紛，和其光，同其塵。人之性情皆願賢己而疾不及人，願賢己則爭心生，疾不及人則怨爭生，怨爭生則心亂而氣逆，故古之聖王退爭怨，爭怨不生則心治而氣順，故曰不尚賢，使民不爭〔註180〕。

老子曰：〔治物者，不以物以和，治和者，不以和以人，治人者，不以人以君，治君者，不以君以欲，治欲者，不以欲以性，治性者，不以性以德，治德者，不以德以道。以道本人之性，無邪穢，久湛於物即忘其本，即合於若性。衣食禮俗者，非人之性也，所受於外也，故人性欲平，嗜欲害之，唯有道者能遺物反己。有以自鑑，則不失物之情，無以自鑑，則動而惑營。夫縱欲失性，動未嘗正，以治身則失身，以治國則亂人，故不聞道者，無以反性。古者聖人得諸己，故令行禁止。凡舉事者，必先平意清神，神清意平，物乃可正。聽失於非譽，目淫於采色，而欲得事正即難矣，是以貴虛。故水激則波起，氣亂則智昏，昏智不可以為正，波水不可以為平，故聖王執一，以理物之情性。夫一者，至貴無適於天下，聖王托於無適，故為天下命〔註181〕。

老子曰：〔陰陽陶冶萬物，皆乘一氣而生。上下離心，氣乃上蒸，君臣不和，五穀不登，春肅秋榮，冬雷夏霜，皆賊氣之所生也。天地之間，一人之身也，六合之內，一人之形也，故明於性者，天地不能脅也，審於符者，怪物不能惑也。聖人由近以知遠，以萬里為一同，氣蒸乎天地，禮義廉恥不設，

〔註179〕卷二十〈泰族〉，頁71～73。
〔註180〕卷十二〈道應〉，頁90～91。
〔註181〕卷十一〈齊俗〉，頁59～60。

萬民莫不相侵暴虐，由在乎混冥之中也。廉恥陵遲，及至世之衰，用多而財寡，事力勞而養不足，民貧苦而忿爭生，是以貴仁。人鄙不齊，比周朋黨，各推其與，懷機械巧詐之心，是以貴義。男女群居，雜而無別，是以貴禮。性命之情，淫而相迫於不得已，則不和，是以貴樂。故仁義禮樂者，所以救敗也，非通治之道也。誠能使神明定於天下，而心反其初，則民性善，民性善則天地陰陽從而包之，則財足而人贍，貪鄙忿爭之心不得生焉。仁義不用，而道德定而天下，而民不淫於采色，故德衰然後飾仁義，和失然後調聲，禮淫然後飾容。故知道德，然後知仁義不足行也，知仁義，然後知禮樂不足修也〔註182〕。

老子曰：〔清靜之治者，和順以寂寞，質眞而素樸，閑靜而不躁，在內而合乎道，出外而同乎義，其言略而循理，其行悅而順情，其心和而不僞，其事素而不飾；不謀所始，不議所終，安即留，激即行，通體乎天地，同精乎陰陽，一和乎四時，明朗乎日月，與道化者爲人，機巧詐僞莫載乎心。是以天覆以德，地載以樂，四時不失序，風雨不爲虐，日月清靜而揚光，五星不失其行，此清靜之所明也〔註183〕〕。

老子曰：〔治世之職易守也，其事易爲也，其禮易行也，其責易賞也。是以人不兼官，官不兼士，士農工商，鄉別州異，故農與農言藏，士與士言行，工與工言巧，商與商言數。是以士無遺行，工無苦事，農無廢功，商無折貨，各安其性。異形殊類，易事而不悖，失處而賤，得勢而貴。夫先知遠見之人，才之盛也，而治世不以責於人，博聞强志，口辯辭給，人知之溢也，而明主不以求於下；敖世賤物，不從流俗，士之伉行也，而治世不以爲化民。故高不可及者，不以爲人量，行不可逮者，不可爲國俗，故人才不可專用，而度量道術世可傳也。故國治可與愚守也，而軍旅可以法同也，不待古之英雋，而人自足者，因其所有而並用之。末世之法，高爲量而罪不及也，重爲任而罰不勝也，危爲其難而誅不敢也，民困於三責，即飾智而詐上，犯邪而行危，雖峻法嚴刑，不能禁其姦。獸窮即觸，鳥窮即啄，人窮即詐，此之謂也〔註184〕〕。

老子曰：〔雷霆之聲可以鐘鼓象也，風雨之變可以音律知也，大可睹者，可得而量也，明可見者，可得而蔽也，聲可聞者，可得而調也，色可察者，

〔註182〕卷八〈本經〉，頁78～81。
〔註183〕卷八〈本經〉，頁76～77。
〔註184〕卷十一〈齊俗〉，頁70～72。

可得而別也。夫至大，天地不能函也，至微，神明不能見也；及至建律曆，別五色，異清濁，味甘苦，即樸散而爲器矣。立仁義，修禮樂，即道德遷而爲僞矣。民飾智以驚愚，設詐以攻上，天下有能持之，而未能有治之者也。夫智能彌多，而德滋衰，是以至人淳樸而不散。夫至人之治，虛無寂寞，不見可欲，心與神處，形與性調，靜而體德，動而理通，循自然之道，緣不得已矣。漠然無爲而天下和，淡然無味欲而民自樸，不忿爭而財足，施者不得，受者不讓，德反歸焉，而莫之惠。不言之辯，不道之道，若或通焉，謂之天府。取焉而不損，酌焉而不竭，莫知其所求由出，僞之搖光，搖光者，資糧萬物者也〔註185〕。

老子曰：〔天愛其精，地愛其平，人愛其情，天之精，日月星辰，雷霆風雨也，地之平，水火金木土也，人之情，思慮聰明喜怒也，故閉四關，止五道，即與道淪。神明藏於無形，精氣反於眞，目明而不以視，耳聰而不以聽，口當而不以言，心條通而不以思慮，委而不爲，知而不矜，直性命之情，而知故不得害。精存於目即視明，在於耳即聽聰，留於口即言當，集於心即其慮通，故閉四關即終身無患，四肢九竅莫死莫生，是爲眞人〔註186〕。〔地之生財，大本不過五行，聖人節五行，即治不荒〔註187〕。

老子曰：〔衡之於左右，無私輕重，故可以爲平，繩之於內外，無私曲直，故可以爲正，人主之於法，無私好憎，故可以爲令，德無所立，怨無所藏，是任道而合人心者也。故爲治者，知不與焉，水戾破舟，木擊折軸，不怨木石而罪巧拙者，智不載也，故道有智則亂，德有心則險，心有眼則眩。夫權衡規矩，一定而不易，常一而不邪，方行而不留，一日形之，萬世傳之，無爲之爲也。百王用之，萬世傳之，爲而不易也。

老子曰：人之言曰：國有亡主，世亡亡道，人有窮而理無不通，故無爲者，道之宗也。得道之宗，並應無窮，故不因道理之數，而專己之能，其窮不遠也。夫人君不出戶，以知天下者，因物以識物，因人以知人，故積力之所舉，即無不勝也，眾智之所爲，即無不成也。千人之眾無絕糧，萬人之群無廢功，工無異伎，士無兼官，各守其職，不得相干，人得所宜，物得所安，是以器械不惡，職事不慢也。夫債少易償也，職寡易守也，任輕易勸也，上

〔註185〕卷八〈本經〉，頁81～82。
〔註186〕卷八〈本經〉，頁87。
〔註187〕卷八〈本經〉，頁90。

操約少之分，下效易爲之功，是以君臣久而不相厭也。〔註188〕

老子曰：〔帝者體太一，王者法陰陽，霸者則四時，君者用六律。體太一者，明於天地之情，通於道德之倫，聰明照於日月，精神通於萬物，動靜調於陰陽，喜怒和於四時，覆露皆道，溥洽而無私，蚑飛蠕動，莫不依德而生，德流方外，名聲傳乎後世。法陰陽者，承天地之和，德與天地參，光明與日月並照，精神與鬼神齊靈，戴圓履方，抱表寢繩，內能理身，外得人心，發施號令，天下從風。則四時者，春生夏長，秋收冬藏，取與有節，出入有量，喜怒剛柔，不離其理，柔而不脆，剛而不折，寬而不肆，肅而不悖，優游委順，以養群類，其德含愚而容不肖，無所私愛也。用六律者，生之與殺也，賞之與罰也，與之以奪也，非此無道也，伐亂禁暴，興賢良，廢不肖，匡邪以爲正，攘險以爲平，矯枉以爲直，明於施舍，開塞之道，乘時因勢，以服役人心者也。帝者不體陰陽即侵，王者不法四時即削，霸者不用六律即辱，君者失準繩即廢，故小而行大即窮塞而不親，大而行小即狹隘而不容〔註189〕〕。

老子曰：〔地廣民眾，不足以爲強，甲堅兵利，不可以恃勝，城高池深，不足以爲固，嚴刑峻罰，不足以爲威。爲存政者，雖小必存焉，爲亡政者，雖大必亡焉。故善守者，無與禦，善戰者，無與鬥，乘時勢，因民欲，而天下服。故善爲政者，積其德，善用兵者，畜其怒，德積而民可用者，怒畜而威可立也。故文之所加者深，則權之所服者大，德之所施者博，則威之所制者廣，廣即我強而適弱。善用兵者，先弱敵而後戰，故費不半而功十倍。故千乘之國，行文德者王，萬乘之國，好用兵者亡，王兵先勝而後戰，敗兵先戰而後求勝，此不明於道也〔註190〕〕。

〈上仁〉

老子曰：〔君子之道，靜以修身，儉以養生。靜即下不擾，下不擾即民不怨，下擾即政亂，民怨即德薄，政亂賢者不爲謀，德薄勇者不爲鬥。亂主則不然，一日有天下之富，處一主之勢，竭百姓之力，以奉耳目之欲，專致於宮室臺榭，溝池苑囿，猛獸珍怪；貧民飢餓，虎狼厭芻豢，百姓凍寒，宮室衣綺秀；故人主畜茲無用之物，而天下不安其性命矣。

〔註188〕卷九〈主術〉，頁6～9。
〔註189〕卷八〈本經〉，頁85～57。
〔註190〕卷十五〈兵略〉，頁54～57。

老子曰：非淡漠無以明德，非寧靜無以致遠，非寬大無以并覆，非正平無以制斷，以天下之目視，以天下之耳聽，以天下之心慮，以天下之力爭，故號能下究，而臣情得上聞，百官修達，而群臣輻湊。喜不以賞賜，怒不以罪誅，法令察而不苛，耳目通而不闇，善否之情，日陳於前而不逆，故賢者盡其智，不肖者竭其力，近者安其性，遠者懷其德，得用人之道。夫乘輿馬者，不窮而致千里，乘舟楫者，不游而濟江海。使言之而是，雖商夫芻蕘，猶不可棄也，言之而非，雖在人君卿相，猶不可用也，是非之處，不可以貴賤尊卑論也。其計可用，不差其位，其言可行，不貴其辯；暗主則不然，群臣盡誠效忠者，希不用其身也，而親習邪枉，賢者不能見也，疏遠卑賤，竭力盡忠者不能聞也。有言者，窮之以辭，有諫者，誅之以罪，如此而欲安海內、存萬方，其離聰明亦以遠矣〔註191〕。

老子曰：〔能尊生，雖富貴不以養傷身，雖貧賤不以利累形。今受先祖之遺爵，必重失之，生之所由來久矣，而輕失之，豈不惑哉！貴以身治天下，可以寄天下，愛以身治天下，所以託天下〔註192〕〕。

文子問治國之本。老子曰：〔本在於治身，未嘗聞身治而國亂，身亂而國治也。故曰：修之身，其德乃眞。道之所以至妙者，父不能以教子，子亦不能受之於父，故道可道，非常道也，名可名，非常名也〔註193〕〕。

文子問曰：何行而民親其上？老子曰：〔使之以時而敬慎之，如臨深淵，如履薄冰，天地之間，善即吾畜也，不善即吾讎也，昔者夏商之臣，反讎桀紂，而臣湯武，宿沙之民，自攻其君，歸神農氏，故曰人之所畏，不可不畏也〔註194〕〕。

老子曰：〔治大者，道不可以小，地廣者，制不可以狹，位高者，事不可以煩，民眾者，教不可以苛。事煩難治，法苛難行，求多難贍，寸而度之，至丈必差，銖而稱之，至石必過，石稱丈量，徑而寡失，大較易爲智，曲辯難爲慧。故無益於治，有益於亂者，聖人不爲也，無益於用者，有益於費者，智者不行也。故功不厭約，事不厭省，求不厭寡，功約易成，事省易治，求寡易贍，任於眾人則易。故小辯害義，小義破道，道小必不通，通必簡。河

〔註191〕卷九〈主術〉，頁15～19。
〔註192〕卷十二〈道應〉，頁85～86。
〔註193〕卷十二〈道應〉，頁86～87。
〔註194〕卷十二〈道應〉，頁94。

以逶迤故能遠，山以陵遲故能高，道以優游故能化。夫通於一伎，審於一事，察於一能，可以曲說，不可以廣應也。夫調音者，小絃急，大絃緩，立事者，賤者勞，貴者佚。道之言曰：芒芒昧昧，因天之威，與天同氣。同氣者帝，同義者王，同功者霸，無一焉者亡。故不言而信，不施而仁，不怒而威，是以天心動化者也。施而仁，言而信，怒而威，是以精誠爲之者也；施而不仁，言而不信，怒而不威，是以外貌爲之者也。故有道以理之，法雖少，足以治，無道以理之，法雖眾，足以亂〔註195〕〕。

老子曰：〔鯨於失水，則制於螻蟻，人君舍其所守，而與臣爭事，則制於有司，以無爲恃位，守職者以聽從取容，臣下藏智而不用，反以事專其上。人君者，不能任能而好自爲，則智日困自負責，數窮於下，則不能申理，行墮於位，則不能持制，智不足以爲治，威不足以行刑，則無以與天下交矣。喜怒形於心，嗜欲見於外，則守職者離正而阿上，有司枉法而從風，賞不當功，誅不應罪，則上下乖心，君臣相怨，百官煩亂而智不解，非譽萌生而明不能照，非己之失而反自責，則人主愈勞，人臣愈佚，是以代大匠斫，夫代大匠斫者，希有不傷其手矣。與馬逐走，筋絕不能及也，上車攝轡，馬死衡下，伯樂相之，王良御之，明主乘之，無御相之勞而致千里，善乘人之賢也。人君之道，無爲而有就也，有立而無好也；有爲即議，有好即諛，議即可奪，諛即可誅。夫以建而制於人者，不能持國，故善建者不拔，言建之無形也，唯神化者，物莫能勝。中欲不出謂之扃，外邪不入謂之閉，中扃外閉，何事不節，外閉中扃，何事不成。故不用之，不爲之，而有用之，而有爲之，不伐之言，不奪之事，循名責實，使自有司，以不知爲道，以禁苛爲主，如此則百官之事，各有所考〔註196〕〕。

老子曰：〔食者民之本也，民者國之基也，故人君者，上因天時，下盡地理，中用人力。是以群生遂長，萬物蕃殖，春伐枯槁，夏收百果，秋蓄蔬食，冬取薪蒸，以爲民資，生無乏用，死無傳尸。先王之法，不掩群而取猌夭，不涸澤而漁，不焚林而獵，豺未祭獸，罝罘不得通於野，獺未祭魚，網罟不得入於水，鷹隼未擊，羅網不得張於皋，草木未落，斤斧不得入於山林，昆蟲未蟄，不得以火田，育孕不殺，鷇卵不探，魚不長尺不得取，犬豕不期年不得食，是故萬物之發若蒸氣出，先王之所以應時修備，富國利民之道也，

〔註195〕卷二十〈泰族〉，頁64～66。
〔註196〕卷九〈主術〉，頁22～24。

非目見而足行之，欲利民者也不忘乎心，即民自備矣〔註197〕〕。

老子曰：〔古者明君，取下有節，自養有度，必計歲而收，量民積聚，知有餘不足之數，然後取奉，如此，即得承所受於天地，而離於飢寒之患。其慘怛於民也，國有飢者，食不重味，民有寒者，冬不被裘，與民同苦樂，即天下無哀民。闇主即不然，取民不裁其力，求下不量其積，男女不得耕織之業，以供上求，力勤財盡，有旦無暮，君臣相疾。且人之為生也，一人蹠耒而耕，不益十畝，中田之收不過四石，妻子老弱仰之而食，或時有災害之患，以供上求，即人主愍之矣。貪主暴君，涸漁其下，以適無極之欲，則百姓不被天和履地德矣〔註198〕〕。

老子曰：〔天地之氣，莫大於和，和者，陰陽調，日夜分，故萬物春分而生，秋分而成，生與成，必得和之精。故積陰不生，積陽不化，陰陽交接，乃能成和。是以聖人之道，寬而栗，嚴而溫，柔而直，猛而仁。夫太剛則折，太柔則卷，道正在於剛柔之間。夫繩之為度也，可卷而懷也，引而申之，可直而布也，長而不橫，短而不窮，直而不剛，故聖人體之。夫推恩即懦，懦即不威嚴，推即猛，猛即不和，愛推即縱，縱即不令，刑推即禍，禍即無親，是以貴和也〔註199〕〕。

老子曰：〔國之所以存者，得道也，所以亡者，理塞也，故聖人見化以觀其徵。德有昌衰，風為先萌，故得生道者，雖小必大，有亡徵者，雖成必敗。國之亡也，大不足恃，道之行也，小不可輕，故存在得道，不在於小，亡在失道，不在於大。故亂國之主，務於地廣，而不務於仁義，務在高位，而不務於道德，是舍其所以存，造其所以亡也。若上亂三光之明，下失萬民之心，孰不能承，故審其己者，不備諸人也〔註200〕〕。古之為君者，深行之謂之道德，淺行之謂之仁義，薄行之謂之禮智，此六者，國家之綱維也。深行之則禍得福，淺行之則薄得福，盡行之天下服。古者修道德即正天下，修仁義即正一國，修禮智即正一鄉，德厚者大，德薄者小。故道不以雄武立，不以堅強勝，不以貪競得，立在天下推己，勝在天下自服，得在天下與之，不在於自取，故雌牝即立，柔弱即勝，仁義即得，不爭即莫能與之爭，故道之在於天下也，

〔註197〕卷九〈主術〉，頁28～29。
〔註198〕卷九〈主術〉，頁26～28。
〔註199〕卷十三〈氾論〉，頁9。
〔註200〕卷十三〈氾論〉，頁13～15。

譬猶江海也。天之道，爲者敗之，執者失之，夫欲名是大而求之爭之，吾見其不得已，而雖執而得之，不留也。夫名不可求而得也，在天下與之，與之者歸之，天下所歸者，德也，故云上德者天下歸之，上仁者海內歸之，上義者一國歸之，上禮者一鄉歸之，無此四者，民不歸也。不歸用兵，即危道也，故曰：兵者，不祥之器，不得已而用之。殺傷人勝而勿美，故曰：死地，荊棘生焉，以悲哀泣之，以喪禮居之。是以君子務於道德，不重用兵也。

　　文子問：仁義禮何以爲薄於道德也？老子曰：〔爲仁者，必以哀樂論之，爲義者，必以取與明之，四海之內，哀樂不能遍，竭府庫之財貨，不足以贍萬民，故知不如修道而行德，因天地之性，萬物自正而天下贍，仁義因附，是以大丈夫居其厚，不居其薄。夫禮者，實之文也，仁者，恩之效也，故禮因人情而制，不過其實，仁不溢恩，悲哀抱於情，送死稱於仁。夫養生不強人所不能及，不絕人所不能已，度量不失其適，非譽無由生矣，故制樂足以合歡，不出於和，明於死生之分，通於侈儉之適也。末世即不然，言與行相悖，情與貌相反，禮飾以煩，樂擾以淫，風俗溺於世，非譽萃於朝，故至人廢而不用也〔註201〕。〔與驥逐走，即人不勝驥，託於車上，即驥不勝人，故善用道者，乘人之資以立功，以其所能，託其所不能也〔註202〕。主與之以時，民報之以財，主遇之以禮，民報之以死，故有危國無安君，有憂主無樂臣。德過其位者尊，祿過其德者凶，德貴無高，義取無多，不以德貴者，竊位也，不以義取者，盜財也。聖人安貧樂道，不以欲傷生，不以利累己，故不違義而妄取，古者無德不尊，無能不官，無功不賞，無罪不誅，其進人也以禮，其退人也以義；小人之世，其進人也若上之天，其退人也若內之淵；言古者以疾今也。相馬失之瘦，選士失之貧，豚肥充廚，骨骴不官。君子察實，無信讒言，君過而不諫，非忠臣也，諫而不聽，君不明也，民沉溺而不憂，非賢君也，固守節死難，人臣之職也，衣寒食飢，慈父之恩也。以大事小謂之變人，以小犯大謂之逆天，前雖登天，後必入淵，故鄉里以齒，老窮不遺，朝廷以爵，尊卑有差。夫崇貴者，爲其近君也，尊老者，謂其近親也，敬長者，謂其近兄也。生而貴者驕，生而富者奢，故富貴不以明道自鑑，而能無爲非者寡矣。學而不厭，所以治身也，教而不倦，所以治民也，賢師良友，舍而爲非者寡矣。知賢之謂智，愛賢之謂仁，尊仁之謂義，敬賢之謂禮，樂

〔註201〕卷十一〈齊俗〉，頁60～62。
〔註202〕卷十二〈道應〉，頁83。

賢之謂樂。古之善爲天下者，無爲而無不爲也，故爲天下有容，能得其容，無爲而有功，不得其容，動作必凶。爲天下有容者，豫兮其若冬之涉大川，猶兮其若畏四鄰，儼兮其若容，渙兮其若冰之液，敦兮其若樸，混兮其若濁，廣兮其若谷，此爲天下容。豫兮其若冬之涉大川者，不敢行也，猶兮其若畏四鄰者，恐死傷也，儼兮其若容者，謙恭敬也，渙兮其若冰之液者，不敢積藏也，敦兮其若樸者，不敢廉成也，混兮其若濁者，不敢明清也，廣兮其若谷者，不敢盛盈也。進不敢行者，退不敢先也，恐自傷者，守柔弱不敢矜也，謙恭敬者，自卑下尊敬人也，不敢積藏者，自損弊不敢堅也，不敢廉成者，自虧缺不敢全也，不敢清明者，處濁辱不敢新鮮也，不敢盛盈者，見不足而不敢自賢也。夫道，退故能先，守柔弱故能矜，自卑下故能高人，自損弊故實堅，自虧缺故盛全，處濁辱故新鮮，見不足故能賢，道無爲而無不爲也。

〈上義〉

老子曰：〔凡學者，能明於天人之分，通於治亂之本，澄心清意以存之，見其終始，反於虛無，可謂達矣。治之本，仁義也，其末，法度也。人之所生者，本也，其所不生者，末也，本末一體也，其兩愛之，性也；先本後末，謂之君子，先末後本，謂之小人。法之生也，以輔義，重法棄義，是貴其冠履而忘其首足也。仁義者，廣崇也，不益其厚而張其廣者毀，不廣其基而增其高者覆，故不大其棟，不能任重，任重莫若棟，任國莫若德。人主之有民也，猶城中之有基，木之有根，根深即本固，基厚即上安。故事不本於道德者，不可以爲經，言不合於先王者，不可以爲道，便說掇取一行，一切之術，非天下通道也〔註203〕。

老子曰：〔治人之道，其猶造父之御駟馬也，齊輯之乎轡銜，正度之乎胸臆，內得於中心，外合乎馬志，故能取道致遠，氣力有餘，進退還曲，莫不如意，誠得其術也。今夫權勢者，人主之車輿也，大臣者，人主之駟馬也，身不可離車輿之安，手不可失駟馬之心，故駟馬不調，造父不能以取道，君臣不和，聖人不能以爲治。執道以御之，中才可盡，明分以示之，姦邪可止，物至而觀其變，事來而應其化，近者不亂即遠者治矣，不用適然之教，而得自然之道，萬舉而不失矣。

〔註203〕卷二十〈泰族〉，頁75～76。

老子曰：凡為道者，塞邪隧，防未然，不貴其自是也，貴其不得為非也，故曰勿使可欲，無曰不求，勿使可奪，無曰不爭，如此即人欲釋，而公道行矣。有餘者止於度，不足者逮於用，故天下可一也。夫釋職事而聽非譽，棄功勞而用朋黨，即奇伎天長，守職不進，民俗亂於國，功臣爭於朝，故有道以御人，無道則制於人矣〔註204〕。

老子曰：〔治國有常而利民為本，政教有道而令行為古，苟利於民，不必法古，苟周於事，不必循俗。故聖人法與時變，禮與俗化，衣服器械，各便其用，法度制令，各因其宜，故變古未可非，而循俗未足多也。通先王之書，不若聞其言，聞其言，不若得其所以言，得其所以言者，言不能言也，故道可道，非常道也，名可名，非常名也。聖人所由曰道，猶金石也，一調不可更，事猶琴瑟也，曲終改調。法制禮樂者，治之具也，非所以為治也，故曲士不可與論至道者，訊寤於俗而束於教也。

老子曰：天下幾有常法哉！當於世事，得於人理，順於天地，詳於鬼神，即可以正治矣。昔者三皇無制令而民從，五帝有制令而無刑罰，夏后氏不負言，殷人誓，周人盟。末世之衰也，忍垢而輕辱，貪得而寡羞，故法度制令者，論民俗而節緩急，器械者，因時變而制宜適。夫制於法者，不可與遠舉，拘禮之人，不可使應變，必有獨見之明，獨聞之聰，然後能擅道而行。夫知法之所由生者，即應時而變，不知治道之源者，雖循終亂；今為學者，循先襲業，握篇籍，守文法，欲以為治，非此不治，猶持方而內圓鑿也，欲得宜適亦難矣。夫存危治亂，非智不能，道先稱古，雖愚有餘，故不用之法，聖人不行也，不驗之言，明主不聽也〔註205〕。

文子問曰：法安所生？老子曰：〔法生於義，義生於眾適，從適合乎人心，此治之要也。法非從天下也，非從地出也，發乎人間，反己自正。誠達其本，不亂於末，知其要，不惑於疑，有諸已，不非於人，無諸己，不責於所立，立於下者不廢於上，禁於民者不行於身，故人主之制法也，先以自為檢式，故禁勝於身，即令行於民。夫法者，天下之準繩也，人主之度量也，懸法者，法不法也，法定之後，中繩者賞，缺繩者誅，雖尊貴者不輕其賞，卑賤者不重其刑；犯法者，雖賢必誅，中度者，雖不肖無罪，是故公道行，私欲塞也。古之置有司也，所以禁民使不得恣也，其立君也，所以置有司使不得專行也，

〔註204〕卷九〈主術〉，頁21～22。
〔註205〕卷十三〈氾論〉，頁5～8。

法度道術，所以禁君使無得橫斷也。人莫得恣即道勝而理得矣，故反樸無為。無為者，非謂其不動也，言其從己出也〔註206〕。

老子曰：〔善賞者，費少勸多，善罰者，刑省而禁姦，善與者，用約而為德，善取者，人多而無怨，故聖人因民之所喜以勸善，因民之所憎以禁姦，賞一人而天下趨之，罰一人而天下畏之，是以至賞不費，至刑不濫，聖人守約而治廣，此之謂也〔註207〕。

老子曰：〔臣道者，論是處當，為事先唱，守職明分，以立成功，故君臣異道即治，同道即亂，各得其宜，處有其當，即上下有以相使也〔註208〕。〔故枝不得大於幹，末不得強於本，言輕重大小有以相制也。夫得威勢者，所持甚小，所在甚大，所守甚約，所制甚廣；十圍之木，持千鈞之屋，得所勢也，五寸之關，能制開闔，所居要也。下必行之令，順之者利，逆之即凶，天下莫不聽從者，順也。發號令行禁止者，以眾為勢也。義者，非能盡利於天下之民也，利一人而天下從之；暴者，非能盡害於海內也，害一人而天下叛之，故舉措廢置，不可不審也〔註209〕。

老子曰：〔屈寸而申尺，小枉而大直，聖人為之；今人君之論臣也，不計其大功，總其略行，而求其小善，即失賢之道也。故人有厚德，無間其小節，人有大譽，無疵其小故。夫人情莫不有所短，成其大略是也，雖有小過，不以為累也；成其大略非也，閭里之行，未足多也。故小謹者無成功，訾行者不容眾，體大者節疏，度巨者譽遠，論臣之道也。

老子曰：自古及今，未有能全其行者也，故君子不責備於一人，方而不割，廉而不劌，直而不肆，博達而不訾，道德文武，不責備於人以力，自修以道，而不責於人，易賞也，自修以道，則無病矣，夫夏后氏之璜，不能無瑕，明月之珠，不能無穢，然天下寶之者，不以小惡妨大美。今志人之所短，忘人之所長，而欲求賢於天下，即難矣。夫眾人之見，位之卑，身之賤，事之污辱，而不知其大略，故論人之道，貴即觀其所舉，富即觀其所施，窮即觀其所受，賤即觀其所為，視其所患難，以知其所勇，勸以喜樂，以觀其守，委以貨財，以觀其仁，振以恐懼，以觀其節，如此，則人情可知矣〔註210〕。

〔註206〕卷九〈主術〉，頁20～21。
〔註207〕卷十三〈氾論〉，頁23～25。
〔註208〕卷九〈主術〉，頁11。
〔註209〕卷九〈主術〉，頁24～26。
〔註210〕卷十三〈氾論〉，頁19～23。

老子曰：〔屈者所以求申也，枉者所以求直也，屈寸申尺，小枉大直，君子為之。百川並流，不注海者不為谷，趨行殊方，不歸善者不為君子。善言貴乎可行，善行貴乎仁義，夫君子之過，猶日月之蝕，不害於明，故智者不妄為，勇者不妄殺，擇是而為之，計禮而行之。故事成而足恃也，身死而名足稱也，雖有智能，必以仁義為本而後立，智能並行，聖人一以仁義為準繩，中繩者謂之君子，不中繩者謂之小人。故君子雖死，其名不滅，小人雖得勢，其罪不除。左手據天下之圖，而右手刎其喉，雖愚者不為，身貴於天下也。死君親之難者，視死如歸，義重於身也。故天下大利也，比之身即小，身之所重也，比之仁義即輕，此以仁義為準繩者也〔註211〕〕。

老子曰：〔道德之備猶日月也，夷狄蠻貊不能易其指，趣舍同即非譽在俗，意行均即窮達在時，事周於世即功成，務合於時即名立。是故立功名之人，簡於世而謹於時，時之至也，即間不容息〔註212〕〕。〔古之用兵者，非利土地而貪寶賂也，將以存亡平亂為民除害也，貪饕多欲之人，殘賊天下，萬民騷動，莫寧其所。有聖人勃然而起，討強暴，平亂世，為天下除害，以濁為清，以危為寧，故不得不中絕。赤帝為火災，故黃帝擒之，共工為水害，故顓頊誅之。教人以道，導之以德而不聽，即臨之以威武，臨之不從，則制之以兵革。殺無罪之民，養不義之主，害莫大也；聚天下之財，贍一人之欲，禍莫深焉；肆一人之欲，而長海內之患，此天倫所不取也。所為立君者，以禁暴亂也，今乘萬民之力，反為殘賊，是以虎縛翼，何謂不除，夫畜魚者，必去其蝙獺，養禽獸者，必去豺狼，又況牧民乎！是故兵革之所為起也〔註213〕〕。

老子曰：〔為國之道，上無苛令，官無煩治，士無偽行，工無淫巧，其事任而不擾，其器完而不飾。亂世即不然，為行者相揭以高，為禮者相矜以偽，車輿極其雕琢，器用遂於刻鏤，求貨者爭難得以為寶，詆文者逐煩撓以為急，事為詭辯，久稽而不決，無益於治，有益於亂，工為奇器，歷歲而後成，不周於用。故神農之法曰：丈夫丁壯不耕，天下受其飢者，婦人當年不織，天下有受其寒者。故身親耕，妻親織，以為天下先，其導民也，不貴難得之貨，不重無用之物。是故耕者不強，無以養生，織者不力，無以衣形，有餘不足，各歸其身，衣食饒裕，姦邪不生，安樂無事，天下和平，智者無所施其策，

〔註211〕卷二十〈泰族〉，頁69～71。
〔註212〕卷十一〈齊俗〉，頁72～73。
〔註213〕卷十五〈兵略〉，頁49～50。

勇者無所錯其威〔註214〕〕。

老子曰：〔霸王之道，以謀慮之，以策圖之，挾義而動，非以圖存也，將以存亡也。故聞敵國之君，有暴虐其民者，即舉兵而臨其境，責以不義，刺以過行。兵至其郊，令軍帥曰：無伐樹木，無掘墳墓，無敗五穀，無焚積聚，無捕民虜，無聚六畜；乃發號施令曰：其國之君，逆天地，侮鬼神，決獄不平，殺戮無罪，天之所誅，民之所讎也；兵之來也，以廢不義而授有德也，有敢逆天道，亂民之賊者，身死族滅，以家聽者祿以家，以里聽者賞以里，以鄉聽者封以鄉，以縣聽者侯其縣。剋其國不及其民，廢其君易其政，尊其秀士，顯其賢良，振其孤寡，恤其貧窮，出其囹圄，賞其有功，百姓開戶而內之，漬米而儲之，唯恐其不來也。義兵至於境，不戰而止，不義之兵，至於伏尸流血，相交以前。故爲地戰者，不能成其王，爲身求者，不能立其功，舉事以爲人者，眾助之，以自爲者，眾去之，眾之所動，雖弱必強，眾之所去，雖大必亡〔註215〕〕。

老子曰：〔上義者，治國家，理境內，行仁義，布德施惠，立正法，塞邪道，群臣親附，百姓和輯，上下一心，群臣同力，諸侯服其威，四方懷其德，修正廟堂之上，折衝千里之外，發號行令而天下響應，此其上也。地廣民眾，主賢將良，國富兵強，約束信，號令明，兩敵相當，未交兵接仞，而敵人奔亡，此其次也。知土地之宜，習險隘之利，明苛政之變，察行陣之事，白仞合，流矢接，輿死扶傷，流血千里，暴骸千里，義之下也。兵之勝敗皆在於政，政勝其民，下附其上，即兵強，民勝其政，下叛其上，即兵弱。義足以懷天下之民，事業足以當天下之急，選舉足以得賢士之心，謀慮足以決輕重之權，此上義之道也〔註216〕〕。

老子曰：〔國之所以強者必死也，所以必死者義也，義之所以行者威也，是故令之以文，齊之以武，是謂必取；威義並行，是謂必強。白刃交接，矢石若雨，而士爭先者，賞信而罰明也。上視下如子，下事上如父，上視下如弟，下事上如兄，上視下如子，必王四海，下事上如父，必政天下，上視下如弟，即必難爲之死，下事上如兄，即必難爲之亡，故父子兄弟之寇，不可與之鬥。是故義君內修其政，以積其德，外塞於邪，以明其勢，察其勞佚，

〔註214〕卷十一〈齊俗〉，頁75。
〔註215〕卷十五〈兵略〉，頁50～51。
〔註216〕卷十五〈兵略〉，頁53。

以知飢飽，戰期有日，視死若歸，恩之加也〔註217〕〕。

〈上禮〉

老子曰：〔上古眞人，呼吸陰陽，而群生莫不仰其德以和順，當此之時，領理隱密自成純樸，純樸未散，而萬物大優。及世之衰也，至伏羲氏，昧昧懃懃，皆欲離其童蒙之心，而覺悟乎天地之間，其德煩而不一。及至神農、黃帝剖領天下，紀綱四時，和調陰陽，於是萬民莫不竦身而思，戴聽而視，故治而不和。下至夏、殷之世，嗜欲達於物，聰明誘於外，性命失其眞。施及周室，澆醇散樸，離道以爲僞，險德以爲行，智巧萌生，狙學以擬聖，華誣以脅眾，琢飾詩書，以賈名譽，各欲以行其智僞，以容於世，而失大宗之本，故世有喪性命，衰漸所由來久矣。是故至人之學也，欲以反性於無，游心於虛；世俗之學，擢德攪性，內愁五藏，暴行越知，以譊名聲於世，此至人所不爲也。擢德自見也，攪性絕生也，若夫至人定乎死生之意，通乎榮辱之理，舉世譽之而不益勸，舉世非之而不加沮，得至道之要也〔註218〕〕。

老子曰：〔古者被髮而無卷領，以王天下，其德生而不殺，與而不奪，天下非其服，同懷其德；當此之時，陰陽和平，萬物蕃息，飛鳥之巢，可俯而探也，走獸可繫而從也，及其衰也，鳥獸蟲蛇，皆爲民害，故鑄鐵鍛刃，以禦其難，故民迫其難則求其便，因其患則操其備，各以其智，去其所害，就其所利，常故不可循，器械不可因，故先王之法度，有變易者也，故曰：名可名，非常名也。五帝異道而德覆天下，三王殊事而名後世，因時而變者也。譬猶師曠之調五音也，所推移上下，無常尺寸以度，而靡不中者，故通於樂之情者能作音，有本主於中，而知規矩鉤繩之所用者能治人，故先王之制，不宜即廢之，末世之事，善即著之，故聖人之制禮樂者，而不制於禮樂，制物者，不制於物，制法者，不制於法，故曰：道可道，非常道也〔註219〕〕。

老子曰：〔昔者之聖王，仰取象於天，俯取度於地，中取法於人，調陰陽之氣，和四時之節，察陵陸水澤肥墩高下之宜，以立事生財，除飢寒之患，辟疾疢之災，中受人事，以制禮樂，行仁義之道，以治人倫。列金木水火土之性，以立父子之親而成家；聽五音清濁六律相生之數，以立君臣之義而成

〔註217〕卷十五〈兵略〉，頁65～67。
〔註218〕卷二〈俶眞〉，頁42～45。
〔註219〕卷十三〈氾論〉，頁1～5。

國；察四時孟仲季之序，以立長幼之節而成官；列地而州之，分國而治之，立大學以教之，此治之綱紀也。得道則舉，失則道失廢。夫物未嘗有張而不弛，盛而不敗者也，唯聖人可盛而不敗。聖人初作樂也，以歸神杜淫，反其天心；至其衰也，流而不反，淫而好色，不顧正法，流及後世，至於亡國；其作書也，以領理百事，愚者以不忘，智者以記事，及其衰也，為姦偽以解有罪，而殺不辜。其作囿也，以成宗廟之具，簡士卒以戒不虞；及其衰也，馳騁弋獵以奪民時，以罷民力，其上賢也，以平教化，正獄訟，賢者在位，能者在職，澤施於下，萬民懷德；至其衰也，朋黨比周，各推其所與，廢公趣私，外內相舉，姦人在位，賢者隱處。

天地之道，極則反，益則損，故聖人治弊而改制，事終而更為，其美在和，其失在權〔註220〕。〔聖人之道曰：非修禮義，廉恥不立，民無廉恥，不可以治，不知禮義，法不能正；非崇善廢醜，不嚮禮義，無法不可以為治，不知禮義，不可以行法；法能殺不孝者，不能使人孝，能刑盜者，不能使人廉。聖王在上，明好惡以示人，經非譽以導之，親而進之，賤不肖而退之，刑錯而不用，禮義修而任賢德也。故天下之高，以為三公，一州之高，以為九卿，一國之高，以為二十七大夫，一鄉之高，以為八十一元士。智過萬人者謂之英，千人者謂之俊，百人者謂之傑，十人者謂之豪。明於天地之道，通於人情之理，大足以容眾，惠足以懷遠，智足以知權，人英也。德足以教化，行足以隱義，信足以得眾，明足以照下，人俊也。行可以為儀表，置足以決嫌疑，信可以守約，廉可以使分財，作事可法，出言可道，人傑也。守職不廢，處義不比，見難不苟免，見利不苟得，人豪也。英俊豪傑，各以大小之材處其位，由本流末，以重制輕，上唱下和，四海之內，一心同歸，背貪鄙，嚮仁義，其於化民，若風之靡草。今使不肖臨賢，雖嚴刑不能禁其姦，小不能制大，弱不能使強，天地之性也。故聖人舉賢以立功，不肖之主舉其所與同，觀其所舉，治亂分矣，察其黨與，賢不肖可論也〔註221〕〕。

老子曰：〔為禮者，雕琢人性，矯拂其情，目雖欲之禁以度，心雖樂之節以禮，趣翔周旋，屈節卑拜，肉凝而不食，酒澂而不飲，外束其形，內愁其德，鉗陰陽之和而迫性命之情，故終身為哀。人何則不本其所以欲，而禁其所欲，不原其所以樂，而防其所樂，是猶圈獸而不塞其垣，禁其野心，決江

〔註220〕卷二十〈泰族〉，頁60～63。
〔註221〕卷二十〈泰族〉，頁68～69。

河之流而壅之以手，故曰：開其兌，濟其事，終身不救。夫禮者，遏情閉欲，以義自防，雖情心咽噎，形性飢渴，以不得已自強，故莫能終其天年。禮者，非能使人不欲也，而能止之，樂者，非能使人勿樂也，而能防之。夫使天下畏刑而不敢盜竊，豈若使無有盜心哉！故知其無所用，雖貪者皆辭之，不知其所用，廉者不能讓之。夫人之所以亡社稷，身死人手，爲天下笑者，未嘗非欲也，知冬日之扇，夏日之裘，無用於己，萬物變爲塵垢矣！故揚揚止沸，沸乃益甚，知其本者，去火而已〔註222〕。

老子曰：〔循性而行謂之道，得其天性謂之德，性失然後貴仁義，仁義立而道德廢，純樸散而禮樂飾，是非形而百姓眩，珠玉貴而天下爭。夫禮者，所以別尊卑貴賤也，義者，所以和君臣父子兄弟夫婦人道之際也。末世之禮，恭敬而交爲，義者，布施而得，君臣以相非，骨肉以生怨也；故水積則生相食之蟲，土積則生自肉之獸，禮與樂飾則生詐僞〔註223〕。〔末世之爲治，不積於養生之具，澆天下之醇，散天下之樸，滑亂萬民，以清爲濁，性命飛揚，皆亂以營，貞信燫爛，人失其性，法與義相背，行與利相反，貧富之相傾，人君之與僕虜，不足以論。夫有餘則讓，不足則爭，讓則禮義生，爭則暴亂起，故多欲則事不省，求贍則爭不止，故世治則小人守正，而利不能誘也，世亂則君子爲姦，而法不能禁也〔註224〕。

老子曰：〔衰世之主，鑽山石，挈金玉，摘礜蜃，消銅鐵，而萬物不滋；刳胎焚郊，覆巢毀卵，鳳凰不翔，麒麟不遊，構木爲臺，焚林而畋，竭澤而漁，積壤而丘處，掘地而井飲，濬川而爲池，築城而爲固，拘獸以爲畜，則陰陽繆戾，四時失序，雷霆毀折，雹霜爲害，萬物焦夭，處於太半，草木夏枯，三川絕而不流。分山川谿谷，使有壤界，計人眾寡，使有分數，設機械險阻以爲備，制服色，等異貴賤，差賢不肖，行賞罰，則兵革起而忿爭生，虐殺不辜，誅罰無罪，於是興矣〔註225〕。

老子曰：〔世之將喪性命，猶陰氣之所起也，主闇昧而不明，道廢而不行，德滅而不揚，舉事戾於天，發號逆四時，春秋縮其和，天地除其德；人君處位而不安，大夫隱遁而不言，群臣推上意而懷常，疏骨肉而自容，邪人諂而

〔註222〕卷七〈精神〉，頁74～76。
〔註223〕卷十一〈齊俗〉，頁53。
〔註224〕卷十一〈齊俗〉，頁75～77。
〔註225〕卷八〈本經〉，頁77～79。

陰謀，遽載驕主而像其，亂人以成其事；是故君臣乖而不親，骨肉疏而不附，田無立苗，路無緩步，金積折廉，壁襲無贏，殼龜無腹，蓍筮日施，天下不合而爲一家，諸侯制法各異習俗。悖拔其根而棄其本，鑿五刑，爲刻削，爭於錐刀之末，斬刈百姓，盡其太半，舉兵爲難，攻城濫殺，覆高危安，大衝車，高重疊，除戰隊使陣死路，犯嚴敵，百姓一反，名聲苟盛，兼國有地，伏尸數十萬，老弱飢寒而死者，不可勝計。自此之後，天下未嘗得安其性命，樂其習俗也。賢聖勃然而起，持以道德，輔以仁義，近者進其智，遠者懷其德，天下混而爲一，子孫相代輔佐；黜讒佞之端，息末辯之說，除刻削之法，去煩苛之事，屏流言之跡，塞朋黨之門，消智能，循大常，墮枝體，黜聰明，大通混冥，萬物各復歸其根。夫聖人非能生時，時至而不失也，是以不得中絕〔註 226〕。

老子曰：〔酆水之深十仞而不受塵垢，金石在中，形見於外，非不深且清也，於鱉蛟龍莫之歸也。石上不生五穀，禿山不遊麋鹿，無所蔭蔽也。故爲政以苛爲察，以切爲明，以刻下爲忠，以計多爲功，如此者，譬猶廣革者也，大敗大裂之道也，其政悶悶，其民淳淳，其政察察，其民缺缺〔註 227〕。

老子曰：〔以正治國，以奇用兵。先爲不可勝之政，而後求勝於敵，以未治而攻人之亂，是猶以火應火，以水應水也。同莫足以相治，故以異爲奇，奇，靜爲躁，奇，治爲亂，奇，飽爲飢，奇，逸爲勞，奇正之相應，若水火金木之相伐也，何往而不勝〔註 228〕。〔故德均則眾者勝寡，力敵則智者制愚，智同則有數者禽無數〔註 229〕。

〔註 226〕卷六〈覽冥〉，頁 54～57。
〔註 227〕卷十二〈道應〉，頁 104。
〔註 228〕卷十五〈兵略〉，頁 68。
〔註 229〕卷十五〈兵略〉，頁 57。

附錄二 《太平御覽》引《文子》輯錄

所據爲南宋蜀刻本，臺北：新興書局，1959 年 1 月版

2（卷）·1（頁）樸至大者無形狀，道至大者無度量，故天圓不中規，地方
不中矩。〈自然〉

天明日明，然後能照四方，君明臣明，然後能正萬物，域中四明，故能
久。〈上德〉

高莫高於天，下莫下於澤，天高澤下，聖人法之。〈上德〉

天愛其精，地愛其平，人愛其情。天之精，日月星辰雷霆風雨也；地之
平，水火金木土也；人之情，思慮聰明喜怒也。〈下德〉

3.5 日出於地，萬物蕃息。〈上德〉

4.8 百星之明，不如一月之光。〈上德〉

日月欲明，浮雲蓋之，叢蘭欲秀，秋風敗之。〈上德〉

7.4 精誠內形，氣動於天，則景星見。〈精誠〉

10.6 若與俗處，猶走逃雨也，無之而不霑。〈道德〉

13.4 夫目察秋毫之末，耳不聞雷霆之聲，耳調金石之音，目不見太山之形，
小有所志，必大有所忘。〈九守〉

13.8 腎爲電，主鼻。〈九守〉

14.8 天地二氣即成虹，人二即生病。〈上德〉

14.10 父無喪子之憂，兄無哭弟之哀，童子不孤，婦人不孀，霓虹不見，盜賊
不行，含德之所致也。〈道原〉

19.3 政失於春，歲星盈縮，不居其常，春政不失，禾黍滋。〈精誠〉

因春而生，因秋而殺，所生不德，所殺不怨，則幾於道矣。〈道德〉

22.2 政失於夏，熒惑逆行，夏政不失，則降時雨。〈精誠〉

24.7 日月欲明，浮雲蓋之，叢蘭欲秀，秋風敗之。〈上德〉

政失於秋，大白出入無常〈精誠〉

因春而生，因秋而殺，所生不德，所殺不怨，則幾於道矣（注：春秋無心，生殺有時，人主無為，當罰必當，遠違其理，近合其道）。〈道德〉

唯神化為貴，精至為神，精之所動，若春氣之生，秋氣之殺（注：其生也暄然，如春物得其生死也，肅然如秋物終於死，故生不祈報，死無歸怨，生之死之，以其無心也）。〈精誠〉

25.8 陰陽調，日月分，故萬物春分而生，秋分而成，生與成，必得和之精，故積陰不生，積陽不化，陰陽交接，乃能成和（注：此天地之氣和平，故萬物得以生成故也）。〈上仁〉

27.2 冬兵可折，夏條可結。〈上德〉

國有飢者，食不重味，民有寒者，冬不披裘，與民同苦樂，即天下無哀民。〈上仁〉

34.6 婦人當年不織，天下有受其寒者。〈上義〉

36.7 地承天，故定寧，地定寧，萬物形，地廣厚，萬物聚，定寧無不載，廣厚無不容。〈上德〉

地方而無涯，故莫能闚其門。〈自然〉

53.3 川竭而谷虛，丘夷而泉塞。〈上德〉

56.2 卻走馬以糞，車軌不接於遠方之外，是謂座馳陸汎。〈精誠〉

58.5 水之性欲清，石穢之，水之為道也，廣不可極（注：莫知其言，深不可測），長極無窮，遠淪無涯，息耗減益，過於不訾（注：涌出日息，煎乾日耗，出川枝流日減，九野注之日益，過於不訾者，此過尾閭，入大壑，入無底谷）。〈道原〉

水濁者魚 嚼。〈精誠〉

混混之水濁，可以濯我足，青青之水清，可以濯我纓。〈上德〉

水之道也，大不可極，深不可測，上天為雨露，下地為潤澤。〈道原〉

猶鑿渠而止水，猶抱薪而救火。〈精誠〉

60.3 古之善為君者，法海以象其大，注下以成其廣。〈自然〉

61.6 江河之大，溢不過三日。〈微明〉

62.3 老子云：灃水之深十仞而不受塵垢，金鐵在中，形見於外。〈上禮〉

72.4 高莫高於天，下莫下於澤，天高澤下，聖人法之。〈上德〉

78.6 赤帝爲火災，故黃帝擒之〈上義〉

231.7 皋陶喑爲大理，天下無虐刑，有貴乎言者也。〈精誠〉

313.4 廟戰者帝，神化者王，廟戰者法天道也，神化者明四時也。〈自然〉

338.7 老子云：銘鐸以聲自毀，膏燭以明自消。〈上德〉

348.5 狡兔得而獵犬烹，高鳥盡而強弩藏。〈上德〉

360.4 人之情欲平，嗜慾亂之，精氣爲人，人受天地變化而生，一月而膏（注：初形骸如膏脂），二月而脈（注：漸生筋脈），三月而胚（注：胚，胞也，三月如水龍狀也），四月而胎（注：如水中蝦蟆之胎），五月而筋（注：氣積而成筋），六月成骨（注：血化肉，肉化脂，脂化骨），七月成形（注：四肢九竅成），八月而動（注：動，作），九月而燥（注：動：如），十月而生，形骸乃成，五藏乃形。〈九守〉

昔者中黃子曰：天有五行，地有五方，聲有五音，物有五味，色有五章，人有五伍，五伍二十五，故天地之間有二十五等人。上五有神人眞人道人至人聖人，次五有德人賢人智人善人辯人，中伍有工人中人商人平人直人，下伍有眾人奴人愚人視肉人小人，上伍之與下伍，猶人之與牛馬也。〈微明〉

智出於萬人者俊，百人者謂之傑，十人者謂之豪。〈微明〉

363.3 人頭之圓以法天，足之方以象地，天有四時、五行、九解、三百六十日，人亦復有四支、五藏、九竅、三百六十節；天有風雨寒暑，人亦有取與喜怒。膽爲雲，肺爲雨，脾爲風，腎爲電，肝爲雷，與天地相類，而心爲之主。耳目者，日月也，而血氣者，風雨也，日月失行而薄蝕無光，風雨非時，毀折生災，五星失行，州土受其殃，天地之道，愛其神明，人之耳目何能九勤而不愛，精神何能久馳而不止，是故聖人內而不失也。〈九守〉

375.12 人受變化，一月而膏，三月而脈。〈九守〉

376.4 心者形之主也，神者心之寶也。〈九守〉

376.8 腎主鼻。〈九守〉

378.9 神農形悴堯瘦，將欲利萬人也。〈自然〉

401.5 聖人同死生，愚人亦同死生，聖人之同死生，明於分理也；愚人之同死
生不知利害之所在也。〈符言〉

聖人隨時而舉事，因資而立功，守清道，拘雌節，因循而變應，常後而
不先。〈道原〉

聖人以仁義爲中繩，中繩之謂君子，不中繩謂小人。〈上義〉

402.5 山有猛獸，林木爲之不斬，也有螫蟲，葵藿爲之不採，國有賢臣，折衝
千里。〈上德〉

403.3 夫道德者，匡邪以爲正，治辭以爲定，上下之儀也。上有道德即下有仁
義，積道德者天與之，地助之，鬼輔之。〈道德〉

403.6 山高者，其木脩，地廣者，其德厚。〈上德〉

419.4 積惠重厚，使其萬物忻忻樂者，仁也。〈精誠〉

421.4 世志則以義衛生，世亂則以身衛義。〈符言〉

體君臣，正上下，明親疏，存危國，繼絕世，立無後者，義也。〈精誠〉

431.6 量腹而食，度身而衣，節乎己者，貪心不生矣。〈九守〉

432.6 神者智之淵也，神清則智明，智者心之府也，智公則心平。〈九守〉

459.1 其文好者身必剝，其角美者身見殺，甘泉先竭，直木必伐。〈符言〉

468.2 秦楚燕魏之歌，異傳而皆樂也。〈精誠〉

472.8 帝王富其民，霸王富其地，危國富其吏，治國若不足，亂國若有餘，存
國困倉實，亡國困倉虛。〈微明〉

483.9 人有三怨，爵高者人妒之，官大者王惡之，祿厚者怨處之。夫爵益高者
意益下，官益大者心益小，祿益厚者意益薄。〈符言〉

486.8 神農之法，大夫丁壯不耕，天下有受其餓者。〈上義〉

487.6 九夷八狄之哭異聲而皆哀。〈精誠〉

492.9 今採萬民之力反爲殘賊，是爲虎翼，何爲不除。〈上義〉

523.5 爲禮者雕琢人性，矯弗其情，目雖欲之，禁以法，心雖樂之，節以禮，
趨翔周旋，屈節異儀，肉凝而弗食，酒敗而不飲，外束其形，中愁其意，
汩陰陽之和，而迫生命之情。〈上禮〉

548.7 聖人同死生，愚人亦同死生，聖人之同死生，明於分理也；愚人之同死
生不知利害之所在也。〈符言〉

607.4 上學以神聽，中學以心聽，下學以耳聽，耳聽者學在皮膚，心聽者，學在肌肉，神聽者學在骨髓。〈道德〉

624.2 水濁則魚險，政苛則民亂。〈精誠〉

626.3 楚人檐山雞，路人問曰何爲也？欺之曰鳳凰也。路人請十金弗與，倍乃與之。將獻楚王，經宿鳥死，路人不惜其金，唯恨不得獻，國人傳之咸以爲眞鳳，遂聞楚王，王感其貴買，欲獻於己，厚賜之，貴甚於買鳥之金十倍。

633.10 善賞者費少而勸多，故聖人賞一人而天下趨之，是以至賞不費也。〈上義〉

636.3 道狹然後任智，德薄然後任刑，明淺然後任察，任智者心亂，任刑者上下恐，任察者下求善以事其上。〈自然〉

638.3 文子問，老子曰：法安所生，曰：法生於義，義生於眾適，眾適合乎人心，此治之要也。法非從天生，非從地出，發於人間，反己自正。〈上義〉

697.8 均爲縞也，或爲冠，或爲襪，則履之。〈上德〉
文王伐崇，至鳳凰之墟，而襪係解，文王自結之。太公問焉，文王曰：吾聞亡君所與處盡其役，寡人雖不肖，所與處皆先君之人也，故無令結之。

702.8 大丈夫恬然無思，淡然無慮，以天爲蓋，以地爲輿。〈道原〉

720.2 太上養神，其次養形，神清意平，百節皆寧，養生之本也。肥肌膚，充腹腸，開嗜欲，養生之末也（注：淮南子同）。〈下德〉

740.4 師曠瞽而爲太師。〈精誠〉

740.6 皋陶瘖而爲士師。〈精誠〉

759.7 清之爲明，杯水而見眸子，濁之爲聞，河水不見太山。〈上德〉

766.4 木強即折，革強即裂。〈道原〉

766.8 夫繩之爲度也，可卷而懷之，可引而伸之，可直而布之，長而不橫，短而不窮，直而不剛，故聖人體之。〈上仁〉

768.7 舟浮江海，不爲莫乘而沉，君子行道，不爲莫知而止。〈上德〉

805.2 鄭人謂玉未理者璞，周人謂鼠未臘者璞，周人懷璞問鄭賈曰：欲之乎？出其璞，視之，乃鼠璞。

806.7 聖人不貴赤璧而貴寸陰，不布施以求得，不高下以相假，此古人之德也。

〈道原〉

822.8 其耕不強者，無以養生。〈上義〉

832.8 有鳥將來，張羅而待之，得鳥者，羅之一目。今爲一目之羅，無得鳥焉。
〈上德〉

833.9 堯使水處者漁，山處者木，事宜其械，械宜其人。〈自然〉

834.3 魚不可以無餌釣，獸不可以空器召。〈上德〉

834.8 臨河欲魚，不若退而織網。〈上德〉

836.9 使信士分財，不如探籌，使廉士守財，不如閉戶。羽翼美，傷其骨，枝
葉茂，害其根，憂河之涸，泣以益也。〈符言〉

870.6 鳴鐸以聲自毀，膏燭以明自銷。〈上德〉

907.5 飛鳥反鄉，兔走歸窟，狐死首丘。〈上德〉

911.4 腐鼠在阼，燒香於堂。〈上德〉

914.6 有鳥將來，張羅而待之，得鳥者，羅之一目。今爲一目之羅，即無得鳥
時。〈上德〉

915.7 主有積道德，天與之，地助之，鬼神輔之，則鳳凰翔其庭也。〈道德〉

935.4 川廣者魚大，山高者獸脩，故魚不可以無餌釣，獸不可以空器召。〈上
德〉
因所貴而貴之，物無不貴，因所賤而賤之，物無不賤，故不放魚於木，
沉鳥於淵。〈自然〉

948.4 善用人者，若蚈之足，眾不相害（注：淮南子同）。〈上德〉

949.1 蟾蜍辟兵，壽在五月之望。〈上德〉

952.4 葉落者風搖之，水濁者物撓之也。〈上德〉
甘泉必竭，良木必伐。〈符言〉

983.2 日月欲明，浮雲蓋之，叢蘭欲脩，秋風敗之。〈上德〉
蘭芷不爲莫服而不芳，與君子行遊苾兮，如入蘭芷之室，久而不聞則與
之化矣。〈上德〉

附錄三 《文選》注引《文子》輯錄

所據之《六臣註文選》，臺北：商務書館四部叢刊本正編

1. 智過十人謂之豪。〈上禮〉 25（頁） 班固〈西都賦〉
2. 智過萬人謂之英，千人謂之俊。〈上禮〉 26 班固〈西都賦〉
3. 智過百人謂之傑，十人謂之豪。〈上禮〉 26 班固〈西都賦〉
4. 群臣輻湊。張湛曰：如眾輻之集於轂。〈上仁〉、〈自然〉 38 班固〈東都賦〉
5. 執玄德於心，化馳如神。〈道原〉 42 班固〈東都賦〉
6. 誠心可以懷也。〈道原〉 74 張平子〈東都賦〉
7. 得天地之道，故謂之眞人。〈道原〉 88 張平子〈南都賦〉
8. 四方上下曰宇。〈自然〉 96 左太沖〈吳都賦〉
9. 天道爲文，地道爲理。〈上德〉 99 左太沖〈吳都賦〉
10. 曲士不可言至道。〈上義〉 100 左太沖〈吳都賦〉
11. 騰蛇無足而騰。 102 左太沖〈吳都賦〉
12. 水濁則魚 喁。〈精誠〉 102 左太沖〈吳都賦〉
13. 積水成海。〈道德〉 126 左太沖〈魏都賦〉
14. 群臣輻湊。〈上仁〉、〈自然〉 127 左太沖〈魏都賦〉
15. 法寬刑緩，囹圄虛空。〈精誠〉 130 左太沖〈魏都賦〉
16. 鷹隼未擊，羅網不得張，谷草木未落，工不得入山林。〈上仁〉 132 左太沖〈魏都賦〉
17. 與陰俱閉，與陽俱開。〈道原〉 141 楊子雲〈甘泉賦〉
18. 澄心清意。〈上義〉 144 楊子雲〈甘泉賦〉

19. 兕牛之動也，以抵觸也。　170　楊子雲〈羽獵賦〉

20. 物盛則衰。〈九守〉　176　楊子雲〈長揚賦〉

21. 親疏係乎勢利，不係乎不肖與仁賢也。　185　曹大家〈東征賦〉

22. 精誠於形，動氣於天。〈精誠〉　186　曹大家〈東征賦〉

23. 聰明廣智，守以愚，多聞博辨，守以儉。〈九守〉（〈下德〉）　226　何平
　　叔〈景福殿賦〉

24. 器械不惡而職事不慢也。〈下德〉　228　何平叔〈景福殿賦〉

25. 舉措廢置不可不審順乎四時。〈微明〉　229　何平叔〈景福殿賦〉

26. 有榮悴者必末榮悴。〈上德〉　248　潘安仁〈秋興賦〉

27. 鷹隼未擊，羅網不得張。〈上仁〉　248　潘安仁〈秋興賦〉

28. 大人者與天地合其德。〈精誠〉　257　賈誼〈鵩鳥賦〉

29. 得天地之道，故謂之眞人也。　257　賈誼〈鵩鳥賦〉

30. 有鳥將來，張羅而待之，得鳥者，羅之一目也。今爲一目之羅，即無以
　　得鳥也。〈上德〉　258　禰正平〈鸚鵡賦〉

31. 約其所守即察。〈道原〉　261　禰正平〈鸚鵡賦〉

32. 去其誘慕，除其嗜欲。張湛曰：遺其衒上爲害眞性。〈道原〉　261　禰
　　正平〈鸚鵡賦〉

33. 羽翼美者傷其骨骸。〈符言〉　261　禰正平〈鸚鵡賦〉

34. 陰陽陶冶萬物。〈下德〉　261　禰正平〈鸚鵡賦〉

35. 騰蛇無足而騰也。　282　張平子〈思玄賦〉

36. 爲絕國殊俗立諸侯以教誨之。〈自然〉　305　江文通〈別賦〉

37. 蒙塵而欲無昧不也得也。〈上德〉　314　陸士衡〈文賦〉

38. 夫物盛則衰。〈九守〉、〈下德〉　332　嵇夜叔〈琴賦〉

39. 傲世賤物，不污於俗。〈下德〉　342　成公子安〈嘯賦〉

40. 九竅者，精神之戶牖。〈九守〉　349　宋玉〈高唐賦〉

41. 昔者中黃子曰：色有五章，人有五情。〈微明〉　362　曹植〈上責躬應
　　詔詩表〉

42. 有榮華必有愁悴。〈上德〉　364　曹植〈上責躬應詔詩表〉

43. 景雲光潤。　374　應吉甫〈晉武帝華林園集詩〉

44. 身有榮華，心有愁悴。〈上德〉　389　左太沖〈詠史詩〉

45. 三皇五帝輕天下，細萬物，上與道爲友，下與化爲人。張湛曰：上能有

於道或反。〈道德〉　　399　　何敬祖〈遊仙詩〉

46. 聖人所由曰道，所爲曰事。〈上義〉　　406　　謝靈運〈從遊京口北固應詔〉

47. 有榮華者必有愁悴。〈上德〉　　419　　阮嗣宗〈詠懷詩〉

48. 昔者中黃子曰：色有五色爲章，人有五情。〈微明〉　　425　　歐陽堅石〈臨終詩〉

49. 鳥飛之鄉，依所主也。(〈上德〉)　　428　　王仲宣〈七哀詩〉

50. 靜漠恬淡。〈精誠〉、〈九守〉、〈微明〉　　458　　潘安仁〈爲賈謐作贈陸機〉

51. 聖人由近知遠，以萬異爲一同也。〈下德〉　　472　　盧子諒〈贈劉琨並詩〉

52. 殊方偏國。〈上義〉　　478　　謝靈運〈還舊園作見顏范二中書〉

53. 高鳥盡而良弓藏。〈上德〉　　494　　陶淵明〈始作鎭軍參軍經曲河作〉

54. 聖人若靜，不將不迎。〈精誠〉　　498　　謝靈運〈初去郡〉

55. 莫鑑於流潦而鑑於止水，以其保心而不外蕩也。〈九守〉(〈道德〉)　　498　　謝靈運〈初去郡〉

56. 靜漠恬淡，所以養生也。〈精誠〉　　497　　謝靈運〈登江中孤嶼〉

57. 夏條可結。〈上德〉　　519　　陸士衡〈從軍行〉

58. 禍福之至，雖丘山無由職之矣。〈九守〉　　531　　鮑明遠〈白頭吟〉

59. 虛無因循，常後而不先，譬若積薪燎，後者處上也。〈上德〉　　531　　鮑明遠〈白頭吟〉

60. 日月欲明，浮雲蓋之。〈上德〉　　五三七　　古詩十九首

61. 聖人食足以充虛接氣，衣足以蓋形禦寒。〈九守〉　　548　　曹子建〈雜師〉

62. 天地之間有神人眞人。〈微明〉　　552　　何敬祖〈雜詩〉

63. 鳥飛反鄉，依其所生。〈上德〉　　553　　王正長〈雜詩〉

64. 冬冰可折，夏條可結，時難得而易失。〈上德〉　　555　　張景陽〈雜詩〉

65. 積道德者，天與之，地助之。〈道德〉　　555　　張景陽〈雜詩〉

66. 形之與名居然別矣。　　556　　張景陽〈雜詩〉

67. 四方上下謂之寓。〈自然〉　　591　　嵇康〈雜體詩〉

68. 慮患於冥冥之外。〈微明〉　　592　　潘岳〈雜體詩〉

69. 伯樂相之，王良御之。〈上仁〉　　637　　枚叔〈七發〉

70. 與陰俱閉，與陽迸開。〈道原〉　　638　　枚叔〈七發〉

71. 無相御之勞而致千里也。〈上仁〉　　638　　枚叔〈七發〉

72. 黃帝之化天下，田者讓畔。〈精誠〉　　660　　張景陽〈七命〉

73. 聖人體道，反至動而無爲。〈道德〉　673　王元長〈永明九年策秀才文〉

74. 有鳥將來，張羅而待之，得鳥者，羅之一目也。今爲一目之羅，即無以得鳥也。〈上德〉　679　王元長〈永明十一年策秀才文〉

75. 群臣輻湊。張湛曰：如眾輻之集於轂。〈上仁〉、〈自然〉　682　王彥升〈天監三年策秀才文〉

76. 傲世賤物，世之抗行也。〈下德〉　684　孔文舉〈薦禰衡表〉

77. 欲治之主不世出。〈下德〉　689　曹子建〈自求試表〉

78. 與道爲際，與德爲鄰，不爲福始，不爲禍先。〈九守〉　693　曹子建〈求通親親表〉

79. 慈父之愛子，非求報。〈微明〉　695　李密〈陳情表〉

80. 昔者中黃子曰：色有五色爲章，人有五情。〈微明〉　698　陸士衡〈謝平原內史表〉

81. 昔者中黃子曰：色有五色爲章，人有五情。〈微明〉　700　陸士衡〈謝平原內史表〉

82. 春秋之代謝，日月之晝夜。〈自然〉　700　陸士衡〈謝平原內史表〉

83. 養生以經世，抱德以終年，可謂體道。〈九守〉（〈微明〉）　708　柏元子〈薦譙元彥表〉

84. 聖人不讓負薪之言以廣其名。〈自然〉　724　李斯〈上秦始皇書〉

85. 不治其本而救其末，無異鑿渠而止水，抱薪而救火也。〈精誠〉　732　枚叔〈上書諫吳王〉

86. 夫事煩難治也，法苛難行也，多求難贍也，寸而度之，至丈必差，銖而稱之，至石必過。〈上仁〉　732　枚叔〈上書諫吳王〉

87. 石稱丈量，徑而寡失，故大較易爲智，曲辯難爲惠。〈上仁〉　732　枚叔〈上書諫吳王〉

88. 起師十萬，日費千金。張湛曰：日有千金之費也。〈微明〉　740　任彥升〈奏彈曹景宗〉

89. 百星之明，不如一月之光。〈上德〉　787　魏文帝〈與吳質書〉

90. 天下之大器也。〈道德〉　822　陳孔璋〈爲袁紹檄豫州〉

91. 狡兔得而獵犬烹，高鳥盡而良弓藏。〈上德〉　825　陳孔璋〈爲袁紹檄豫州〉

92. 群臣輻湊。（〈上仁〉）〈自然〉　840　東方曼倩〈答客難〉

93. 墨子無黔突，孔子無煖席，非以貪祿慕位，欲起天下之利，除萬民之害也。〈自然〉　846　班孟堅〈答賓戲〉

94. 不言之師，不道之道，若或通焉，謂之天符。〈下德〉　85　班孟堅〈答賓戲〉

95. 譬吾處於天下亦爲一物也，然則我亦物也，而物亦物也，物之與我也有何以相物也。〈九守〉　861　陸士衡〈豪士賦序〉

96. 法寬刑緩，囹圄虛空。〈精誠〉　882　王子淵〈聖主得賢臣頌〉

97. 伊尹負鼎而干湯，呂望鼓刀而入周。〈自然〉　883　王子淵〈聖主得賢臣頌〉

98. 昔堯之治天下也，舜爲司徒，契爲司馬，禹爲司空，后稷爲田疇，奚仲爲工師，是以叛離者寡，聽從者眾，若風之過簫，忽感之各以清濁應物也。〈自然〉　894　陸士衡〈漢高祖功臣頌〉

99. 欲治之主不世出，可與之臣不萬一，以不世出求不萬一，此至化之所以千載不一也。〈下德〉　898　袁彥伯〈三國名臣贊序〉

100. 必有燭見之明，然後能擅道而行。〈上義〉　898　袁彥伯〈三國名臣贊序〉

101. 天下大器也，不可執也，不可爲也，爲者敗之，執者失之。〈道德〉　928　于令升〈晉紀總論〉

102. 人主之有民，猶城之有基，木之有根，根深則本固，基厚則上安。〈上義〉　928　于令升〈晉紀總論〉

103. 群臣輻湊。張湛曰：如眾輻之集於轂。〈上仁〉、〈自然〉　948　沈休文〈恩倖傳論〉

104. 法寬刑緩，囹圄虛空。〈精誠〉　955　東方曼倩〈非有先生論〉

105. 虵與驥致千里而不飛。〈上德〉　956　王子淵〈四子講德論〉

106. 乳犬噬虎，伏雞搏狸。〈上德〉　961　王子淵〈四子講德論〉

107. 所爲立君者，以禁暴亂也。夫養禽獸者，必除豺狼，又況牧民乎。〈上義〉　961　王子淵〈四子講德論〉

108. 林木生蠹還自食，人生事因自賊。〈符言〉　961　王子淵〈四子講德論〉

109. 人主之有民，猶城之有基，木之有根，根深則本固，基厚則上安。〈上義〉　972　曹元首〈六代論〉

110. 修理而動者正氣。〈符言〉　977　嵇夜叔〈養生論〉

111. 人之性欲平。又曰眞人純粹應物。〈道原〉　977　嵇夜叔〈養生論〉

112. 古之爲道者養以和，持以適。〈九守〉、〈符言〉　979　嵇夜叔〈養生論〉

113. 養生以經世。(〈九守〉、〈微明〉)　982　李蕭遠〈運命論〉

114. 群臣輻湊。張湛曰：如眾輻之集於轂。〈上仁〉、〈自然〉　998　陸士衡〈辨亡論〉

115. 養生以經世。〈九守〉　998　陸士衡〈五等諸侯論〉

116. 用兵有五，誅暴救弱謂之義。〈道德〉　1001　陸士衡〈五等諸侯論〉

117. 日月欲明，浮雲蓋之，叢蘭欲茂，秋風敗之。〈上德〉　1004　劉孝標〈辨命論〉

118. 道以無有爲體，視之不見其形，聽之不聞其聲，謂之幽冥。〈上德〉　1005　劉孝標〈辨論論〉

119. 德仁義禮四者，聖人之所以御萬物也。〈道德〉　1005　劉孝標〈辨命論〉

120. 事由琴瑟，每終改調。〈上義〉　1026　陸士衡〈演連珠〉

121. 左手據天下之圖，而右手刎其喉，愚者不爲，身貴乎天下也。〈上義〉　1027　陸士衡〈演連珠〉

122. 天道極即反，盈即損，日月是也。〈九守〉　1030　陸士衡〈演連珠〉

123. 虛無不受，靜無不持。〈九守〉　1087　張茂先〈女史箴〉

124. 取焉而不損，酌焉而不竭，莫知其所由也。〈下德〉　1087　王簡栖〈頭陀寺碑文〉

125. 夫抱順效誠，令行禁止。〈精誠〉　1113　任彥升〈齊竟陵文宣王行狀〉

126. 鳳凰飛千仞莫之能致也。〈上德〉　1117　賈誼〈弔屈原文〉

引用書目

（以作作者姓名筆畫多寡爲序）

一、專 著

1. 尸佼：《尸子》，臺北：中華書局四部備要本，據平津館本校刊，1974 年 9 月。

2. 尹文：《尹文子》，臺北：中華書局四部備要本，據守山閣本校刊，1979 年 7 月。

3. 太公望：《六韜》，臺北：商務印書館四部叢刊本，景瞿氏鐵琴銅劍樓藏景宋鈔本。

4. 孔鮒：《孔叢子》，臺北：中華書局四部備要本，據漢魏叢書本校刊，1966 年 9 月。

5. 文物編輯部：《馬王堆漢墓帛書（壹）》，北京：文物出版社，1980 年 4 月。

6. 王充：《論衡》，臺北：中華書局四部備要本，據明刊本校刊，1966 年 9 月。

7. 王弼：《老子注》，臺北：中華書局四部備要本，據華亭張氏本校刊，1984 年 5 月。

8. 王肅：《孔子家語》，臺北：商務印書館四部叢刊本正編，景江南圖書館藏明翻宋本。

9. 王先慎：《韓非子集解》，臺北：世界書局，1991 年 10 月。

10. 王應麟：《困學紀聞》，臺北：商務印書館，1978 年 4 月。

11. 司馬遷：《史記》，臺北：藝文印書館景乾隆武英殿刊本。

12. 司馬穰苴：《司馬法》，臺北：中華書局四部備要本，據平津館本校刊，1978 年 8 月。

13. 左丘明：《國語》，臺北：里仁書局，上海師範大學古籍整理組校點本，1981 年 12 月。

14. 白居易：《白孔六帖》，臺北：商務印書館景四庫全書本，總第 891、892 冊，1983 年 6 月。

15. 朱弁：《通玄眞經注》，收錄於《道藏》第 16 冊，北京：文物出版社景北京白雲觀藏明刻本，1994 年 8 月。

16. 朱右曾：《逸周書集訓校釋》，臺北：世界書局，1980 年 11 月。

17. 朱師轍：《商君書解詁》，臺北：世界書局，1980 年 6 月。

18. 江瑔：《讀子巵言》，臺北，廣文書局，1982 年 8 月。

19. 何晏集解邢昺疏：《論語注疏》，臺北：藝文印書館景十三經注疏阮刻本，1993 年 9 月。

20. 余明光：《黃帝四經與黃老思想》，哈爾濱：黑龍江人民出版社，1989 年 8 月。

21. 吳光：《古書考辨集》，臺北：允晨文化公司，1989 年 12 月。

22. 吳光：《黃老之學通論》，浙江：人民出版社，1984 年 11 月。

23. 吳起：《吳子》，收錄於《武經直解下》，臺北：中國子學名著集成編印基金會印行，1978 年 12 月。

24. 吳毓江：《墨子校注》，北京：中華書局，1993 年 10 月。

25. 宋濂：《諸子辨》，收錄於《偽書考五種、清代禁書知見錄》，臺北：世界書局，1965 年 3 月。

26. 李定生：《文子要詮》，上海：復旦大學出版社，1988 年 7 月。

27. 李昉等：《太平御覽》，臺北：新興書局景日本靜嘉堂文庫藏宋建寧本，1959 年 1 月。

28. 李善等：《六臣註文選》，臺北：商務印書館四部叢刊本正編，景宋刊本。

29. 李滌生：《荀子集釋》，臺北：學生書局，1991 年 10 月。

30. 杜道堅：《通玄眞經纘義》，收錄於《道藏》第 16 冊，北京：文物出版社景北京白雲觀藏明刻本，1994 年 8 月。

31. 金春峰：《漢代思想史》，北京：中國社會科學出版社，1987 年 6 月。

32. 長孫無忌：《隋書》，臺北：藝文印書館景乾隆武英殿本。

33. 姚際恒：《古今偽書考》，收錄於《偽書考五種、清代禁書知見錄》，臺北：世界書局，1965 年 3 月。

34. 段玉裁：《說文解字注》，臺北：天工書局，1987 年 9 月。

35. 洪邁：《容齋隨筆》，臺北：商務印書館四部叢刊本正編，景宋刊本配明弘治活字本。

36. 洪亮吉：洪北江先生遺集（八），曉讀書齋雜錄初錄卷下，華文書局。

37. 洪進業：《西漢初年的黃老及其盛衰的考察》，1991 年臺灣大學歷史研究所碩士論文。

38. 胡適：《中國古代哲學史》，臺北：遠流出版公司，1986 年 5 月。

39. 胡應麟：《四部正訛》，收錄於《偽書考五種、清代禁書知見錄》，臺北：書局，1965 年 3 月。

40. 范曄撰李賢集解：《後漢書集解》，臺北：藝文印書館景長沙王氏校刊本。

41. 孫星衍：《問字堂集》，臺北：藝文印書館景岱南閣叢書第 4 函。

42. 孫詒讓：《札迻》，臺北：藝文印書館，1960 年 6 月。

43. 徐堅：《初學記》，臺北：鼎文書局據清古香齋袖珍本重排，1976 年 10 月。

44. 徐幹：《中論》，臺北：商務印書館四部叢刊初編縮本，景明嘉靖青州刊本。

45. 班固：《白虎通》，臺北：商務印書館四部叢刊本正編，景元大德覆宋監本。

46. 班固：《漢書》，臺北：藝文印書館景長沙王氏校刊本。

47. 祝瑞開：《先秦社會和諸子思想新探》，福建：人民出版社，1981 年 5 月。

48. 袁康：《越絕書》，臺北：中華書局四部備要本，據明刊本校刊，1966 年 3 月。

49. 馬總：《意林》，臺北：中華書局四部備要本，據學津討源本校刊，1970 年 4 月。

50. 馬端臨：《文獻通考》，臺北，新興書局景乾隆刻本，1960 年 11 月。

51. 高明：《大戴禮記今註今譯》，臺北：商務印書館，1984 年 3 月。

52. 高祥：《戰國末秦漢之際之黃老學說探討》，1988 年臺灣師範大學國文研究所碩士論文。

53. 尉繚：《尉繚子》，北京：中華書局，叢書集成初編，1985 年。

54. 張心澂：《偽書通考》，臺北：宏業書局，1979 年 10 月。

55. 張君房：《雲笈七籤》，臺北：商務印書館四部叢刊本正編，景北京白觀藏正統道藏本。

56. 張岱年：《中國哲學史史料學》，臺北：嵩山書社，1985 年 6 月。

57. 曹操等：《十一家注孫子》（附山東臨沂銀崔山竹簡《孫武兵法》、《孫臏兵法》），臺北：里仁書局，1982 年 10 月。

58. 梁啟超：《古書真偽及其年代》，收錄於《飲冰室專集》之一百四，北京：中華書局，1989 年 3 月。

59. 梁啓超：《先秦政治思想史》，臺北：東大圖書公司，1987 年 2 月。

60. 梁啓超：《漢書藝文志諸子略考釋》，收錄於《飲冰室專集》之八十四，北京：中華書局，1989 年 3 月。

61. 許抗生：《老子研究》，臺北：水牛出版社，1992 年 1 月。

62. 許維遹：《呂氏春秋集釋》，臺北：鼎文書局，1977 年 7 月。

63. 郭沫若：《郭沫若全集》，北京：人民出版社，1982 年 9 月。

64. 陳振孫：《直齋書錄解題》，臺北：商務印書館，1978 年 5 月。

65. 陳鼓應：《老子註譯及評介》，北京：中華書局，1994 年 8 月。

66. 陳鼓應：《莊子今註今譯》，臺北：商務印書館，1989 年 5 月。

67. 陳鼓應：《黃帝四經今註今譯》，臺北：商務印書館，1995 年 6 月。

68. 陳壽撰陳乃乾點校：《三國志》，北京：中華書局，1990 年 4 月。

69. 陳麗桂：《戰國時期的黃老思想》，臺北：聯經出版社，1991 年 4 月。

70. 陸賈：《新語》，臺北：中華書局四部備要本，據本抱經堂叢書本校刊，1987 年 10 月。

71. 陶方琦：《漢孳室文鈔》，收錄於《叢書集成續編》第 15 冊，臺北：新文豐出版社，1989 年 7 月。

72. 章太炎：《章氏叢書》，臺北：世界書局，1982 年 4 月。

73. 章學誠：《文史通義》，上海：上海古籍出版社，1993 年 7 月。

74. 馮友蘭：《中國哲學史》，臺北：藍燈事業文化公司，1989 年 10 月。

75. 黃釗：《道家思想史綱》，湖南：湖南師範大學出版社，1991 年 4 月。

76. 黃震：《黃氏日鈔》，臺北：商務印書館景四庫全書珍本 2 集第 160 種《黃氏日鈔》第 11 冊。

77. 黃永武：《敦煌寶藏》，臺北：新文豐出版社，1981 年 12 月。

78. 黃振民：《古籍導讀》，臺北：天工出版社，1989 年 9 月。

79. 黃雲眉：《古今僞書考補證》，臺北：文海出版社，1972 年 1 月。

80. 慎到：《慎子》，臺北：世界書局景守山閣叢書本，1991 年 10 月。

81. 楊樹達：《淮南子證聞》，收錄於《楊樹達文集》之 11，上海：上海古籍出版社，1985 年 8 月。

82. 葉大慶：《考古質疑》，臺北：藝文印書館景聚珍版叢書第 41 函。

83. 葛洪：《抱朴子》，臺北：中華書局四部備要本，據平津館本校刊，1992 年 1 月。

84. 虞世南：《北堂書鈔》，臺北：藝文印書館景侯祠堂舊校景宋本。

85. 賈誼：《新書》，臺北：中華書局四部備要本，據平津館本校刊，1979 年 8 月。

86. 賈思勰:《齊民要術》,臺北:商務印書館四部叢刊本正編,景鄧氏群碧樓藏明鈔本。

87. 熊鐵基:《秦漢新道家略論稿》,上海:人民出版社,1984 年 3 月。

88. 趙曄:《吳越春秋》,臺北:中華書局四部備要本,據古今逸史本校刊,1966 年 9 月。

89. 趙岐注孫奭疏:《孟子注疏》,臺北:藝文印書館景阮刻十三經注疏本,1993 年 9 月。

90. 劉向:《說苑》,臺北:文史哲出版社,1986 年 10 月。

91. 劉晝:《劉子》,臺北:中國子學名著集成編印基金會印行,1978 年 12 月。

92. 劉煦:《舊唐書》,臺北:藝文印書館景乾隆武英殿本。

93. 劉文典:《淮南鴻烈集解》,臺北:文史哲出版社,1985 年 9 月。

94. 劉向集錄:《戰國策》,臺北:里仁書局,1990 年 9 月。

95. 劉笑敢:《莊子哲學及其演變》,北京:中國社會科學出版社,1988 年 2 月。

96. 歐陽修:《唐書》,臺北:藝文印書館景乾隆武英殿本。

97. 歐陽詢:《藝文類聚》,日本京都:中文出版社,1980 年 12 月。

98. 蔣伯潛:《諸子通考》,臺北:正中書局,1987 年 10 月。。

99. 蔣伯潛:《諸子學纂要》,臺北:正中書局,1974 年 3 月。

100. 鄭玄注孔穎達正義:《禮記注疏》,臺北:藝文印書館景阮刻十三經注疏本,1993 年 9 月。

101. 鄭玄注唐玄宗疏:《孝經注疏》,臺北:藝文印書館景阮刻十三經注疏本,1993 年 9 月。

102. 鄭玄注賈公彥疏:《周禮注疏》,臺北:藝文印書館景阮刻十三經注疏本,1993 年 9 月。

103. 鄭良樹:《古籍辨偽學》,臺北:學生書局,1986 年 8 月。

104. 鄧析:《鄧析子》,臺北:中華書局四部備要本,據指海本校刊,1978 年 3 月。

105. 賴炎元:《韓詩外傳今註今譯》,臺北:商務印書館,1986 年 4 月。

106. 錢穆:《莊老通辨》,臺北:東大圖書公司,1991 年 12 月。

107. 默希子(徐靈府):《通玄眞經注》,收錄於《道藏》第 16 冊,北京:文物出版景北京白雲觀藏明刻本,1994 年 8 月。

108. 魏徵:《群書治要》,北京:中華書局,1985 年 3 月。

109. 羅根澤編著:《古史辨》第四冊,第六冊,臺北:明倫出版社據樸社初印

版重印,1970 年 3 月。

110. 嚴靈峰:《周秦漢魏諸子知見書目》,臺北:正中書局,1975 年 12 月。

111. 嚴靈峰:《書目類編》,臺北:成文出版社,1978 年 7 月。

112. 釋道世:《法苑珠林》,臺北:商務印書館四部叢刊本正編,景明徑山寺本。

113. 顧觀光:《文子校勘記》,收錄於《文子》後,臺北:中華書局據守山閣本校刊,1978 年 3 月。

114. 鶡熊:《鶡子》,臺北:商務印書館景文淵閣四庫全書總第 848 冊,1983 年 6 月。

二、期刊論文

1. 丁原明:〈《文子》與《淮南子》思想之異同〉,《文史哲》〔濟南〕1994 年第 6 期或《中國哲學史》1995 年第 5 期。

2. 于大成:〈文子集釋自序〉,《文史季刊》1971 年 4 月第 1 卷 3 期。

3. 王叔岷:〈文子斠證〉,《歷史語言研究所集刊》1965 年 4 月第 27 期。

4. 王博:〈論《黃帝四經》產生的地域〉,《道家文化》第 3 輯,上海古籍出版社,1993 年。

5. 王博:〈關於《文子》的幾個問題〉,「《文子》與道家思想發展」兩岸學術研討會論文,1996 年 6 月,輔仁大學哲學系或《哲學與文化》,1996 年 8 月第 23 卷第 8 期。

6. 江世榮:〈先秦道家言論集、《老子》古注之一──《文子》述略──兼論《淮南子》與《文子》的關係〉,《文史》1982 年第 18 輯。

7. 艾力農:〈《文子》其書〉,光明日報 1982 年 5 月 22 日第 3 版或《中國哲學史》,1982 年第 9 期。

8. 何志華:〈論《淮南子》高誘《注》與《文子》之關係〉,香港中文大學《中國文化研究所學報》1992 年新第 1 期。

9. 吳顯慶:〈《文子》政治辯証法思想初探〉,《北京大學學報》1992 年第 3 期或《中國哲學史》1992 年第 6 期。

10. 李學勤:〈試論八角廊《文子》〉,《文物》1996 年第 1 期。

11. 周紹賢:〈黃老思想在西漢〉,《政大學報》1972 年第 26 期。

12. 定縣漢墓竹簡整理組:〈定縣四十號漢墓出土竹簡簡介〉,《文物》1981 年第 8 期。

13. 河北省文物研究所:〈河北定縣四十號漢墓發掘簡報〉,《文物》1981 年第 8 期。

14. 河北省文物研究所定州漢簡整理小組:〈定州西漢中山懷王墓竹簡《文子》

的整理和意義〉,《文物》1995 年第 12 期。

15. 河北省文物研究所定州漢簡整理小組:〈定州西漢中山懷王墓竹簡《文子》釋文〉,《文物》1995 年第 12 期。

16. 河北省文物研究所定州漢簡整理小組:〈定州西漢中山懷王墓竹簡《文子》校勘記〉,《文物》1995 年第 12 期。

17. 卿希泰:〈杜道堅的生平及其思想〉,收錄於陳鼓應主編之《道家文化研究》第 2 輯,上海古籍出版社,1992 年 8 月。。

18. 唐蘭:〈馬王堆出土《老子》乙本卷前古佚書的研究——兼論其與漢初儒法鬥爭的關係〉,《考古學報》1975 年第 1 期。。

19. 唐蘭:〈《黃帝四經》初探〉,《文物》1974 年第 10 期。

20. 唐蘭:〈馬王堆出土《老子》乙本卷前古佚書的研究——兼論其與漢儒法鬥爭的關係〉,《考古學報》1975 年第 1 期。

21. 康立:〈十大經的思想和時代〉,《歷史研究》1975 年第 3 期。

22. 張岱年:〈試談《文子》的年代與思想〉,收錄於陳鼓應主編之《道家文化》第 5 輯,上海古籍出版社,1994 年 11 月。

23. 許抗生:〈《黃老之學新論》讀後的幾點思考〉,《中國哲學史》,1993 年第 5 期。

24. 陳鼓應:〈先秦道家易學發微〉,《哲學研究》1996 年第 8 期。

25. 陳鼓應:〈論《文子・上德》的易傳特色〉,收錄於「《文子》與道家思想發展」兩岸學術研討會論文,1996 年 6 月,輔仁大學哲學系或《哲學與文化》,1996 年 8 月第 23 卷第 8 期。

26. 陳鼓應:〈關於《黃帝四經》的幾點看法——序余明光先生《黃帝四經今注今譯》〉,《哲學研究》1992 年第 8 期。

27. 陳麗桂:〈《淮南子》的無為論〉,臺灣師大《國文學報》,1988 年 6 月第 17 期。

28. 陳麗桂:〈從出土竹簡《文子》看古、今本《文子》與《淮南子》之間先後的關係及幾個思想論題〉,收錄於「《文子》與道家思想發展」兩岸學術研討會論文,1996 年 6 月,輔仁大學哲學系或《哲學與文化》,1996 年 8 月第 23 卷第 8 期。

29. 趙建偉:〈《文子》斷代研究〉,「《文子》與道家思想發展」兩岸學術研討會論文,1996 年 6 月,輔仁大學哲學系或《哲學與文化》,1996 年 9 月第 23 卷第 9 期。

30. 銀雀山漢墓竹簡整理小組:〈銀雀山簡本《尉繚子》釋文〉,《文物》,1977 年,第 3 期。

31. 鄭國瑞:〈近年黃老學說研究情形述議〉,《中山中文學刊》1996 年 6 月第 2 期。

32. 盧仁龍：〈《文子》其書〉，《文史知識》1989 年第 2 期。

33. 龍晦：〈馬王堆出土《老子》乙本前古佚書探原〉，《考古學報》1975 年第 2 期。

34. 韓中民：〈長沙馬王堆漢墓帛書概述〉，《文物》1974 年第 9 期。

35. 魏啓鵬：〈《文子》學術探微〉，「《文子》與道家思想發展」兩岸學術研討會論文，1996 年 6 月，輔仁大學哲學系或《哲學與文化》，1996 年 9 月第 23 卷第 9 期。

36. 龐樸：〈馬王堆帛書解開了思孟五行說之謎——帛書《老子》甲本卷後古佚書之一的初步研究〉，《文物》1977 年第 10 期。